眼を養い　手を練れ

宮脇檀住宅設計塾

宮脇塾講師室編著

彰国社

宮脇　檀（みやわき　まゆみ）

一九三六年　愛知県名古屋市生まれ
一九五九年　東京芸術大学美術学部建築科卒業
一九六一年　東京大学大学院修士課程修了
法政大学、東京大学、共立女子大学などの非常勤講師、日本建築家協会理事、東京建築士会評議員、日本建築学会委員を歴任
一九六四年　宮脇檀建築研究室設立
一九九一年　日本大学生産工学部建築工学科研究所教授
一九九八年　逝去　享年六十二歳

主な受賞　一九七八年商業空間デザイン特別賞、一九八〇年日本建築学会賞作品賞、一九八五年第1回兵庫県みどりの建築賞、緑の都市賞建設大臣賞、一九八六年港区都市型住宅市街地設計競技最優秀賞、一九八九年第1回福岡県建築住宅文化賞、一九九四年第4回兵庫さわやか街づくり賞、一九九七年福岡市都市景観賞、一九九八年Gマークアーバンデザイン賞ほか

主な著書　『現代建築用語録』（コンペイトウと共著）彰国社／一九七一年
『日本の住宅設計』（編著）彰国社／一九七六年
『吉村順三のディテール』（吉村順三と共著）彰国社／一九七九年
『日曜日の住居学』丸善／一九八三年、講談社＋α文庫／一九九五年
『宮脇檀の住宅設計ノウハウ』丸善／一九八七年
『宮脇檀の住宅』丸善／一九九六年ほか

主な作品　●住宅／もうびぃでぃっく、あかりのや、ブルーボックスハウス、松川ボックス、名越邸、中山邸ほか　●公共施設／出石町役場、出石町立中学校、出石町立伊藤美術館、安来和鋼博物館、姫路市書写の里美術工芸館ほか　●住宅地開発／高須ニュータウン、高幡鹿島台ガーデン54、フォレステージ高幡鹿島台、シーサイドももち、高須青葉台づくりほか

宮脇塾講師室

岩井達弥　岩井達弥光景デザイン事務所代表　日本大学生産工学部建築工学科非常勤講師　武蔵野美術大学造形学部空間演出デザイン学科ほかで非常勤講師
木下庸子　設計組織ADH代表　工学院大学建築学部教授
杉浦伝宗　アーツ＆クラフツ建築研究所代表　工学院大学建築学部非常勤講師
曽根陽子　日本大学生産工学部非常勤講師
中村好文　レミングハウス代表　日本大学生産工学部建築工学科居住空間コース教授
中山繁信　TESS計画研究所主宰　工学院大学建築学部非常勤講師　日本大学生産工学部建築工学科居住空間コース非常勤講師
諸角　敬　Studio A主宰　工学院大学建築学部非常勤講師　日本大学生産工学部建築工学科居住空間コース非常勤講師
八木健一　八木造景研究室主宰　NPO法人景観デザイン支援機構事務局長　日本大学生産工学部ほかで非常勤講師
墨田梨恵　ミサワホームイング勤務　福祉住環境コーディネーター

装丁・本文レイアウト　山口デザイン事務所　山口信博、狩野幸洋

はじめに

中村好文

建築家の宮脇檀氏は「口八丁手八丁」と「多芸多才」という言葉を絵に描いたような人物だった。

「口八丁」から紹介すれば、氏は多いときには年間に何十回という講演会、座談会、対談をこなす話術の達人だった。

そうした巧みな話術はそのまま文章に移され、エッセイスト、文筆家としての活躍もまた目覚ましかった。

軽妙な語り口で語られる建築論、住宅論、家族論は、分かりやすい、読みやすい、愉しい文章として高い人気を博し、建築関係者ばかりでなく、主婦層をはじめ多くの一般読者層を獲得した。

「手八丁」は、当然、本職の建築設計ということになるだろう。

建築家としては、住宅はもちろん、住宅地の地域計画、銀行、学校、庁舎、美術館、飲食店など、ジャンルにも規模にもこだわることなく満々の自信で取り組み、晩年には超高層ビルの設計にも並々ならぬ意欲を燃やしていた。

宮脇檀氏の創作を支えていたものは、洗練された都会的なセンスと、古今東西の建築から素早くかつ貪欲に学ぶ研究心、百戦錬磨のテクニック、そして万年青年のようにしなやかな精神であり、その作品にはいつでも「通俗性」を超えた、最良の「大衆性」（ポピュラリティ）が感じられた。

つまり、いわゆる建築家にありがちな自意識過剰の衒学趣味や深刻趣味はまるでなく、その作品も文章も、だれが見ても、だれが読んでも気さくで分かりやすかったのである。

しかし、その多面的な活動の中で、やはり最も力を注いだのは、「住宅」の設計であったと思う。宮脇氏は住宅設計という、雑務も気苦労も多く、考えようによれば、やっかいで割りの悪い仕事を、自身の生涯のテーマに位置づけて、丸ごと、そして心から愛していたのである。

建築家としてのスタートからゴールまでを真っ直ぐに貫いていたのはその住宅設計への執着と愛情であり、結果として、つねに日本の住宅設計のトッププランナーとして走り続けることになった。

さて、実はもうひとつ、宮脇檀氏には生涯にわたって情熱を注ぎ続けた忘れることのできない大きなライフワークがあった。

「教師」の仕事である。

宮脇流の「口八丁手八丁」と「多芸多才」の双方を余すところなく開陳でき、活用することのできる職業と立場を考えると、教育の現場ぐらい最適な場所はなかったろう。その教育の現場を、つまり教師であることを、宮脇氏ほど誇りに思い、誠心誠意取り組んだ人物を私は他に知らない。

その熱中ぶりを私が身近に感じたまま、打ち明け話風に書くと、実は宮脇氏は根っからの「教えたがり屋」だったのである。

建築に関することは言うに及ばず、旅の話や食事の話になれば、日本であれ海外であれ、どこの街の、どのレストランの何が、どの季節に行けば一番美味しいかを「教えてくれる」し、ファッションならスーツ、ネクタイから靴下にいたるまで、どのデザイナーのものが機能性に優れており、品質が良く、かつ美しいか、そしてその優れものを自分は何枚持っているかまで「教えてくれる」のである。

こんな調子で「映画」にしろ、「本」にしろ、「家具」にしろ、「雑貨小物」にしろ、「車」にしろ、「古道具」にしろ、ときには「ストリップ劇場」の裏情報にしろ……つまりどんなことに関しても持ち前の好奇心で掻き集めた豊富な知識と自身の経験から得た教訓をサービス満点、得意満面で「教えたがる」人だったのである。

そして、宮脇檀氏の生まれつきの性癖であるその「教えたがり屋」の虫の気の済むまで、じっくり本腰を入れて取り組むことができる地位と機会が巡って来た。

日本大学生産工学部に「居住空間デザインコース」という名で開設された住宅設計を重点的に教える特設コースがそれであり、宮脇氏はその主任教授に任命されたのである。

大学側の絶対の信頼と理解があり、特設コースは宮脇檀氏にその教育方針も運営もすべて「おまかせ」という、宮脇氏にとっては、それまでの教師経験の集大成となる、またとない教育の現場となったのである。

宮脇氏は少人数の女子学生だけを対象としたこの特設コースを宮脇檀の「住宅設計塾」と考えており、自ら塾長を名乗った。そして、「住宅設計塾」は講師の人選もまた宮脇流でユニークだった。学閥を嫌い、ややこしい人脈の繋がりを嫌う宮脇氏は講師として「これぞ」と思う人物があれば、回りくどい根回しなどせずいきなり本人に電話をかけて、講師になってくれるよう依頼をしたのだ。

それが「宮脇塾の先生になってくれるかな?」「いいとも!」

というあの呼吸の、言わば「いいとも方式」、あるいは「テレフォンショッキング方式」である。

このように、選ばれ方はあくまでもざっくばらんな「いいとも方式」であったが、講師たちには何となく選ばれた「七人の侍」に似た運命共同体的同胞感が芽生えたのだった。

ここで、宮脇氏は私たち講師にとってもかけがえのない先生だったことも書いておきたい。私たちは宮脇氏から自分たちも直接「学びながら、教える」願ってもない幸福を味わうことができたのである。

この本は、その「宮脇檀の住宅設計塾」の実践的で刺激的な教育や、教室にみなぎった熱気を再現し伝えることを目的として生まれた。もちろん、筆者はすべて宮脇氏とともに教壇に立った宮脇塾の「八人の講師」たちである。

住宅を学ぶ学生はもちろん、これから住宅を建てようと考えている人、住宅に大きな興味を寄せている人たちなど、この本を読むことで、あなたも「宮脇檀の住宅設計塾」の生徒となることができるのである。

「さ、授業開始のベルが鳴っている!」

心を引き締め、目を輝かせて「塾」の椅子に着席しようではないか。

二〇〇三年一月吉日

眼を養い　手を練れ

目次

目次

資料提供

宮脇檀建築研究室（著作権者／宮脇彩）

（本文中の図版キャプションまたは図版に＊印を付したもの。）

執筆分担

岩井達弥　第七章
木下庸子　第二章
杉浦伝宗　第一章
曽根陽子　第三章
中村好文　第六章
中山繁信　第四章、〈コラム〉スケッチをしよう！
諸角　敬　第五章
八木健一　第八章
矢崎梨恵　〈コラム〉パーティーを開こう！

第一章 宮脇檀の住宅設計塾へようこそ！

今、この本を手にしているあなたはおそらく住宅、インテリア等、住まいに関心が高い方か、またはこれから建築を学ぼうとしているか学んでいる方であろう。「ようこそ宮脇塾へ」と言っても今は亡き宮脇檀であるが。この本は宮脇塾長の住宅への思いや考え方を散りばめながら、住宅の空間設計から具現化するまでを段階を追ってわかりやすく解説したテキストである。塾生となったあなたは、自分のペースでじっくり読んでいただき、そして一つずつ実践していただきたい。その手引書として本書を活用していただければ幸いである。

建築設計の基本は住宅設計にあり、「住宅をきちんと設計できる人は、あらゆる建築も設計できる」とよく言われることである。その証拠に世界的に有名な建築家たちは、国内外を問わず、ほとんど住宅がデビュー作であり、次第に大きな建築へと展開している。

単に設計技術を身に付けるだけでなく、建築以外のあらゆる分野にも好奇心と観察力を高めることも重要である。

在りし日の宮脇塾長。1989年、カナダのバンクーバーにて

ネパール／カトマンズ。かつて都だったパタンの王宮広場のスケッチ*。レストランの屋上から５分ほどで描き上げる。

宮脇塾の目指すもの

●生活に基づいた住宅設計

人間が生きるため、生活を楽しむため、休息するために住宅はある。その人間の生活、行動をまずしっかり把握し認識する。

●あたりまえのことへの再認識

設計行為そのものに没頭し、自然界の法則や人間の行為、行動等、生活の基本を忘れ、単にデザインのみに走ってしまわないこと。日常無意識に、あたりまえだと思っていることの再確認することが大切である。

●住宅設計は楽しく

住宅設計は人が快適に生活するための空間づくりであるから楽しいものである。しかし実際は、頭で考えたことを図面で表現し具現化するまでには、様々な制約や条件が付きまとう。

これらを一つ一つクリヤーしていくのも設計の面白さである。

●生活を楽しむ

普段の生活を楽しむためにいろいろ工夫をする。その工夫があってこそ喜びが生まれ、生活に潤いが出てくる。

◉学習方針

ライプツィッヒ工芸高等師範学校校訓の、

「眼を養い、手を練れ」

が、宮脇塾の学習方針である。

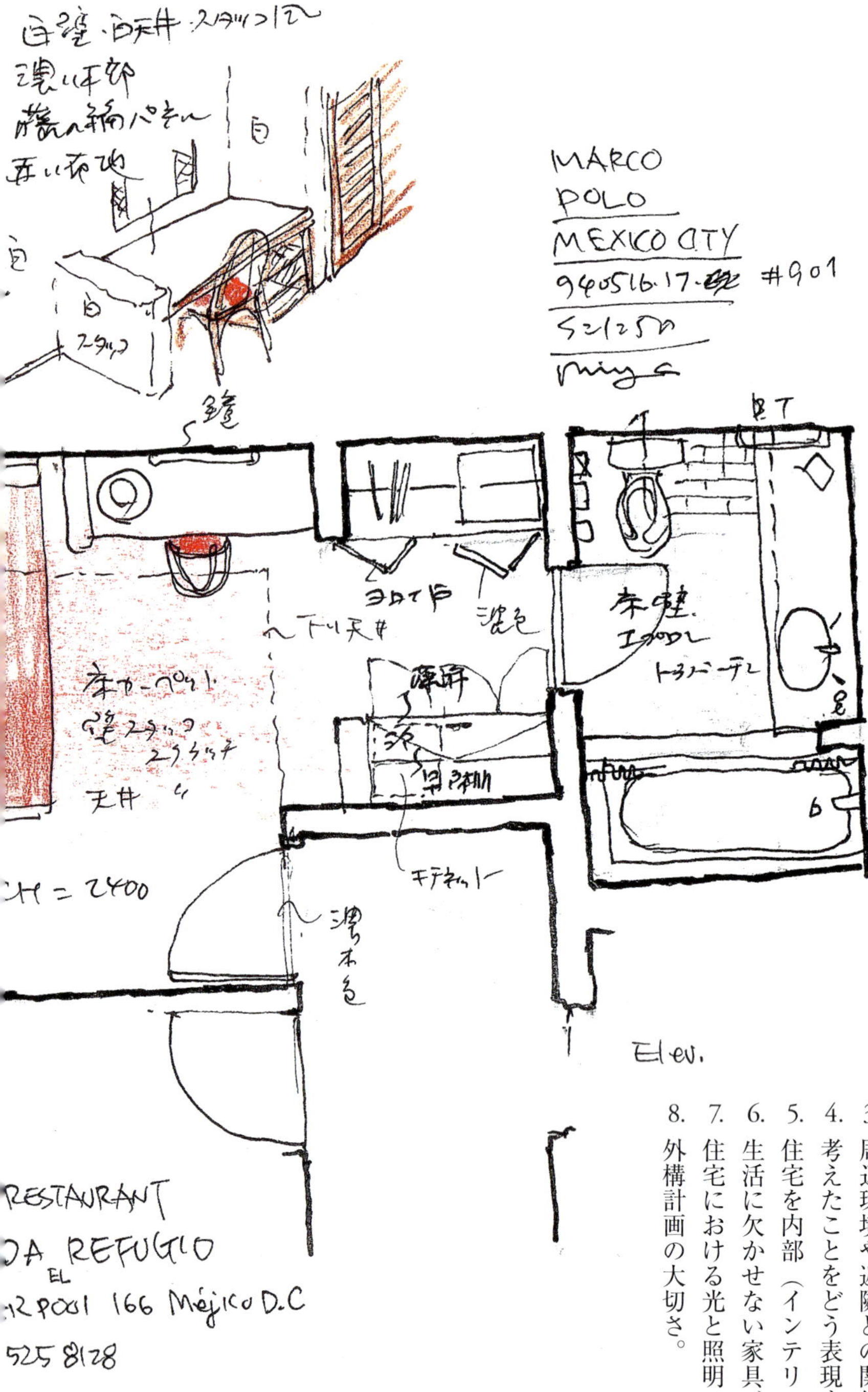

学習(テキスト)の内容と方針

◉学習内容

1. 住空間の考え方、コンセプトとは。
2. 敷地をどう読み取り、建物との関係をどう読み取るか。
3. 周辺環境や近隣との関係をどう考えるか。
4. 考えたことをどう表現するか。
5. 住宅を内部(インテリア)から考える。
6. 生活に欠かせない家具、大切な家具の配置。
7. 住宅における光と照明の考え方。
8. 外構計画の大切さ。

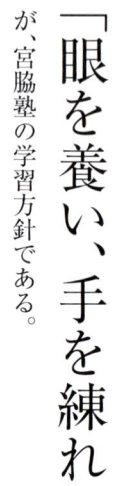

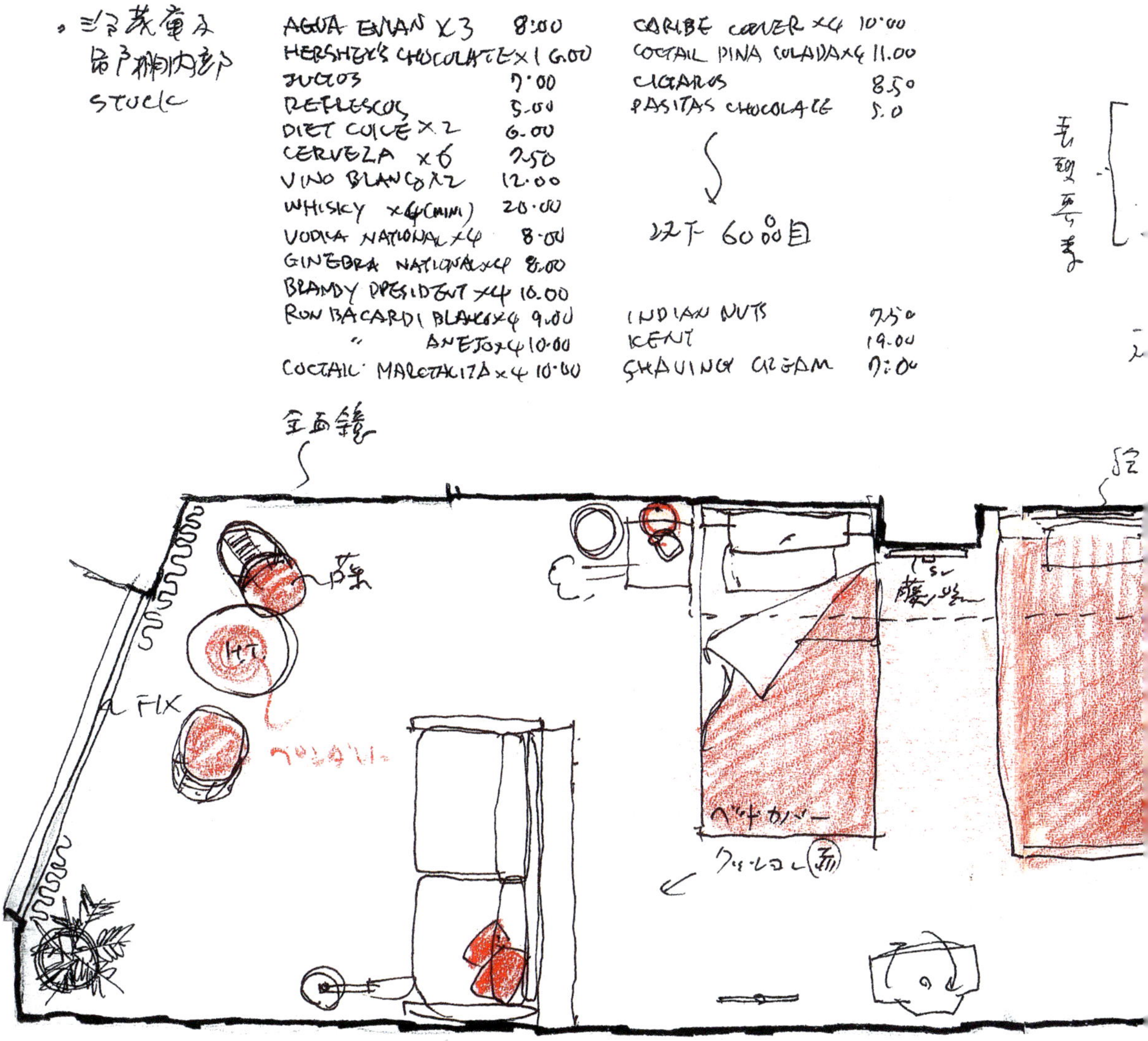

メキシコシティ／マルコポーロホテル。旅先のホテル客室実測スケッチ*。冷蔵庫の中身までチェック。そして記録……。

体で覚える

◉自分で考える、自分から動く

様々なデータや蓄積等、たくさんあるが、それを鵜呑みにするのではなく、必ず自分の実感として身体的に理解できるようにする。そのためにもまず、自分から行動を起こす習慣を持つ。

◉好奇心を持つこと

居住という行為とその空間は、すべて包含しているので学ぶべきことがあまりに多い。日常的に絶えず好奇心を持って周囲の事象を観察し、分析する習慣を持つことによって、少しでも人間行為に対する理解力と計画における判断力を高めたい。建築といった狭義の分野だけでなく、あらゆる世界に興味を持つこと。ただし、単なる雑学ではないことを理解する。

◉体を動かすことを厭わない

単に知識を頭に詰め込むことはやめたい。知識は身体を通して初めて身体化し、自分のものになる。本でわからなければ現場に出る、頭に浮かんだら手で描いてみる、確かめるためにさわってみる、旅に出て全感覚的に吸収する、といったことが自然にできるようにする。

◉面倒くさいと言わない

要求を調査、分析し、与件として整理し、コンセプトを作り出し、必要なエレメントを拾い出しながら空間を構成する。それを様々な周辺状況への整合性を探し、建築や環境として構築していくという行為は膨大で、それでいて緻密で丹念でなければならない。面倒くさいという言葉は禁句とする。

模型を作ろう

設計の途中段階でまずイメージした空間をスケッチや簡単な平面図、断面図からラフ模型（スタディ模型）を作り、同時に周辺の状況もわかるよう、敷地模型も作ることが大事である。

次の段階では五十分の一さらに二十分の一、五分の一、一分の一へと詳細に三次元で確認していく。

コンピューターの三次元ソフトで、と考える向きが最近では多いが、やはり模型の迫力には勝るものがない。模型は最も確実な表現方法である。

良い建築を見よう

生活の知恵と知識。
良いモノを見る、教養を身につける。
調査、実測し、その中で体感する。
寸法、スケール感を身に付ける。
いろいろな国の文化、生活を知る。

スケッチしよう

旅のスケッチ。
実測スケッチ。
スケッチで空間を考える。
スケッチでディテールを考える。

ニューヨーク／マンハッタンのスケッチ*
旅先では朝早くから起きて、時間を惜しむように
スケッチを始める。

コーネル大学のスケッチ*
旅ではすぐ高いところに登り、まず全景を確認する。

美術や美しいものを見よう

美術館めぐりをする。
歴史的建造物を見よう。
芝居、演劇、踊りも見よう。

よい家具に触れようクラフトしてみよう

木材に触れ、ノコやカンナ、ノミを扱ってみよう。

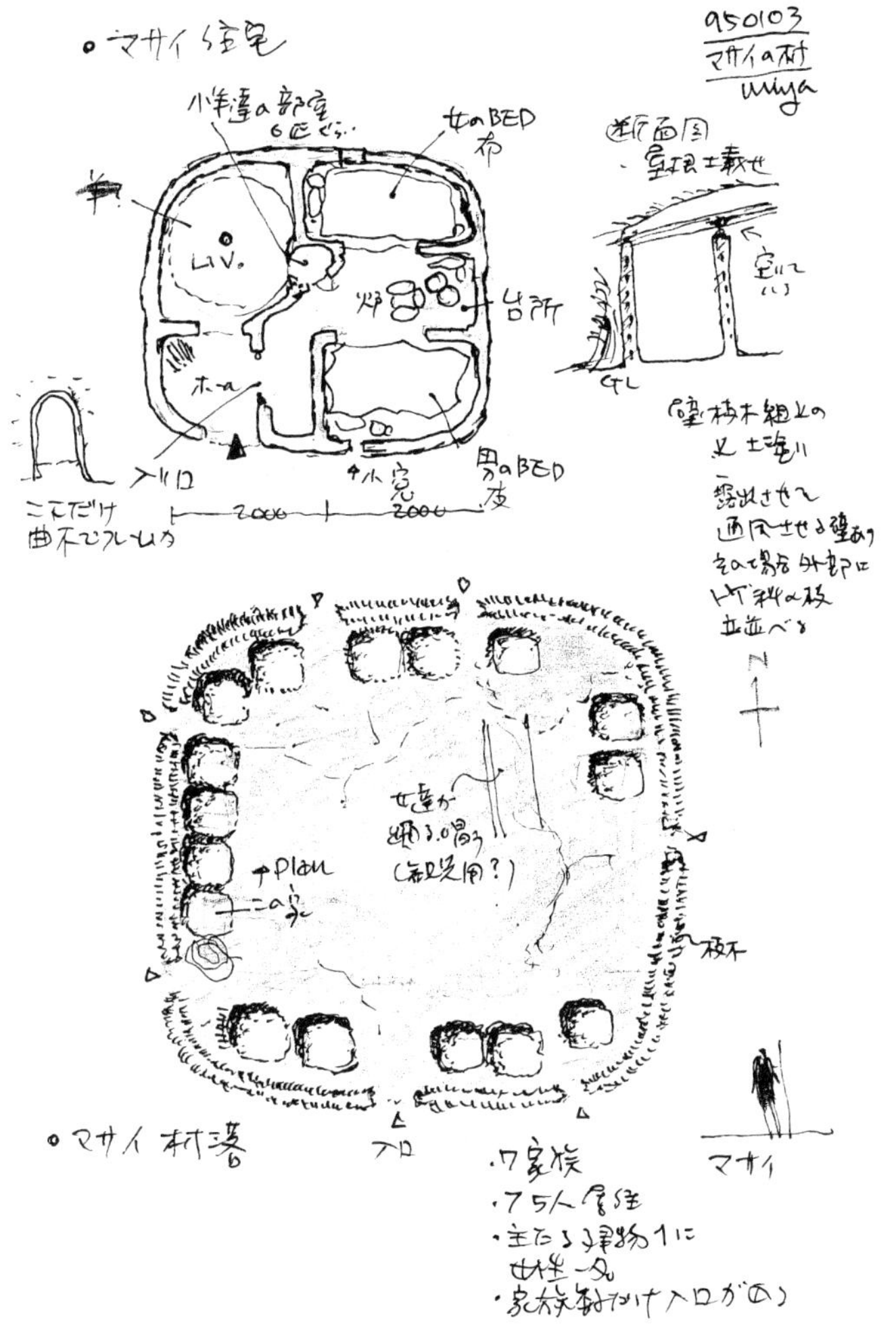

アフリカ／ケニヤ。マサイ族の集落と住居のスケッチ*
生活の様子がスケッチからも窺える。

手始めに、自分が今住んでいる住まい、空間を考え直してみよう

現在住んでいる家、または部屋の「気に入っている所」「気に入らない所」を考えてみよう。それらをより良くする方法、改善する点をリストアップし、平面図および部分スケッチで表現してみよう。

〈手順およびヒント〉

1. 現況プランの作成。縮尺百分の一から五十分の一。メジャー等で寸法を測定する。
2. 建物周辺（環境等）もできる限り記入する。
3. 改善箇所を重点的に、プランを考える。平面的だけでなく空間としてとらえ、光の入り方、風の通し方、隣家や外の景観も考慮すること。
4. 人の動線、目線の高さ等も考えること。
5. 家具等の寸法も測定し、配置も十分考慮すること。
6. 楽しくやること。

第二章

では設計してみよう。

建築の長い歴史の中で住宅の存在とはいったいどういうものだったのだろう。住宅は規模において建築物の中では比較的小さいながらも、ひとつのビルディングタイプとしての存在は大きい。

シェルターとしての住まいは人間の歴史ある限り存在していたであろうが、「住宅」という言葉で今日私たちが思い浮かべる住まいの形式は、その起源を十七世紀のヨーロッパに見ることができる。それは経済的に富を成したブルジョワ階級の人たちの住まいが、当時の貴族の宮殿やヴィラを、形や装飾においてコピーして造られたことに由来する。

しかし住宅の発展に最も大きな影響を及ぼした要素と言えば、十七世紀以来西欧文化の中で重要視され続けてきた「プライバシー」という概念ではなかろうか。それは十七世紀の初頭以来、二十世紀になって住宅の設計を通じて建築家の名前が世に残る時代が訪れるまで、住宅の「プライバシー」の度合は増え続け、それに反比例するように住宅の果たす公共的な役割は減少してきた。

十七世紀以前の中世の住まいを見ると、それは家族のためだけの住まいでなく、作業場であり、仕事場であり、飲食の場であり、店舗であるといったように、公共性が非常に強かった。また、その住まいではオーナーとその家族のみならず、親戚や従業員、徒弟や召使いなどもひとつ屋根の下で生活していた。遠方からの来客も宿として利用することが当然であったに違いない。このような公共性の高い中世の住まいに共通していたことは機能に応じた個別の部屋が存在しなかったということである。

住まいにおけるプライバシーは何世紀もかかって、二十世紀にようやく獲得された。そのような、プライバシーの発展に伴って住宅における公共性が失われていく背景には、大家族に代わって発展した、夫婦とその未婚の子供を単位とする「核家族」の存在があったことは間違いない。

どんな家を

そしてこの核家族こそが二十世紀の住宅を通じて、家族を抱容する理想の器としての住戸の形式を作り出してきたと言っても過言ではない。その形式は、いくつかの公共の部屋と独立した個室群を持つ住宅の図式として世界的に普及した。

わが国でも第二次世界大戦後のモダンリビングの発展において、公共の部屋と個室群という住まいの形式は「LDKと個室群」という図式として紹介された。戦前の家父長制と大家族に代わって家族平等の核家族が理想とされた時代のことである。

しかし、わが国では過去十年ほどの間にめざましい社会変化があり、シングル、ディンクス、高齢者の一人暮らしといった、様々な世帯が核家族に代わり急激に増えてきた。そうなると、核家族世帯というひとつのイディアル・ティプスを対象にして生み出された「LDKと個室群」という住戸形式が見直される必要が生じてもおかしくない。さらに付け加えるなら、この「LDKと個室群」という住戸形式が意味するものは、戦後の新しい生活において専業主婦を中心とする家族平等という、理想的な家族像が社会的背景にあったということは記しておくべきであろう。それならなおさらのこと、形態上は核家族であっても、夫婦がともに仕事を持っていたりする、いわゆる専業主婦のいない家族にとっては、「LDKと個室群」という専業主婦の存在する核家族を前提に考え出された住まいの形式はもはや通用しないのも当然である。

ではどうしたらよいのか。まず、住宅とは自分にとって何であるかを問いかけることからスタートしてみてはどうだろう。家族や住まいは、だれもが身近に感じられるテーマであるからこそ、住宅はその設計を通して徹底的に家族と住まいについて思いを巡らすことができるのではないだろうか。

住まいは家族の器である。だからひとつの住まいはその家族のためだけのものであってよいのだ。どの家族にも当てはまる住まいなどあり得ない。だからこそ、それぞれの家族に合った最適な住まいを創り出すことが、今、住宅設計に求められている最大の課題なのだ。

松川ボックスのスケッチ*

コンセプトは明瞭に
宮脇檀の住宅タイトルに見るキーワード

もうびぃでぃっく*

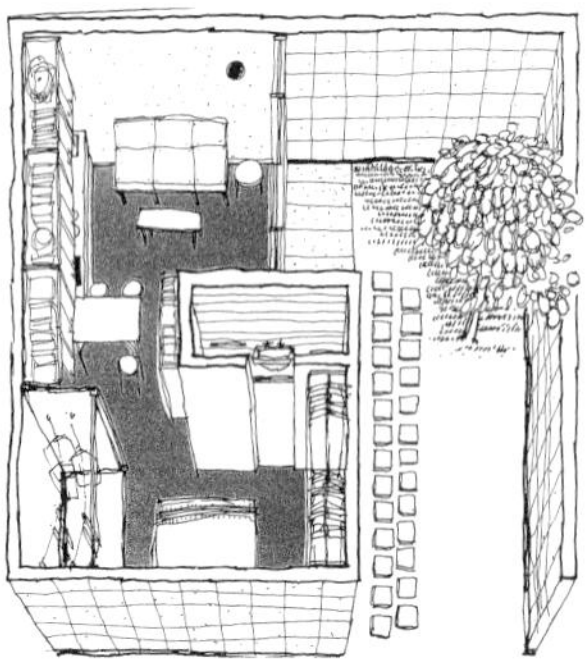
かたつむりの家*

もん・しゃぽう

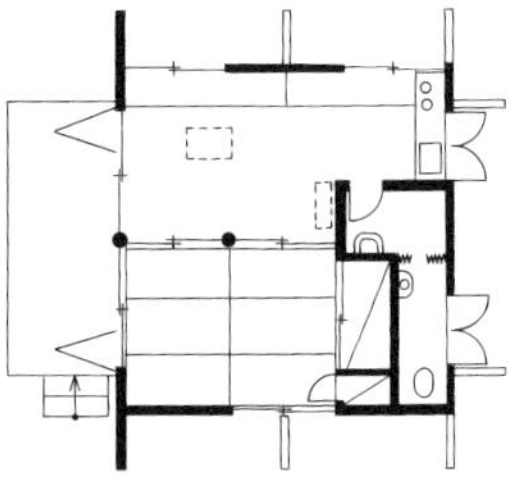
たこの家*

家を建てる目的とは

◉住まいとは

住宅は、人間が作り出す建築物の中でも最も基本となるものであり、それはまたシェルターとしての根本的な人間のニーズを満たすものでもある。鳥だって、ビーバーだって、自分たちのからだに合わせて巣を作り、補正する本能を持っているように、人間もまた快適な住まいを求める本能を持っていて当然なのだ。

私たち人間はこの巣作りという基本的な本能に加えて、時代や社会や個人によって変化する様々な要求を満たしたいという願望をも併せ持っている。これらの要求を生活の器として形にしたものがまさに住宅なのだ。そして、それを形として提案することが私たち建築家に与えられた使命なのである。

◉設計……そしてデザインとは何だ

設計と言うから難しいと思ったら間違い。デザインと言うからカッコイイと思ったら間違いである。設計とは、何かしたい人のために、しやすい空間を作ってあげることなのだ。でも言葉では単純に聞こえるこの作業が、実はとても奥が深いのである。

デザインという言葉の語源を調べてみると、

グリーンボックス#2＊

BOX-A QUARTER CIRCLE＊

松川ボックス#1

横尾ボックス＊

それはラテン語で「整理する」、「まとめる」という意味を持っている。デザインをするということはすなわち、バラバラな条件をひとつの方向にまとめることなのだ。

●設計の進め方　五か条

①資料の収集と分析

第一に「何かをする」とはどういうことかを調べ、それを分析することから始める。何かをするとき、人はどういう気持ちで、どんな行動をし、どういう道具を使うのかを自問自答するのだ。そのときに必要な空間の大きさはいったいどのくらいなのか。そしてその空間の明るさはどのくらい必要か。あるいはむしろ暗い方がよいのか。材料は何がよいか、等々。このようにして資料を収集し、分析しながら予備知識を得る作業のことをサーヴェイ（survey）と言う。

次に、こういう空間は今までどんな作られ方をしていたか、つまり類型を調べてみよう。これはサーヴェイの拡大ということもできる。これまでですでにされていることの意味をじっくりと検証し、それらを超える提案を目指すのである。

②コンセプトを考える

さて積極的な作業に取り組んで見よう。ここでちょっと注意しておきたいことは、第一ステップが完了して初めて第二ステップのコンセプト作りに移るというよりはむしろ、第一と第二の作業はキャッチボールのごとく行ったり来

予備知識を身につけよう
セームスケールで見る若き宮脇檀を刺激した世界の有名住宅建築

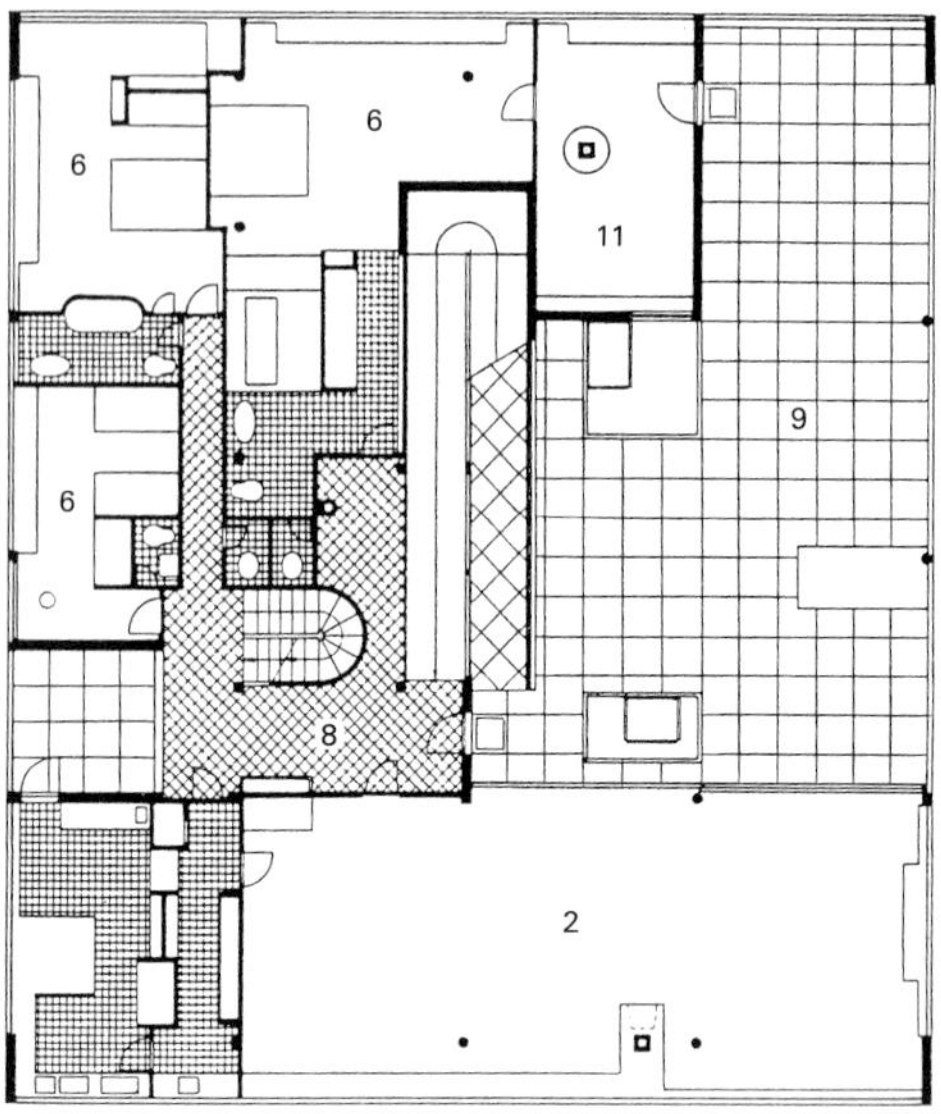

サヴォア邸（1930）
ル・コルビュジエ

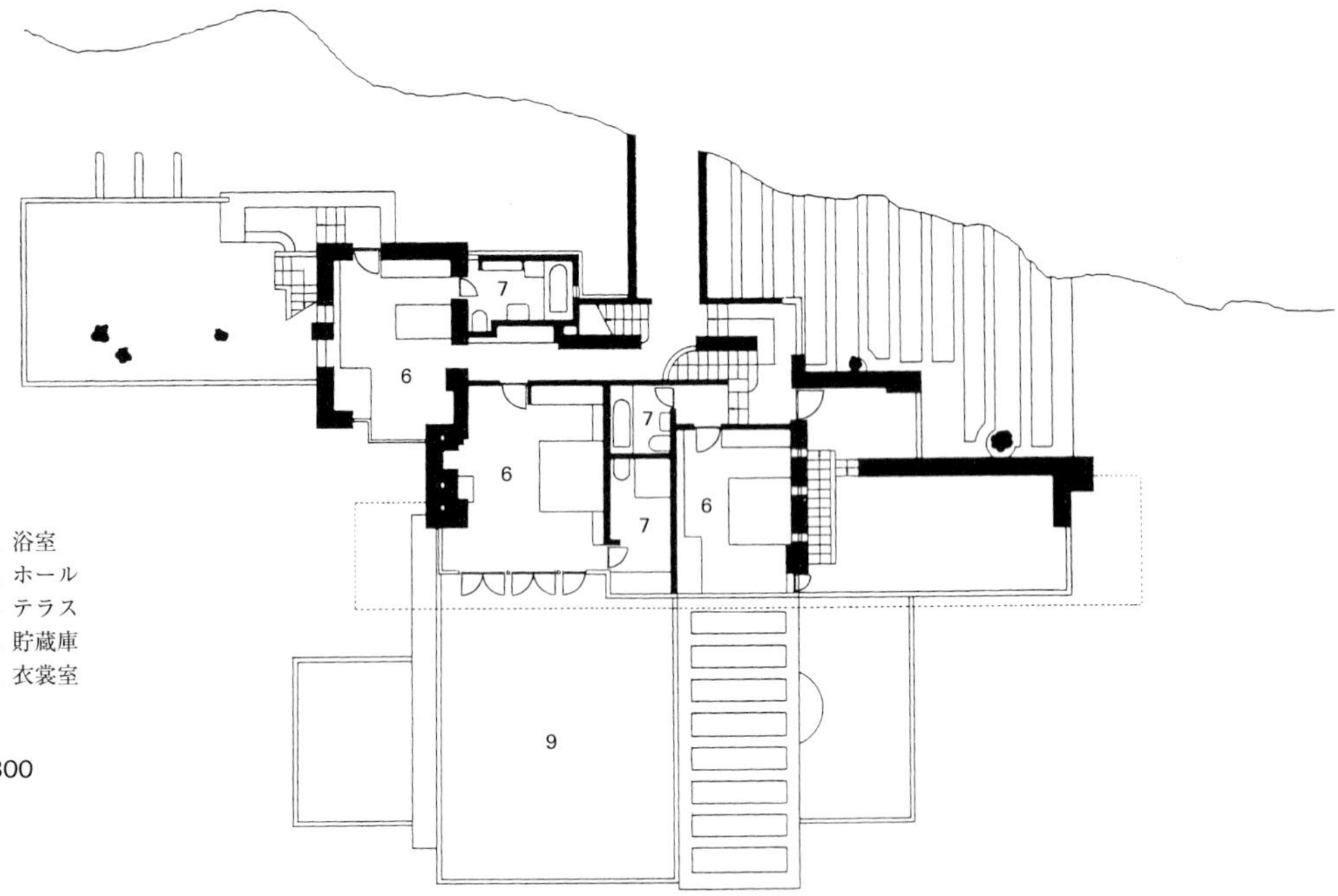

落水荘（1935）
フランク・ロイド・ライト

凡例
1. 入口　7. 浴室
2. 居間　8. ホール
3. 台所　9. テラス
4. 食堂　10. 貯蔵庫
5. 書斎　11. 衣裳室
6. 寝室

平面図　S=1:300

ファイニー・ゲスト・コテージ（計画案、1947）
ポール・ルドルフ

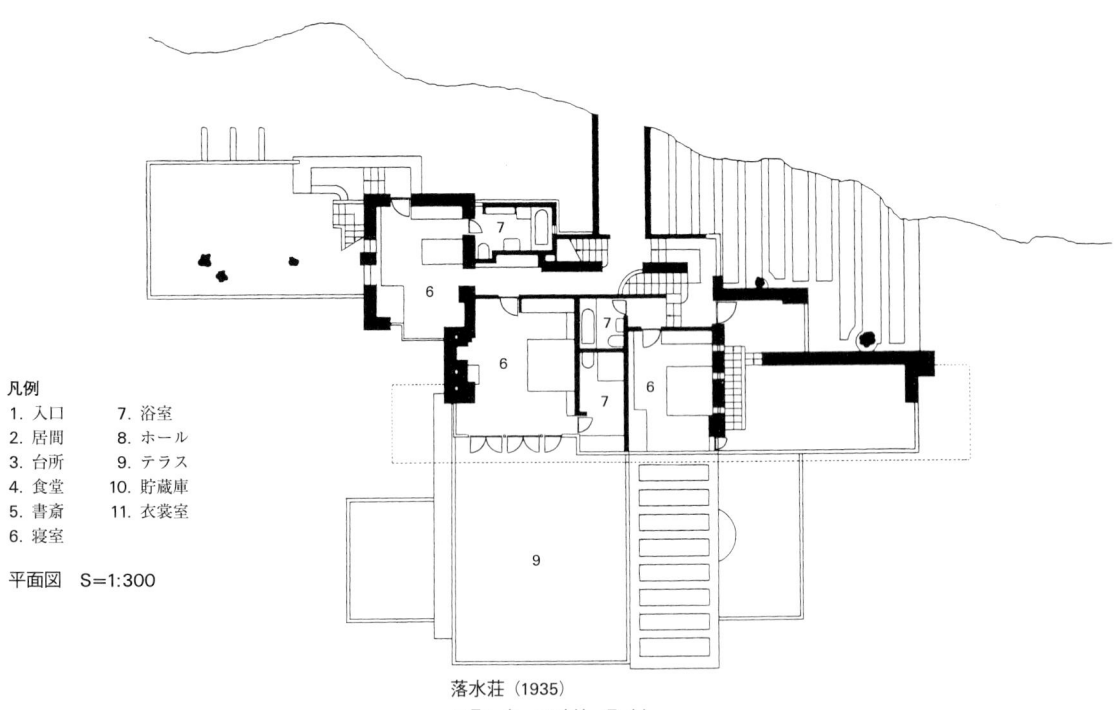

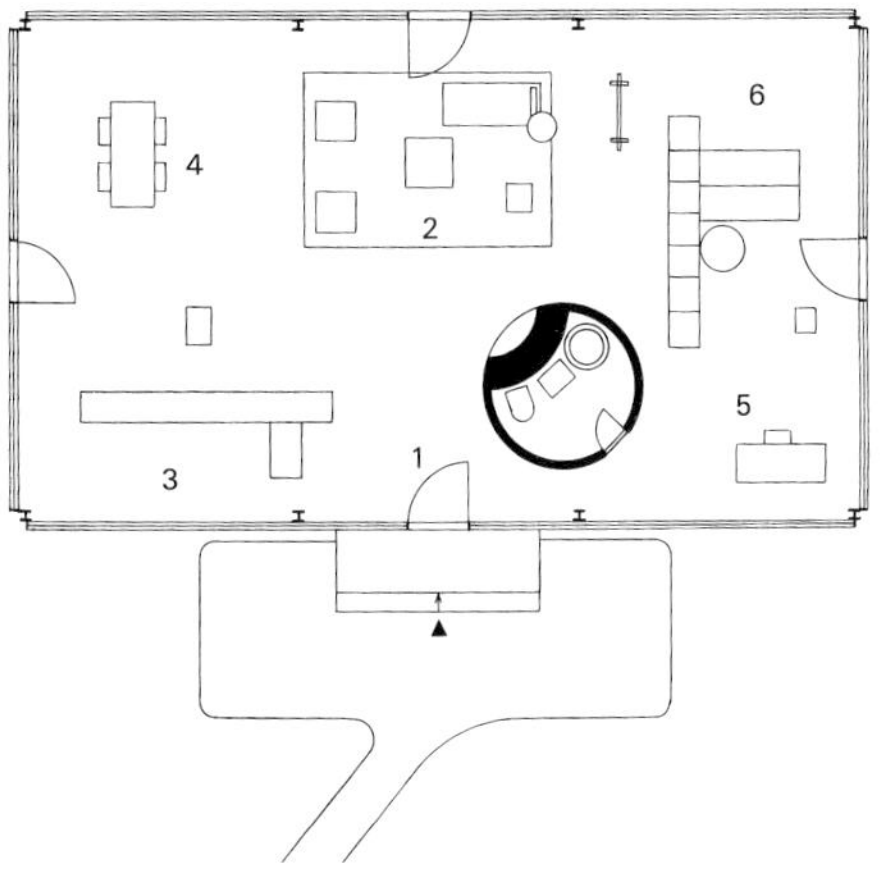

ガラスの家（1949）
フィリップ・ジョンソン

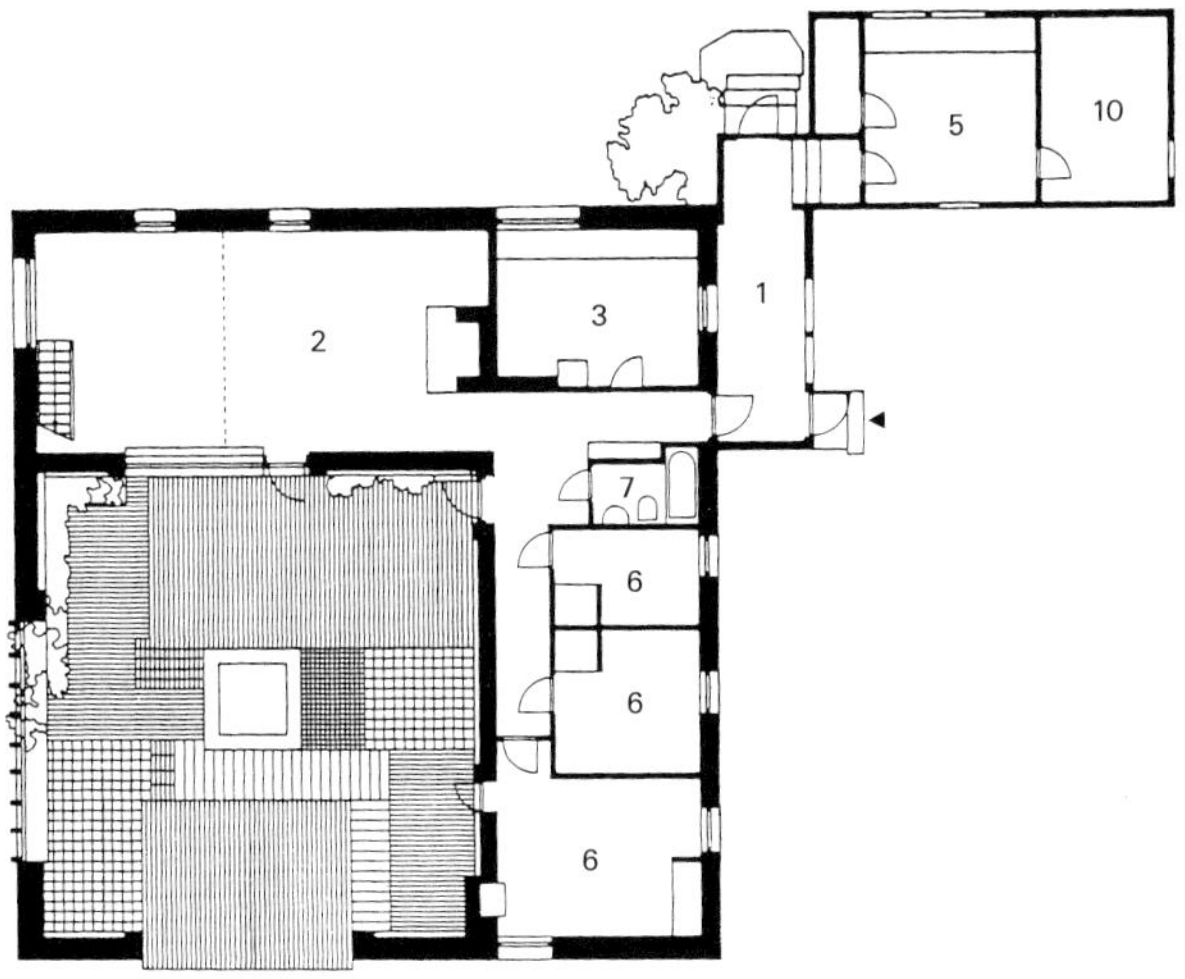

夏の家（1953）
アルバー・アアルト

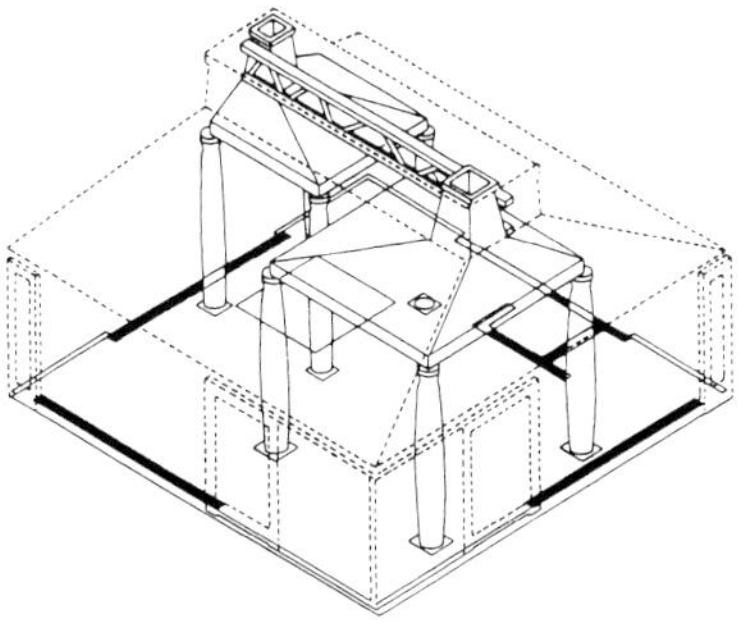

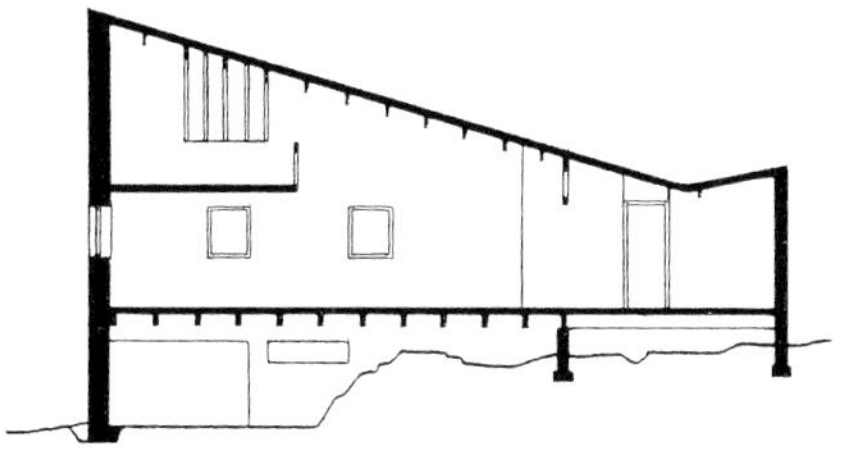
夏の家断面

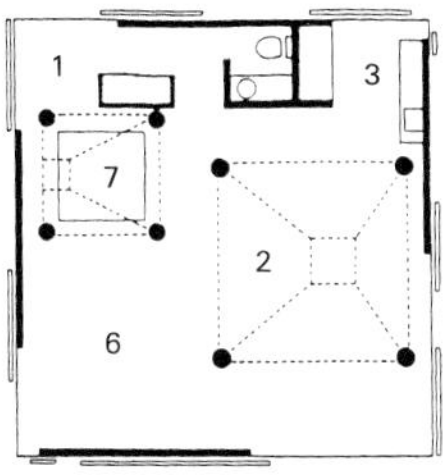

ムーア自邸（1962）
チャールズ・ムーア

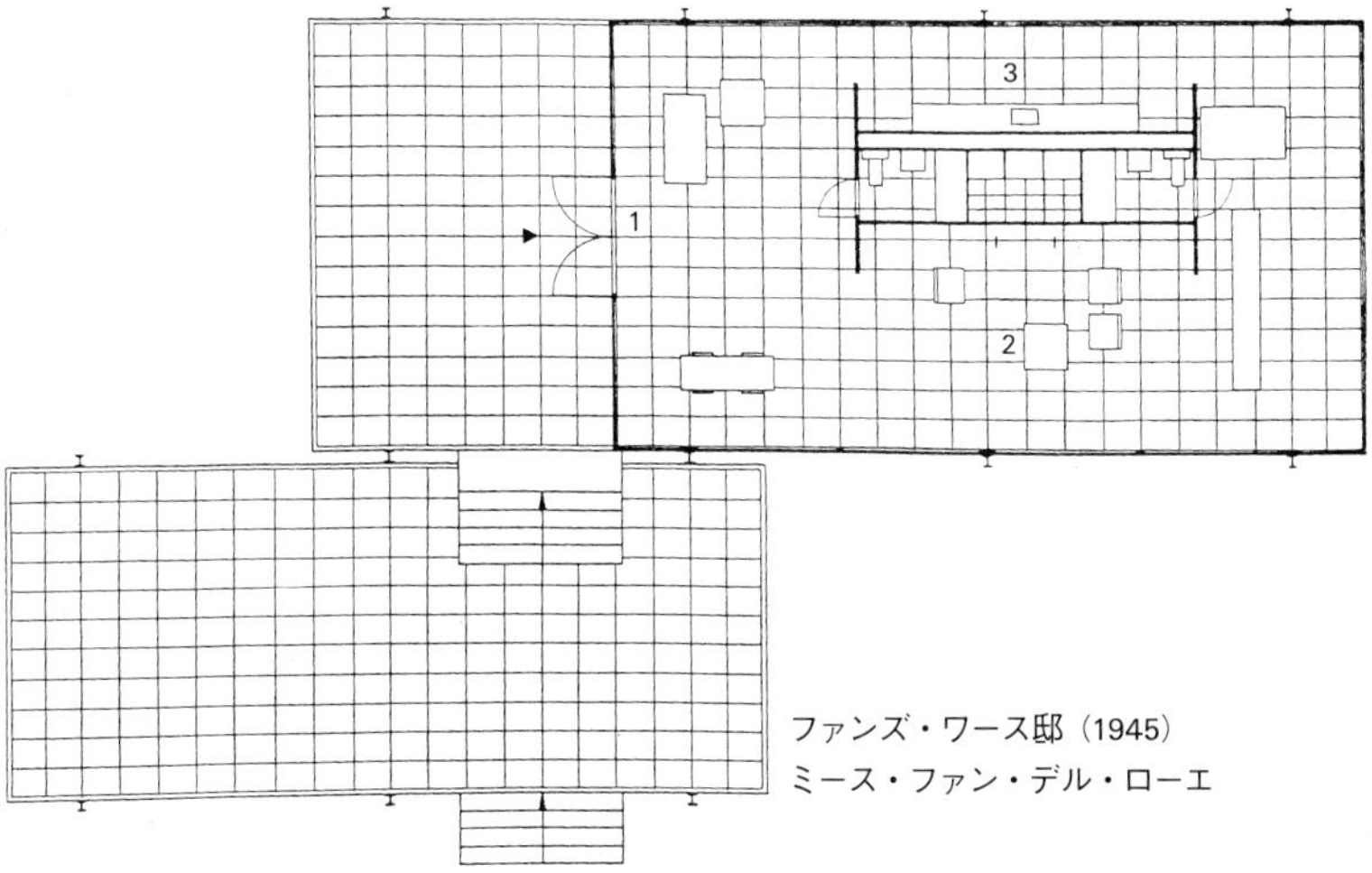

ファンズ・ワース邸（1945）
ミース・ファン・デル・ローエ

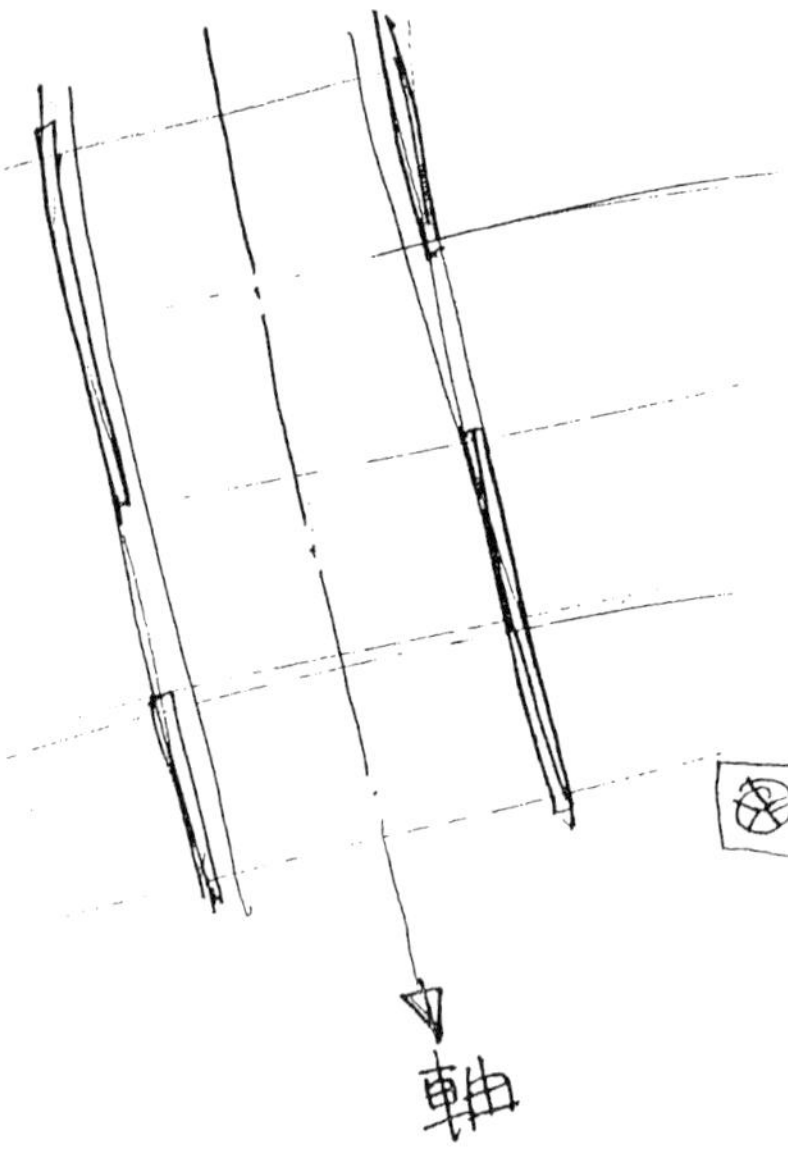

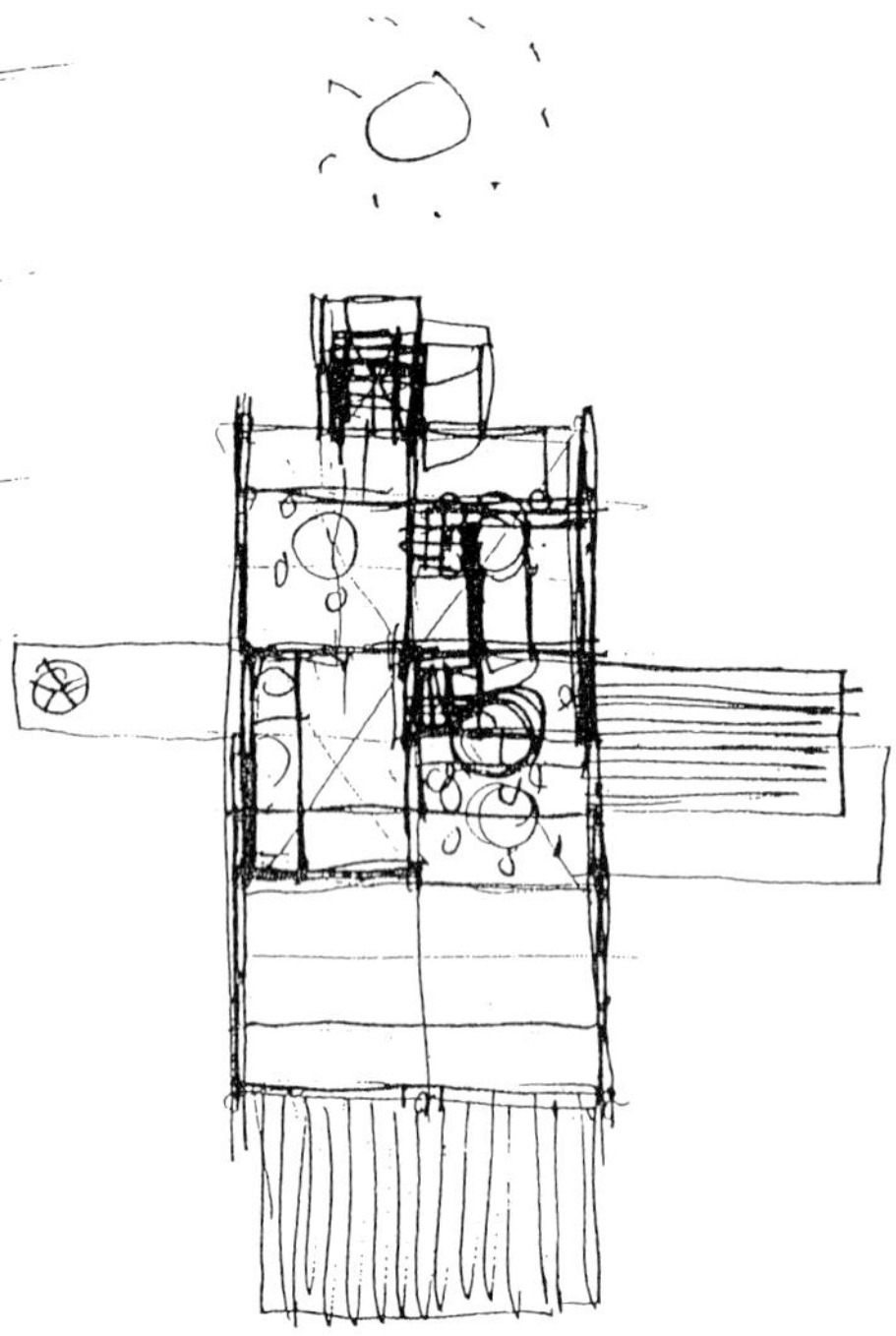

*

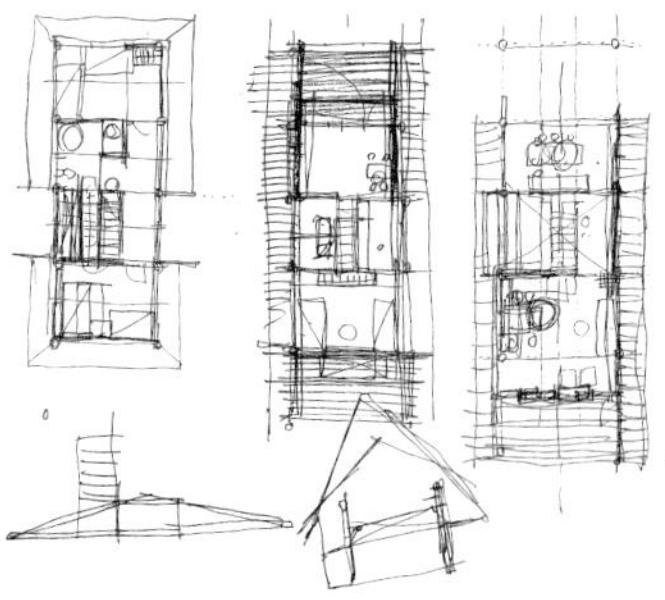
*

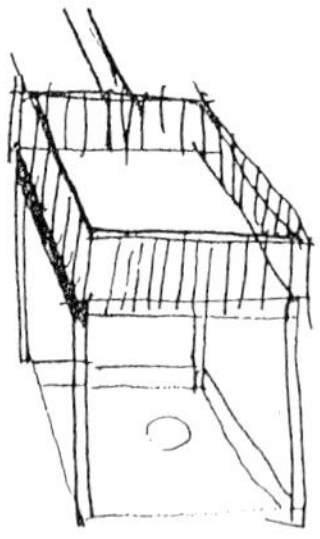

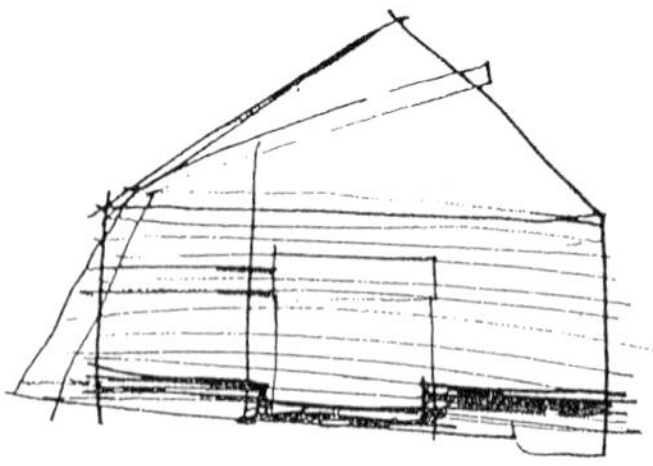
*

たりしながら進めるのがデザイン作業の基本なのだ。設計はしつこくモノを追及する精神と、ベストな回答を求めてやり直しを恐れないねばり強さが要求される作業なのである。

ではコンセプトを明瞭にするというのは具体的にはどういうことなのだろう。これも肩肘張って難しく考えるほどのことではない。まず、「こんな空間がほしい」と思うことがすべての始まりなのだ。どんな生活をしたいか。そのためにはどんな空間が必要かということを徹底的に考えることにほかならない。考え方をキーワードに置き換えてみるのもよいだろう。

こう書くと「なーんだ、そんなに単純なんだ」と思うかもしれないが、実は「私はこうあるべきだと思う」という信念と、それが思いつきでないという裏付けを持ってコンセプトを提示するということは結構「整理する」、「まとめる」という能力を要求される。先にも述べたデザインという言葉の語源に戻ってくるのである。このコンセプトを明瞭にするということがその先の設計作業をスムーズにこなす鍵を握っていると言っても過言ではない。

③設計としてまとめる

次がコンセプトに従ってモノをまとめ上げる作業である。設計としてまとめ上げるに当たり、それぞれの行為と行為間の関係を整理するとともにそれぞれの空間が要求するものは何かを探っていく。

もうびぃでぃっくのエスキース＊
「おもしろい家ができるまで持ってこなくてもいいよ」と言ってくれた
クライアントに応えるために、1年半という期間、エスキースにエスキースが重ねられ、
スケッチブック４冊が、約1,000枚のスケッチで埋まった。

また、それぞれの空間の要求する寸法はどのくらいか。どのような構造がよいか。設備的要求はどのようなものか。そして設備に必要なスペースはどれくらいか。どんな材料でどのように仕上げていくか、等々。このとき、コンセプトが明瞭であればあるほど空間のイメージもしっかりと確立され、設計作業もスムーズに流れるのである。

エスキース（esquisse）という単語がある。これはフランス語で下書きという意味で、建築においては設計構想のためのスケッチのことを言う。設計としてイメージをまとめ上げるためにはこのエスキースが不可欠で、エスキースを何度も何度も重ねることで良い設計案へと発展していくのだ。

また、エスキースと平行して作業を怠ってはいけないのが、模型やパース（perspective drawing＝透視図）などの三次元でデザインを確認することだ。模型も、エスキース模型またはスタディ模型と呼ばれる作業模型を作っては壊し、壊してはまた作ることを繰り返す中でデザインを洗練させていくのである。

④どんな図面が必要か

図面は建築の言語なのだ。エスキースで練った構想を今度は建築で通用する言葉に置き換えていくのである。正しい言語を使って図面を正しく書かない限り設計者の意図は正しく伝わらない。図面表現についてはこの本の「第四章

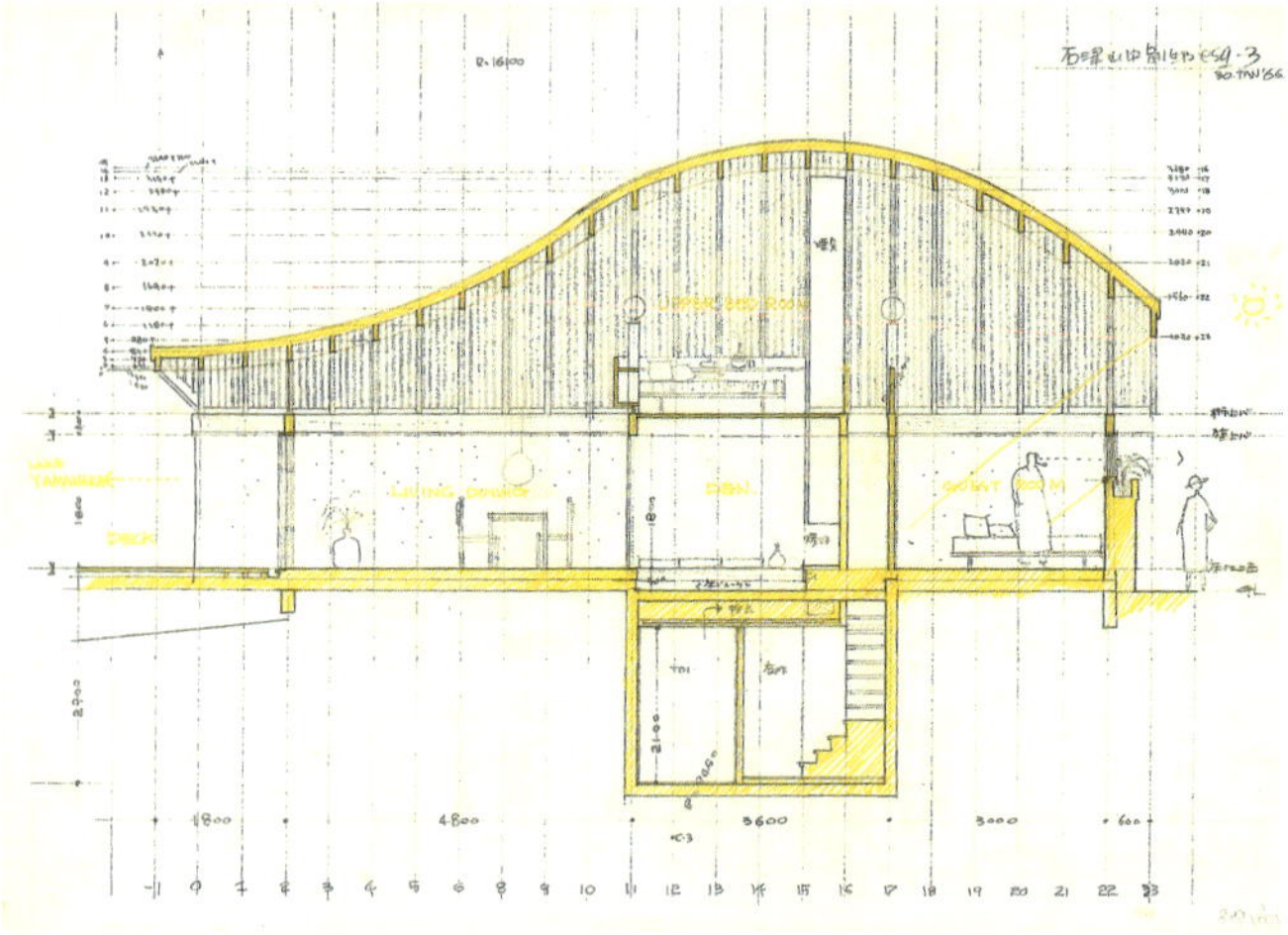

もうびぃでぃっく断面図*

もうびぃでぃっく外観*

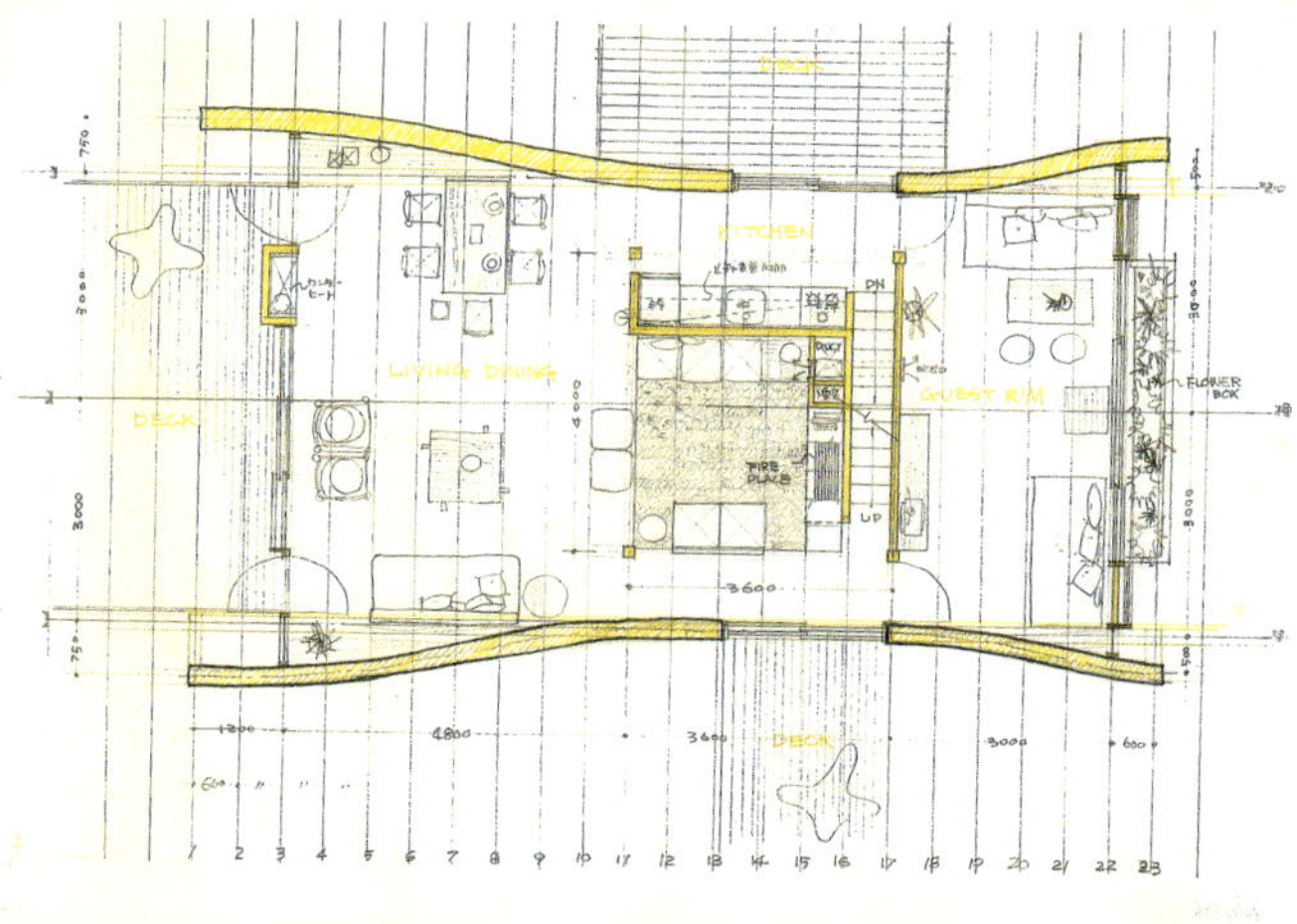

もうびぃでぃっく1階平面図*

図面を描こう」で詳しく学んでもらいたい。

平面図（plan）、立面図（elevation）、断面図（section）が建築の基本図面である。これらの図面はバラバラに扱うのではなく、トータルで見なくてはならない。反対に言うと、これらの図面を描くときも単体で考えるのではなく、平面と立面、平面と断面、断面と立面といった具合にお互いの関係性を十分考慮しながら進めていくことが重要なのだ。

⑤プレゼンテーション

いよいよプレゼンテーションだ。プレゼンテーションの語源はプレゼントで、贈る、贈呈する、提出するという意味を持っている。だから中途半端に仕上がった図面をうかうかと提出した矢先には、プレゼントの効果は半減してしまう。

プレゼンテーションの準備をするには作戦を練ることが重要なのだ。どのような図面をどのような大きさで見せたら設計意図が一番効果的に相手に伝わるか。また模型やパースなどの三次元で空間を理解できるツールをうまく利用することもプレゼンテーションのテクニックなのである。たくさん行ったスタディに執着しないで、自分の設計をアピールするのに効果的でないものはバッサリと切ってしまう判断もときには重要なのだ。

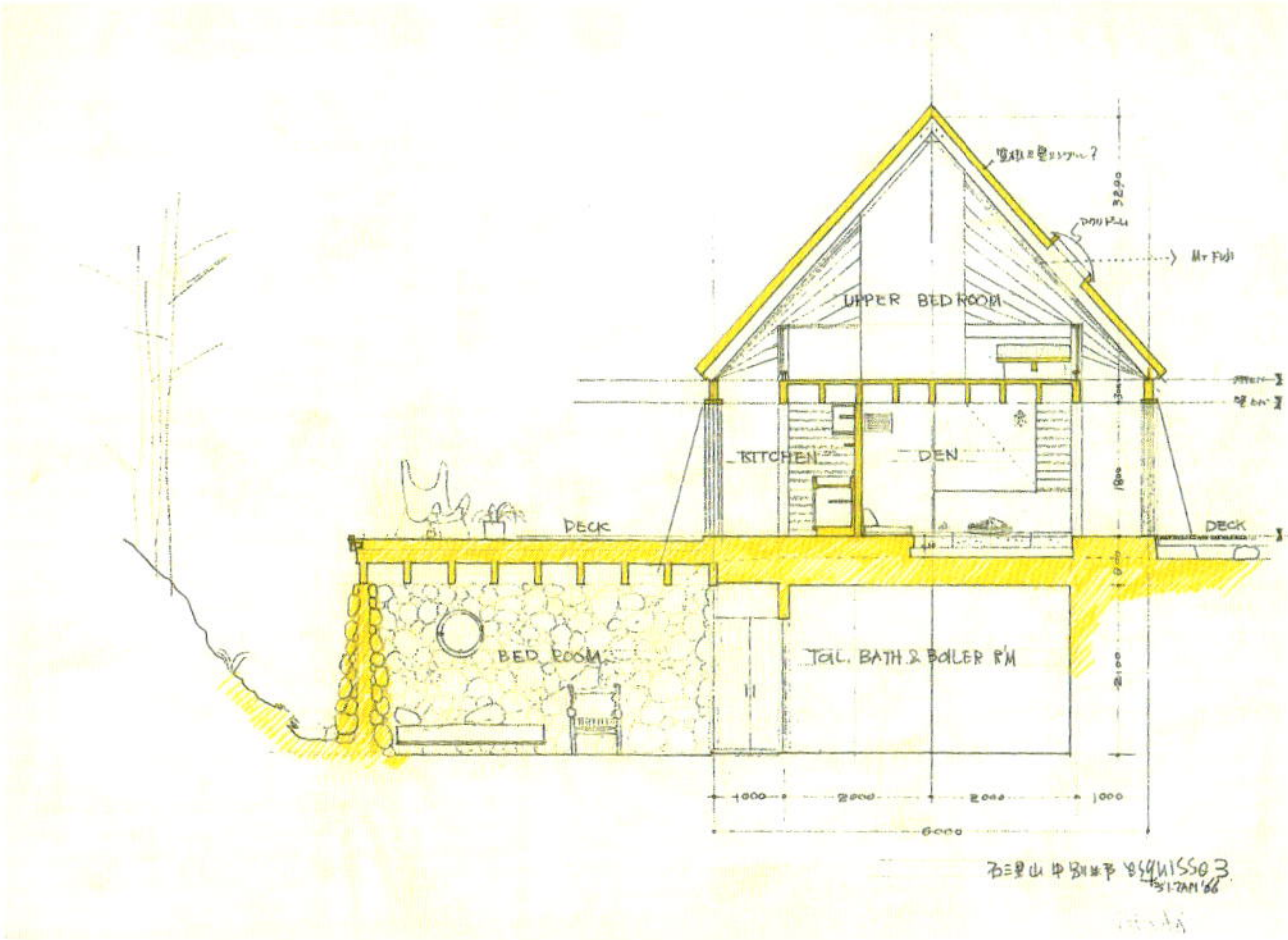

もうびぃでぃっく断面図*

プレゼンテーション図面としても
十分通用する最終過程の
エスキース・ドローイング*

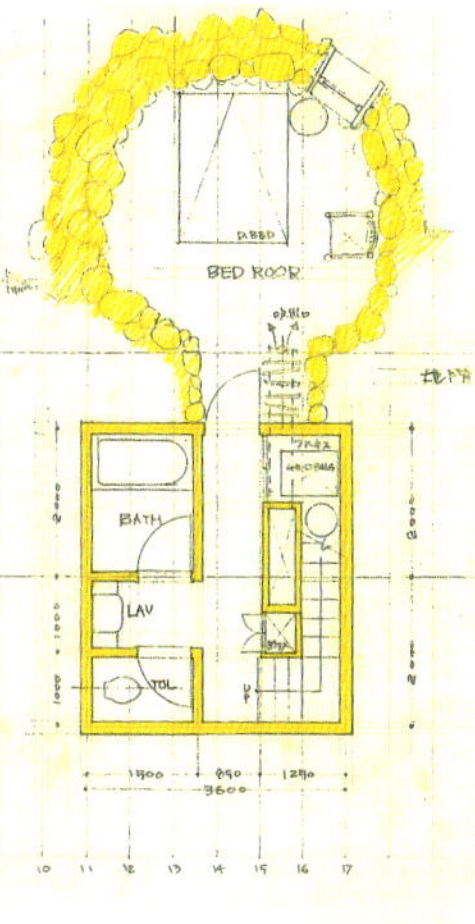

もうびぃでぃっく地階平面図*

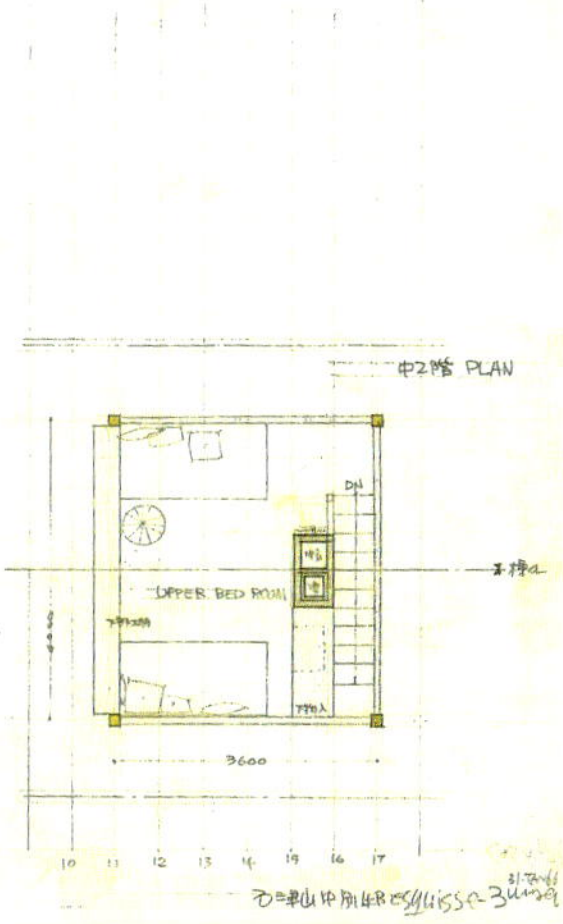

もうびぃでぃっく中2階平面図

もうびぃでぃっくパース*

建築には組積造とまぐさ造がある

＊

※まぐさ（楣）
柱の上部に渡される横架材。桁、梁。

●まぐさ造は、木造、鉄骨造、石造、RC造

接合部木造はピン、RCは（ラーメン）。

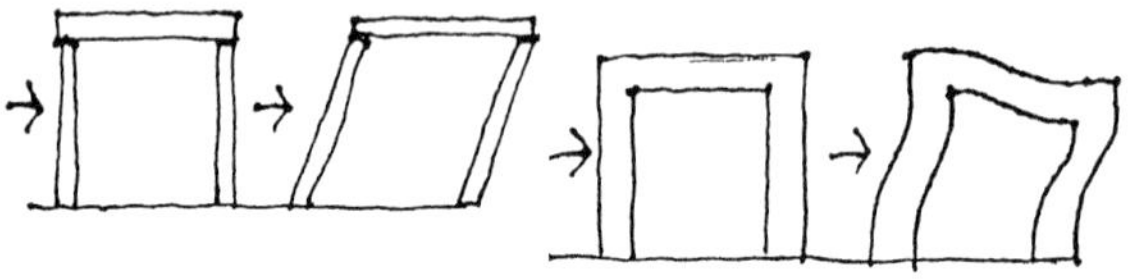

※RC
reinforced concrete
剛、ピン、ローラー接点

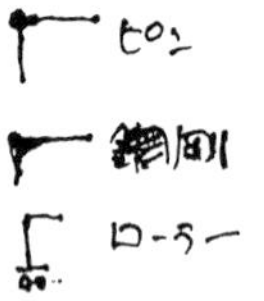

●重量

ものには重さがある。自重、荷重（積載物、空気、地震）。

建物に加わる力

※横力、ねじれ、変形（剪断、曲げ）
・梁は自重、積載に耐えるため、
成（H）が大きくなる。

※上から下に流れる力

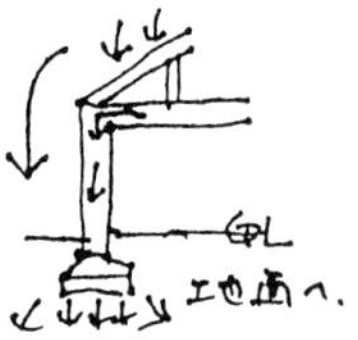

●変形に耐えるために

・床のたれは周辺と必要部の梁で支える。
・ラーメン構造の柱の上部は梁、桁で、下部は基礎梁でつながれる。
・水平の力（変位）に対しては、構造壁、火打、筋交い等で固める。

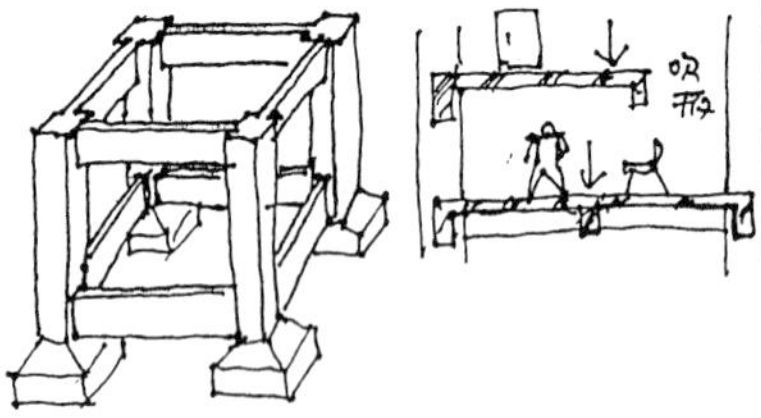

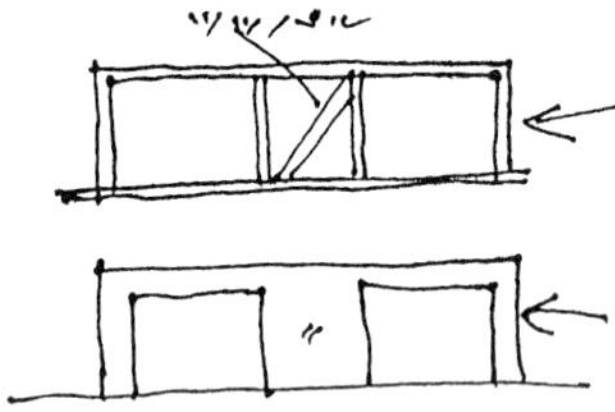

構造がわからないので図面が描けない人のために

●組積造とまぐさ造

建築には元来、組積造とまぐさ造（柱梁構造）がある。組積造は主体構造が石、煉瓦、コンクリートブロックなどのような、まさにその名のとおり組み合わせながら積み上げて造る構造のことである。ヨーロッパやメソポタミア文明の歴史的建造物の多くが組積造で出来ていることは言うまでもないことだろう。

一方、まぐさ造の方は水平材である「まぐさ」（または梁）を柱と柱に渡して造る構造形式で、木造や、鉄骨造、鉄筋コンクリート造など、私たちが身近で見ている多くの建物の構造がそれに当たる。歴史的には上図のギリシア石造や木を組み合わせて造った構造にルーツを見るシステムと言える。組積造とまぐさ造は昔から存在する最も基本の構造形式として頭に入れておいてほしい。

RC造概略

*

▼スラブ(床)を除いた姿　　▼内観パース

●壁構造

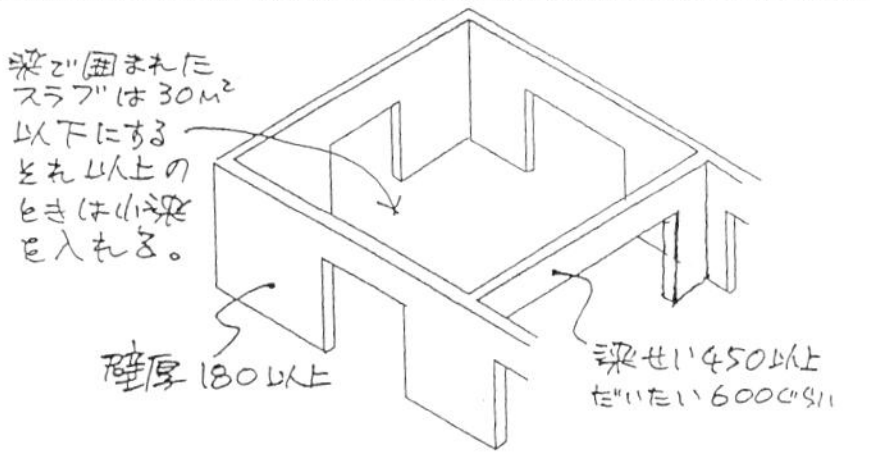

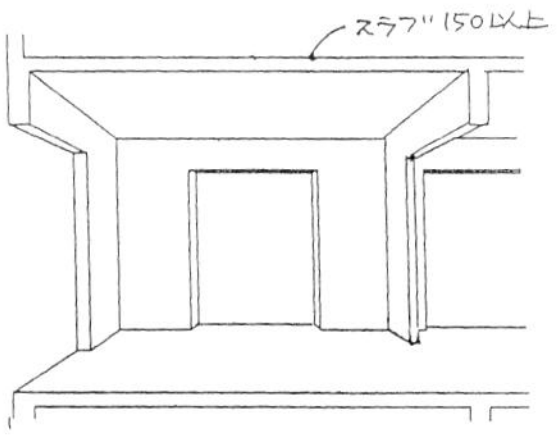

●ラーメン構造

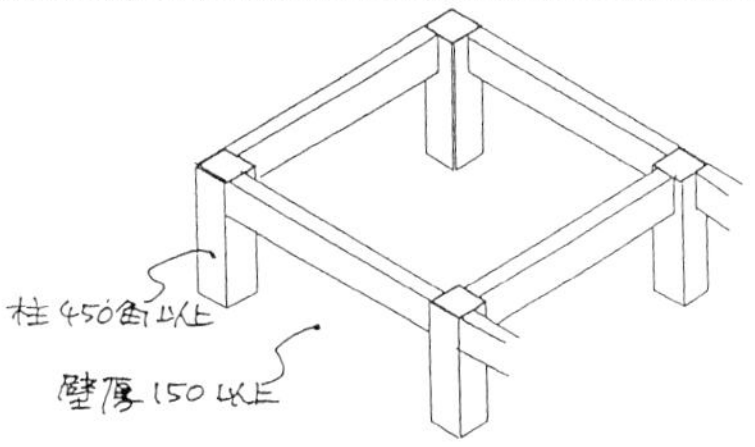

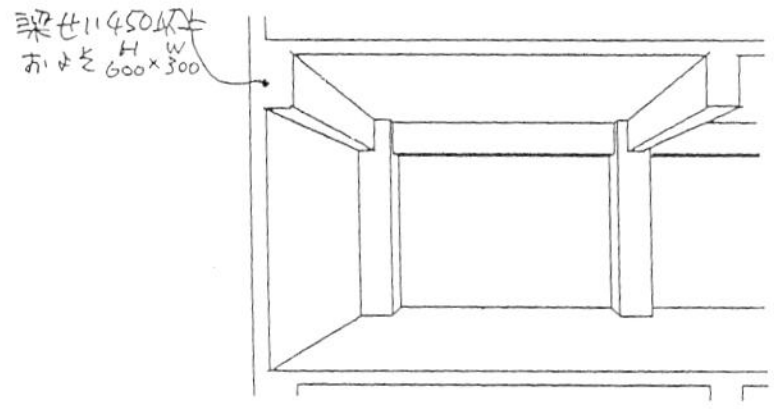

●壁式ラーメン構造

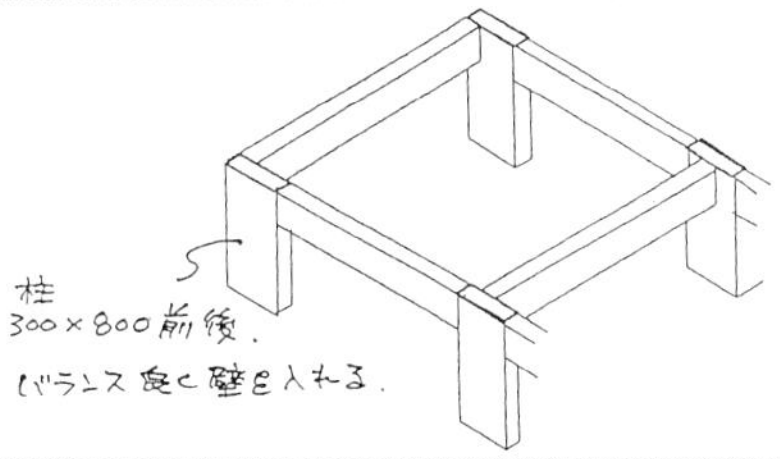

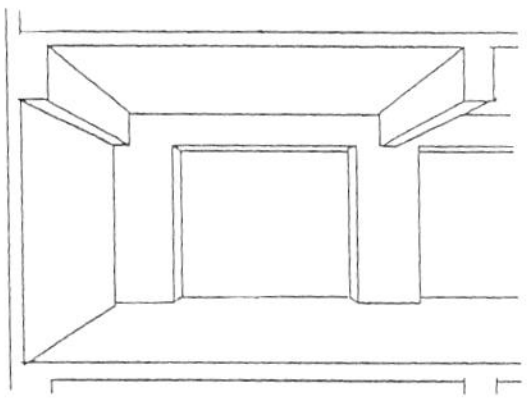

●薄肉ラーメン構造

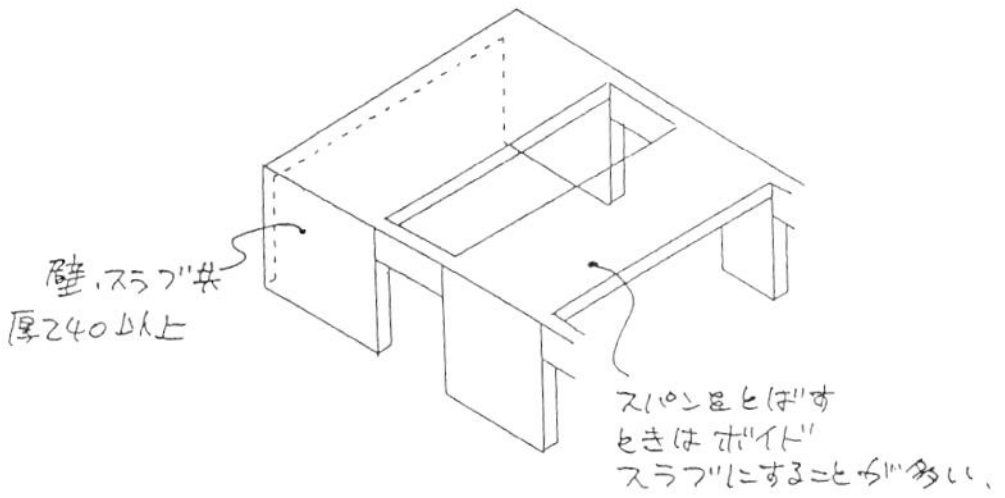

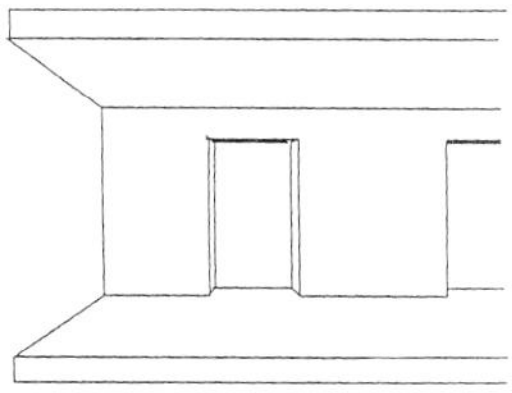

　後世、構造が発展して、現在はここでは語りきれないほど様々な構造形式が存在するが、先に述べた二つの基本形式から発展したもののうち、組積造から発展した架構体を今では「壁構造」、まぐさ造から発展したものを「軸組構造」と呼んでいる。

　壁構造の代表的なものに鉄筋コンクリート壁構造、木造ツーバイフォー工法、コンクリートブロック造、煉瓦造などがある。一方、軸組構造としてポピュラーなのは鉄筋コンクリートラーメン構造、鉄骨造、鉄骨鉄筋コンクリート造、木造在来工法などが挙げられる。

◉各種構造を理解するために

　さて、今列記した各種構造とその特徴について、ここで簡単に触れておこう。

　まず鉄筋コンクリート造から始めよう。鉄筋コンクリート造は型枠を組んでその中にコンクリートを流し込んで作る材料なので、いろいろな形に整形できるメリットを持っている。鉄筋コンクリート造は英語でReinforced Concreteと呼ばれることからRC造と総称されてもいる。コンクリートは圧縮される力には強い材料だが、引っ張られる力には強くない。それに対して鉄筋は引っ張られる力に強く、圧縮される力には弱いという特徴を持っている。そこで二つの材料の良い性質を合わせながら互いに補ったものがRC造なのだ。Reinforcedという単語は「補う。補強する」という意味を持っている。

RC造を理解するために　その1

*

●参考文献

①『構造用教材』日本建築学会
建築構法Ⅰ㈵の授業で使用した教科書です。
もう一度自分が建物を設計するつもりで見直してみましょう。
②『建築構造のしくみ　力の流れとかたち』川口衞ほか　彰国社
絵本だが、大変わかりやすく構造の考え方を教えてくれる本です。
内外の名建築を見るときにも役に立つので、一読を勧めます。

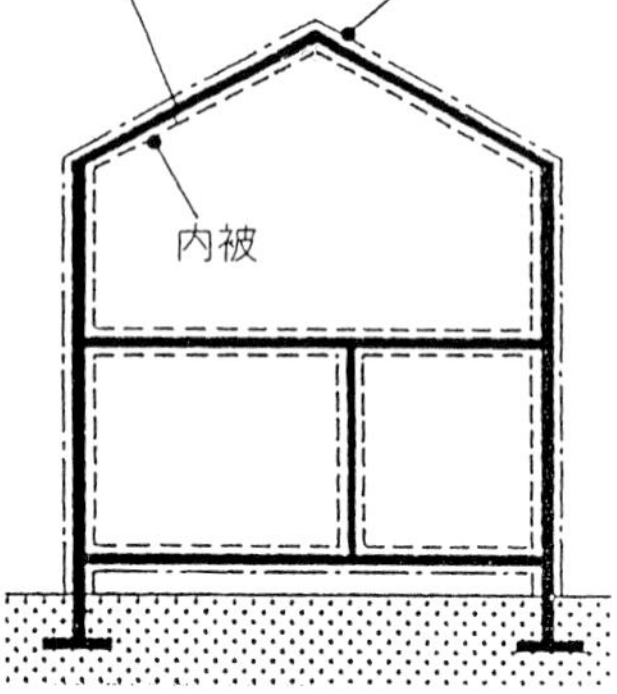

●鉄筋コンクリート構造のしくみ

詳しくは構造力学の授業でするはずです。
1年次の構法の授業も復習すること。

1）家屋構造の構成
（屋根葺き材と外部仕上げ）＋（内部仕上げ）＋構造体（杭・基礎と架構）

2）架構の種類
●軸組構造
木造在来工法、RCラーメン構造、鉄骨造、SRC（鉄骨鉄筋コンクリート）造等々
●壁構造
RC壁構造、木造ツーバイフォー工法、CB造、煉瓦造等々

3）建物にかかる力
「建物は自重、積載荷重、積雪、風圧、土圧及び水圧並びに地震その他の振動及び衝撃に対し安全な構造でなければならない。」（建築基準法の条文）
①鉛直荷重：自重（建物自身の重さ）
コンクリートと鉄筋を手に持って重さを実感してみよう！
＋積雪（地方によって数値が違う）
＋積載荷重（建物の用途によって数値が指定）
②水平荷重：風力、地震力は横方向から力がかかると想定する。
軸組構造は水平力に弱い→耐力壁や筋交いが必要
バランス良く配置する。

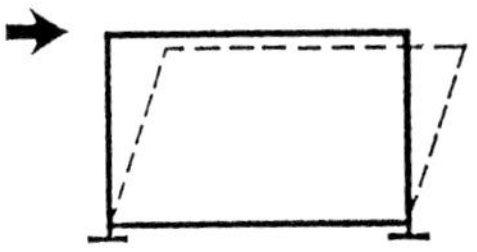

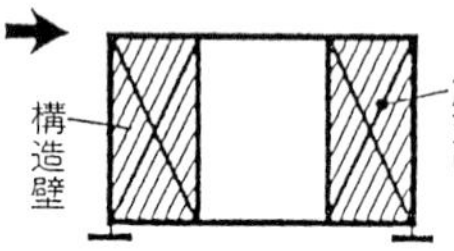

大きく分けるとRC造には壁構造、ラーメン構造があり、さらにはそれらを併用した壁式ラーメン構造や、薄肉ラーメン構造などがある（27頁の図参照）。壁構造は室内に柱型や梁型が突出しないのですっきりしているという長所を持っている。またコンクリートや鉄筋の量が経済的である。しかし、階高三メートル以下という制約があるため、設計の自由さに欠けるという短所も持っている。また、壁構造は四、五階建て以下の建物にしか適応できないので、このことが制約となる場合もある。

壁構造で建物を設計する場合、一般的に構造壁の厚さは百八十ミリが標準である。これに内部の仕上材の厚さと、外部を仕上げる場合はその厚さも加算されるので、図面を描くときの壁の厚さは二百ミリ強となる。壁梁の厚さは壁と同じだが、成《せい》（高さ）が最低でも四百五十ミリ、おおむね六百ミリくらい必要である。

参考までに構造に必要な壁の量はどのくらいかと言うと、一平方メートルの床面積につき十二センチから十五センチ以上の長さを確保する必要がある。例えば、百平方メートルの建物では合計十二〜十五メートルの長さの壁が必要となり、それらはバランス良く竪、横方向に配置されなければならない。

次にラーメン構造の話をしよう。ラーメンはドイツ語のRahmenから来ており、英語のRigid Frame、つまり部材が剛（＝Rigid）に接合されている骨組のことを言う。どの方式を選ぶかで

RC造を理解するために　その2

*

●ラーメン構造の鉛直荷重の流れ

スラブ→（小梁）→梁→柱→土台→基礎→地盤へ

原則：上から下へ。躯体は継ぎ目なしの一体と考える。

①鉄筋の入ったスラブが、鉛直荷重を受ける面である。面の短辺の長さが大きくなると小梁を入れる。
（自重が大きくなり、不経済だから）

②梁は面の荷重を受けて柱に伝える。

③柱は梁からの力を受ける。
一本の柱にかかる鉛直荷重を考えてみよう。（構造柱を梁に乗せるなど、できないはず）
変形柱は矩形柱より大きな断面にする。

④土台と地中梁は建物の底辺を固め、架構と基礎をつなぐ。

⑤基礎は建物の重さを地盤に伝える。

⑥杭は建物の重量を堅牢な地盤に伝える。ボーリングや載荷試験で杭の形式を決める。

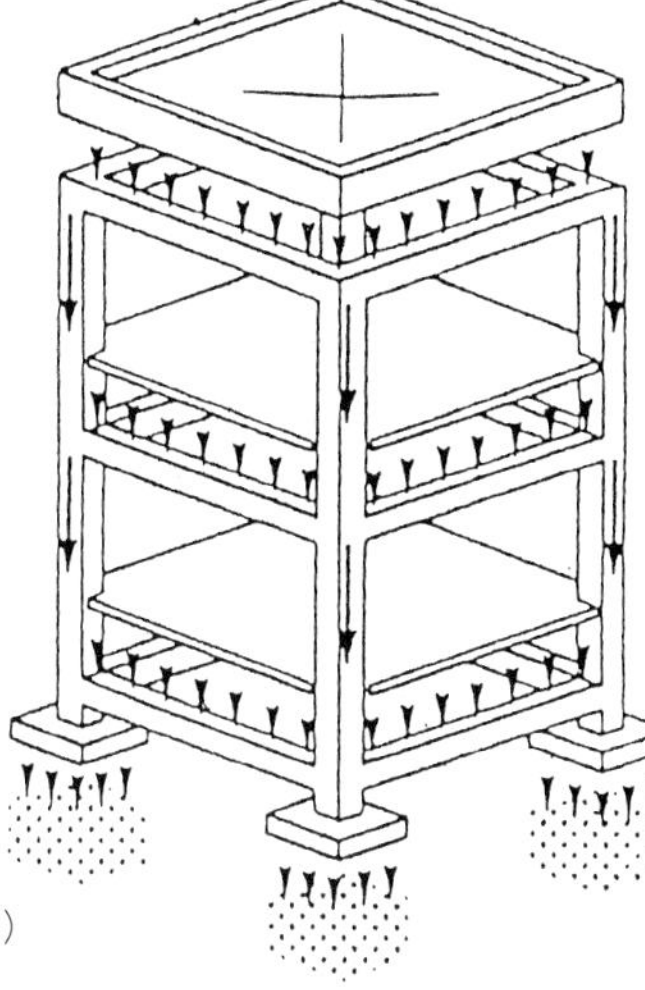

●応力と材の断面積

「一本の矢は折れるが三本にすれば折れない」＝部材の断面積と応力の関係

「力のモーメント＝力×長さ」

原則：スラブ面が広くなったらスラブは厚く。
　　　スパンが大きくなったら梁は大きく。
　　　上にくる階が増えるほど柱は太く。

参考……2階建ラーメン構造で6mスパンの場合
　　　スラブ厚：12～15cm、柱：最低45×45cm以上、梁：35×60cm（梁の成《せい》＝梁間《スパン》/10くらい）
　　　耐力壁の厚さ：15cm程度

●壁構造　コピーした図面を良く見ること！

長所：室内に柱型や梁型が突出しない。コンクリートや鉄筋の量が経済的。

短所：階高は3m以下、設計の自由さに欠ける。4～5階建まで

ラーメンの梁と柱＝壁構造の構造壁と壁梁（成は45cm以上）
　　　上階の構造壁の下には構造壁が必要。

参考……構造壁の厚さ：15～18cm以上
　　　構造壁の長さ：床面積m^2×12～15cm以上。バランス良く配置すること。

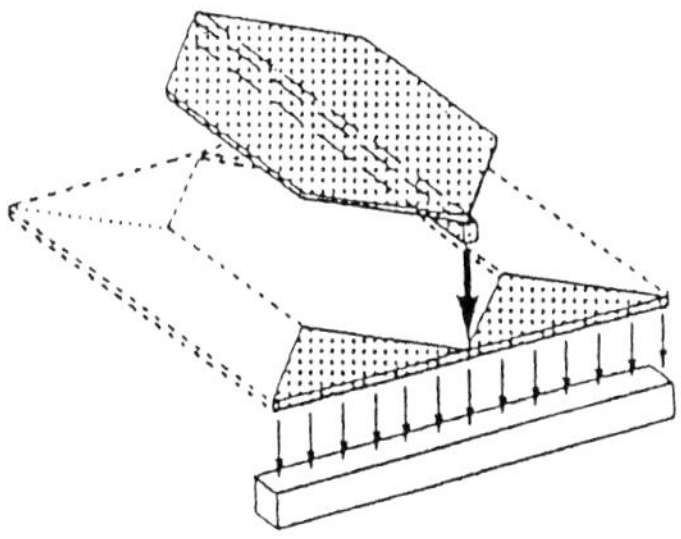

構造形式はデザインに大きく影響を及ぼすことになる。ラーメン構造は柱と梁で構造は成立するから、柱と梁以外の部分は開口部としても間仕切りとしてもよいという自由度を持っている。ただし構造として有効な柱と梁はしっかりとした大きさの部材となるため、空間の中での構造の存在感は増す結果となる。

　具体的な大きさを言うと、数階建ての建物の場合、例えば柱は正方形の場合、四百五十ミリ角以上は最低必要で、六メートル間隔で柱を建てる場合でも五百から六百ミリ角程度の柱が必要となる。梁の成も四百五十ミリ以上は確保したい。だいたい六メートルくらいの距離を飛ばすためには成が約六百ミリ、幅が約三百ミリの梁となる。梁成《はりせい》は飛ばす距離（スパン）のおよそ十分の一が目安である。これらの構造材に仕上げが施される場合、図面に描かれる大きさはひとまわり（五十ミリ程度）大きくなると考えておけばよい。

◉鉄骨造

　さて鉄骨造についても簡単に触れておこう。「S造」という言葉を耳にしたことがあるのではないだろうか。これが鉄骨造のことである。鉄のことを英語でSteel（スチール）と言うため、その頭文字をとって「S造」とも言われている。

　鉄骨造のメリットは、少ない材料で長い距離を飛ばせるところにある。少ない材料ということは構造部材も小さくてよいのだから、プロ

RC造を理解するために

その3

*

●自分の作りたい空間の構造を考えてみよう。どうすれば、持つか。

例：空中に大きく張り出したガラス張りの居間（a）〜（h）
採用する構造によって、建物の形が変わってくる。
標準的な構造は（g）、（h）

注意……過剰構造にしない！ 美しくない。不経済。
　　　　間仕切壁までRCにしない！ フレキシビリティがなくなる。

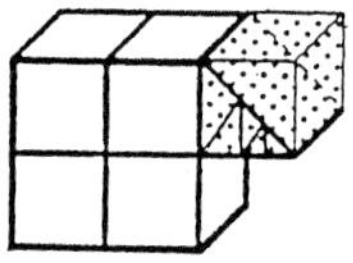

（b）

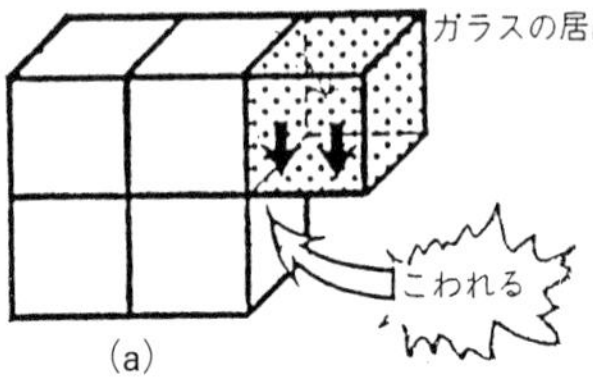

（a）

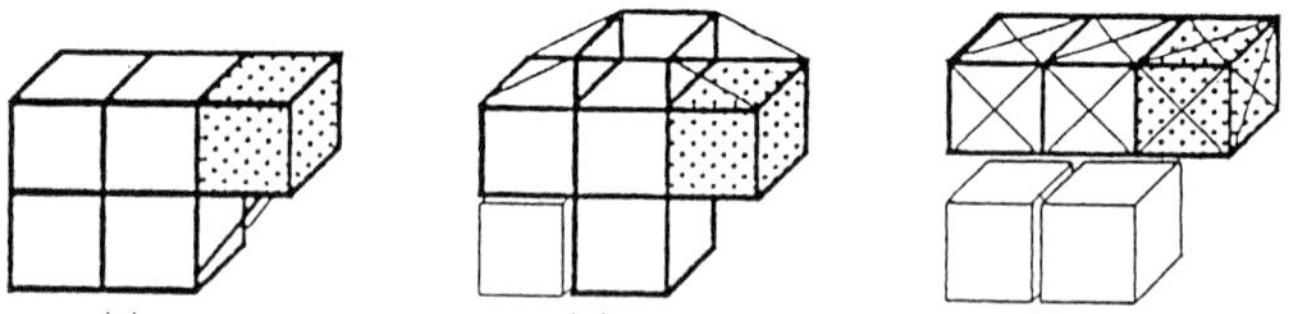

（c）　（d）　（e）

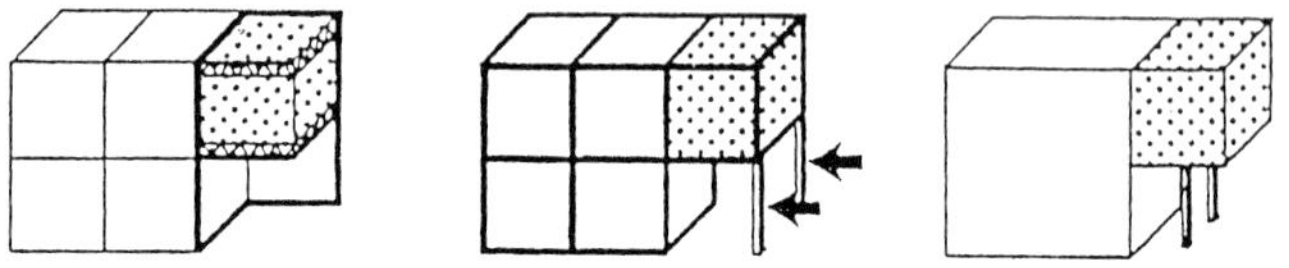

（f）　（g）　（h）

●屋根の架構

- **屋根の架構は構造計画の基本である。**
  梁、トラス、ヴォールト、ドーム、シェル、吊り、膜、スペースフレーム等々、
  屋根のデザインの流れは建築構造の歴史でもある。

- **屋根の架構は内外空間デザインの大きなポイントである。**
  参考例：同じプランでも屋根の形によって外観は違ってくる。
  　　　　これ以外にもたくさん考えられるはずです。
  　　　　内部空間の場合は天井を貼るかどうか（架構を見せるかどうか）によって
  　　　　考え方は違うが、内部と外部を無関係にするのは好ましくない。

- **屋根は内部空間を雨水から守るものである。**
  雨水の流れを考えること。

ポーション的にもスレンダーに仕上げられることになる。

　次に挙げる具体的な寸法を、先のコンクリートラーメンと比較してみよう。六メートルの長さを飛ばすのに鉄骨の梁を使用すると梁成が約二、三百ミリでよいのである。柱も二百ミリ角程度で十分であるから、コンクリートに比べて部材の寸法が明らかに小さくてすむ。材料の形状としては、柱は角型のボックスコラムや円形のパイプ、あるいはH型断面の鋼材が一般的に使われている。梁ではH型断面の鋼材が最もポピュラーだ。これらも仕上げが施される場合はひとまわり大きい寸法で図面を描けば間違いない。

　鉄骨造のもうひとつの利点は工場で製作される材料なので、寸法が正確であるということだ。一方、最大の弱点はコンクリートに比べて火に弱いということである。耐火性能が要求される建物では耐火被覆と言って、鉄骨の回りに耐火性能のある材料を吹き付けるなどの処置を施さなければならないため、鉄骨部材の持つシャープさを意匠的に表現できない場合がありうるのである。

◉木構造

　木構造は建築構造の基本である。元来は日本の住宅建築において最もポピュラーな構造形式であった。しかし近年、特に住宅が密集する都市部では木造の「燃えやすい」という性質が欠点として強調される傾向にある。しかし木は

在来工法と2″×4″工法の架構

部材名を覚える

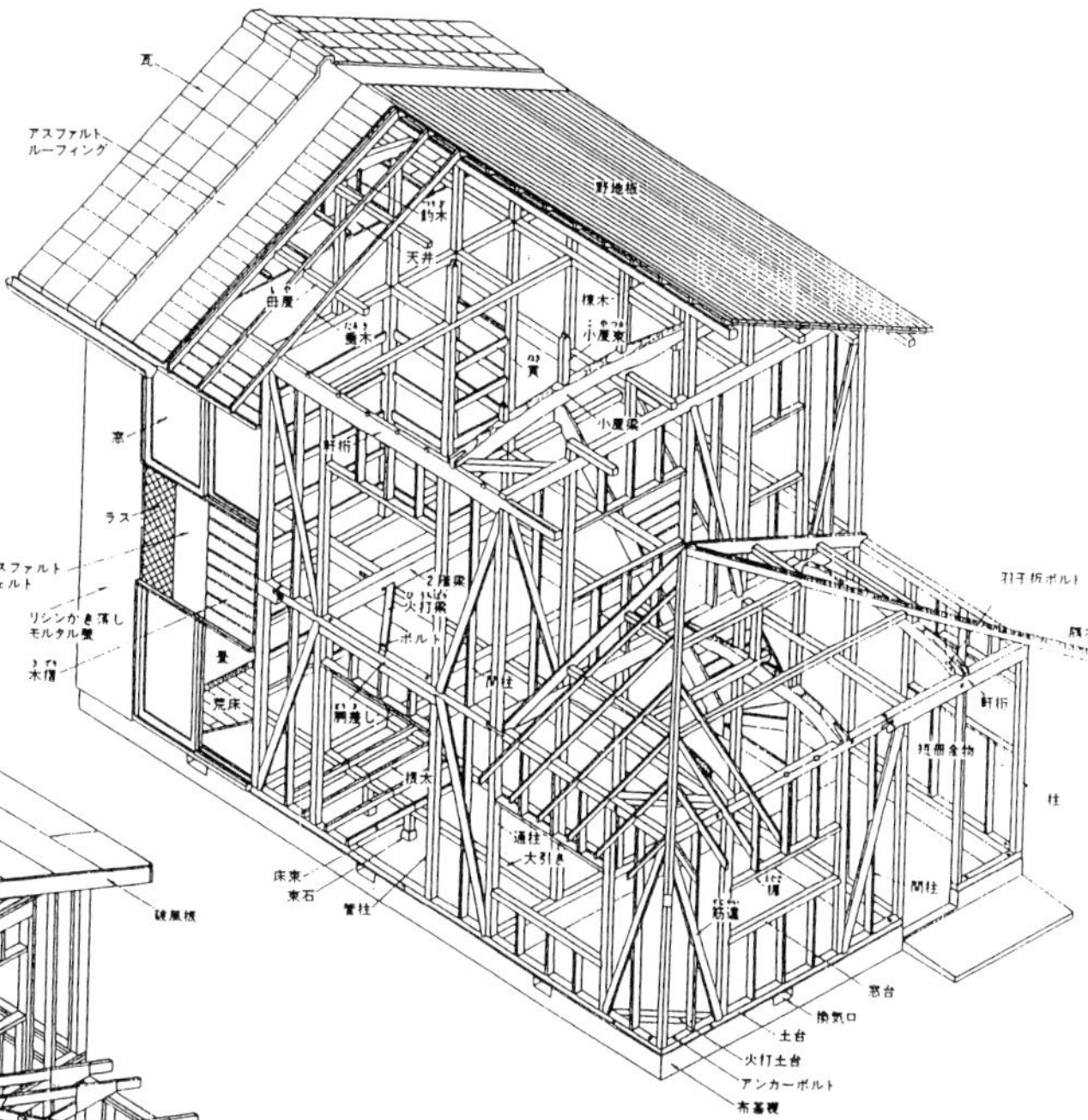

在来木造住宅

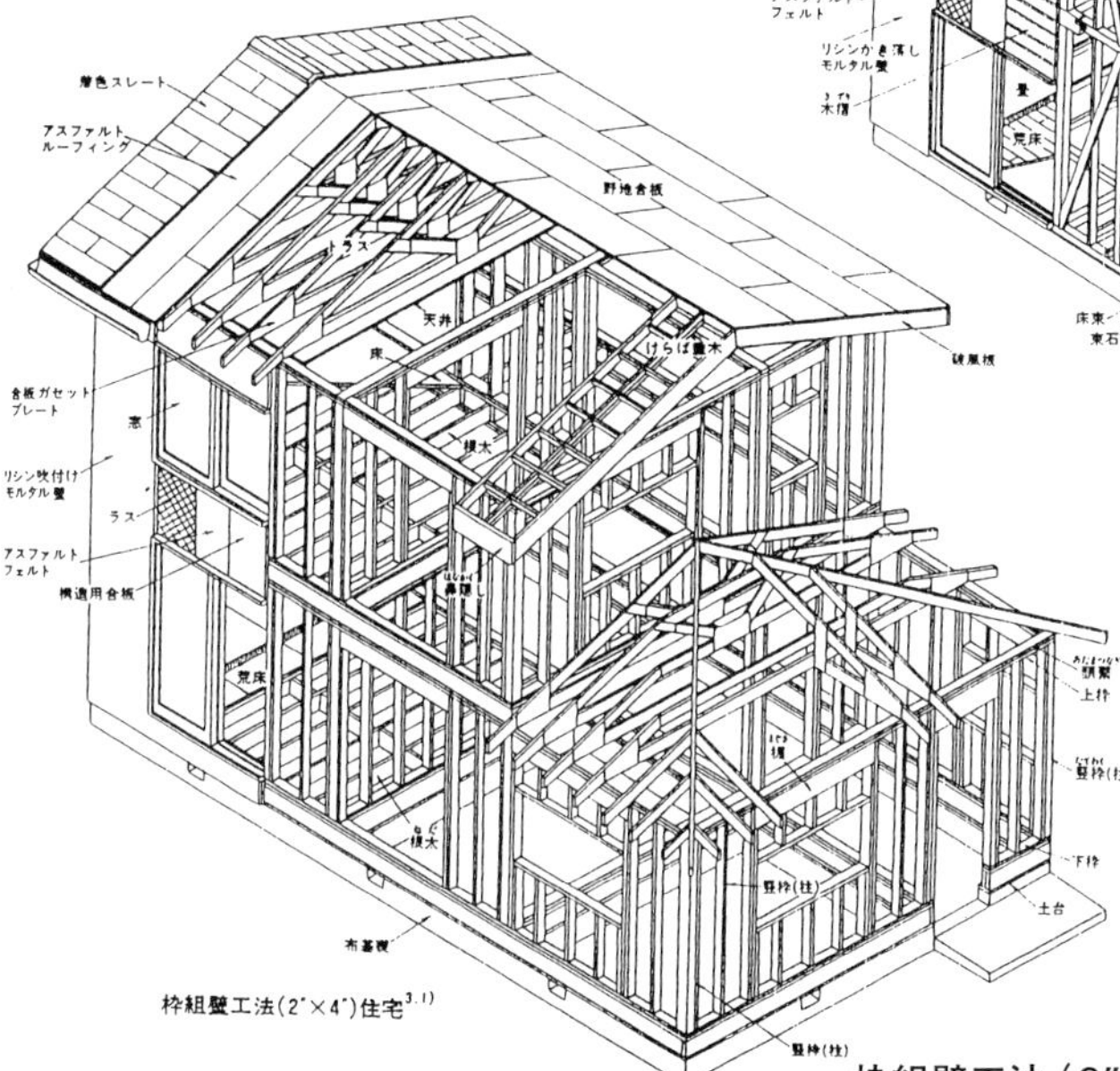

枠組壁工法（2″×4″）住宅

自然の材料である上に、力に対しては圧縮にも引っ張りにもほぼ同様の力で抵抗するため、構造材として優れている。また現場で容易に加工ができるのも木造の特徴である。ただ自然の材料であるがゆえに、節があったり水分の含み具合（含水率）の違いによって様々に反応するため、正確な構造的数値が計算によって求めにくく、現場で大工さんの勘と知恵に頼りながら作る部分を持つ構造形式でもある。

さて、木造で住宅設計をする場合のおよその構造部材寸法をここで紹介しておこう。ごくごく常識的に言うと、柱を二間に一本くらいの割合で設けることができれば、柱の大きさは百五ミリ角、梁が二百四十ミリ×百二十ミリ、桁が百八十ミリ×百二十ミリくらいが目安である（32頁の図参照）。一階から二階まで通る通し柱は百二十ミリ×百二十ミリが一般的だ。これら構造部材は通常、外部側は仕上材で覆われるが、内部側は仕上材で完全に覆われる場合（大壁造）と、「構造＝仕上げ」となり、構造がそのまま間仕切りや仕上げになる場合（真壁造）がありうる。

木造を始め、ここで紹介した構造については基本の話にとどめられているので、ぜひ本書の「良い本を読もう」を参照してさらに詳しく学んでいただきたい。

◉設備への配慮も忘れずに

住宅設備の代表的なものに電気設備、給排水

木構造を考える

木構造は建築構造の基本、力の流れから材の構築を習う

*

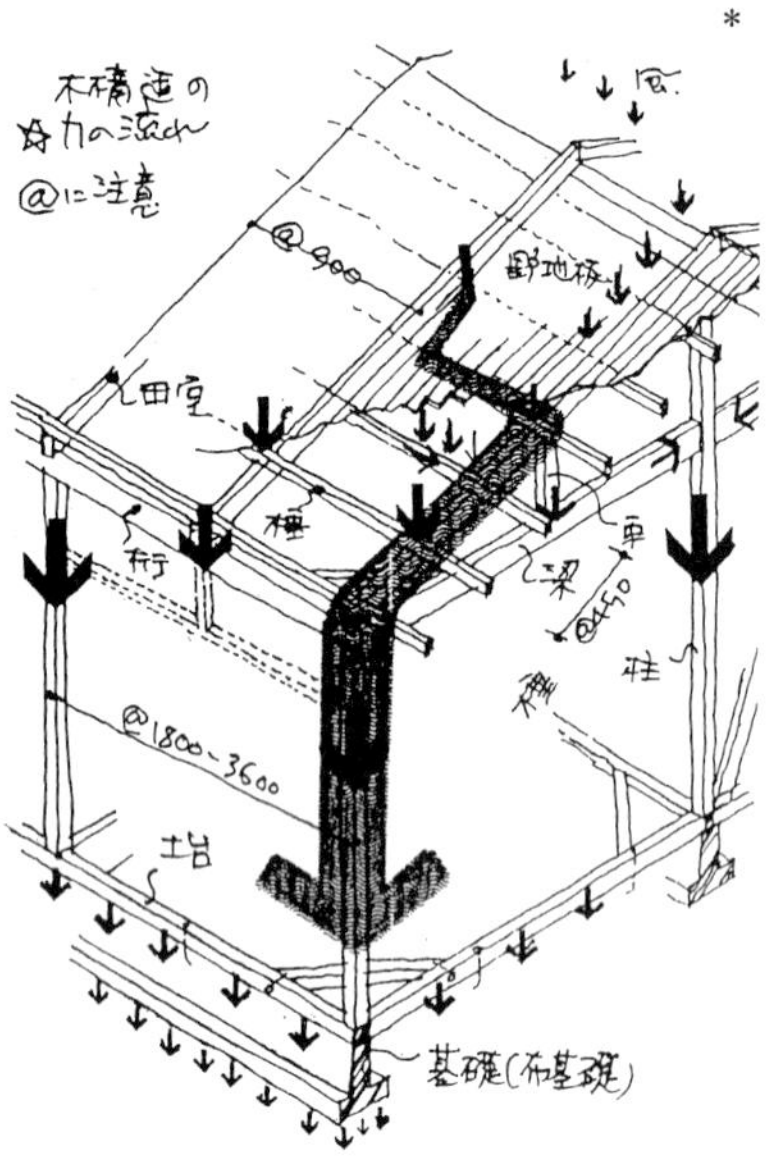

●重さ、力

引力=自分の重さ、風=空気の重さ

- あらゆるものには重さがあって、重さが力となって建物を変形させる
- 重さのいろいろ—— 自重、積載荷重(長期、短期)
  風(+、-)、地震(水平力)
- 力のかかりかた—— 剪断、圧縮、曲げ、引張
- 力は流れる—— 材から材に伝わって最終的には地面へ(上から下へ)
- どう力を流すかが構造計画
  cf. 棰→母屋→梁→桁→柱→土台→基礎→大地

●木構造

木は直線材。曲りを利用することもある。
どう組み合わせて内部に空間を作るか。

- 木は軸方向(圧縮、引張)に強く、曲げにはある程度、材の成で耐えられる。
- 部材そのものが耐えられるように、
  =柱105×105　梁240×180　桁180×120等
- 接合はピン。火打ち、筋交い等、斜材と組み合わせて構成面の剛性を作る。
  =屋根面、軸組、床面それぞれ
  cf.「3種の接点、ローラー、ラーメン(剛)、ピン」
- 構造は屋根から考える——どういう屋根をかけるか。
  その下に同部屋が取れるか。
- 構造単位。一部分を構造的に固め、それを連続させる方法が一般的。和小屋、洋小屋。
- 在来木構造は「構造=仕上げ」になる部分が多い。構造がそのまま間仕切りや
  仕上げになる場合がある。
- 2×4等は構造と仕上げが分離。
- 内地材は大部分市場規格化されている。
  - 品質　農林規格　cf.　杉1等3方小節
  - 寸法　長さ—— 丈三(13尺—4m)
    断面—— 100角(柱)一五一三(45×40)
    120×150、180、210、240等
    ベニヤ等は3×6さぶろく(1800×900)
    4×8しはち　(2400×1200)
  cf. 他の建築部材寸法にも関係　300×300等

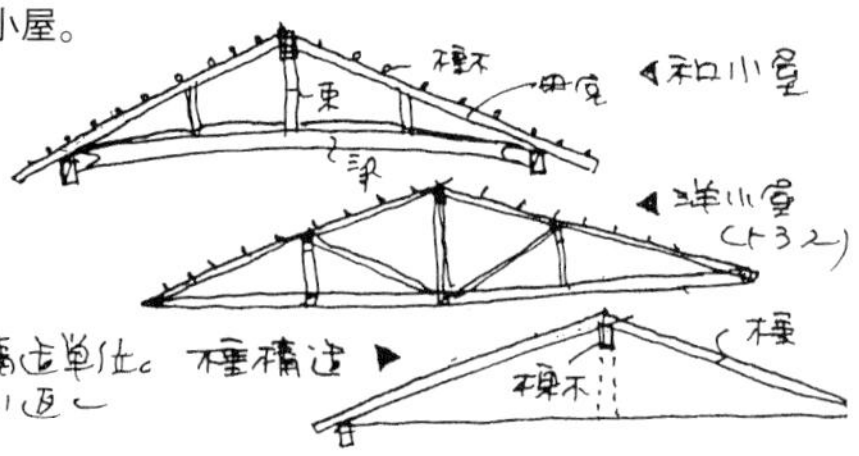

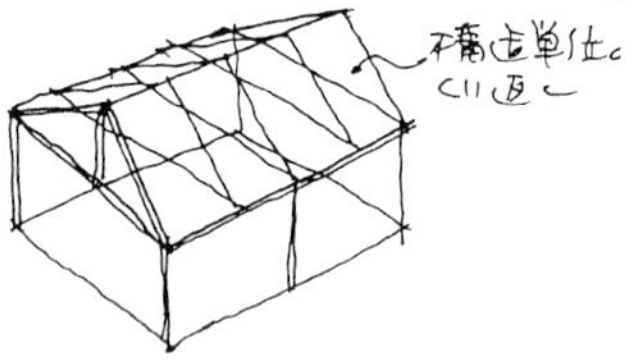

衛生設備、空調換気設備などがある。最近はこれらにホームオートメーションや防災警備などのセキュリティシステムも加わり、住宅における機械設備への比重はますます増える一方である。何もかもが機械設備依存型になってしまった現状の中で、私たち建築家が設計に盛り込める設備的な配慮はないものだろうか。

今一度、基本の基本に戻って考えてみよう。まず住宅の設備という言葉で機械設備を連想してしまう習慣から見直してみる。そう、自然の力に目を向けてみることだ。風の心地良さをぜひ再発見してみてほしい。風が通り抜けるように家を設計するのはやればできることなのだ。

幸いわが国では「恒常風」と言って、夏は南(正確には関東では南南東、関西では南南西)の風が吹いている。この風を利用すると言うと単純に聞こえるが、これが意外に簡単に処理されずにいるのが実情である。意匠的には開閉したくない窓でもほんの一部を通風用に開け閉めできるようにしておくだけで風は通り抜けてくれる。景色を見せるための窓と、通風を確保するための窓といったように、窓にも機能を与えて考えて見ると意外とうまくいくものだ。「風が通る家」を作るということは設備に対する最低限の配慮としてぜひとも実現する努力を惜しまないでほしい。(26頁~32頁の図版は、日本大学の「住宅設計塾」の『塾長通信』に掲載されたもの。そのうち26、32頁は、宮脇檀作図。27頁は、渡辺康作図。28~30頁は、曽根陽子作図。)

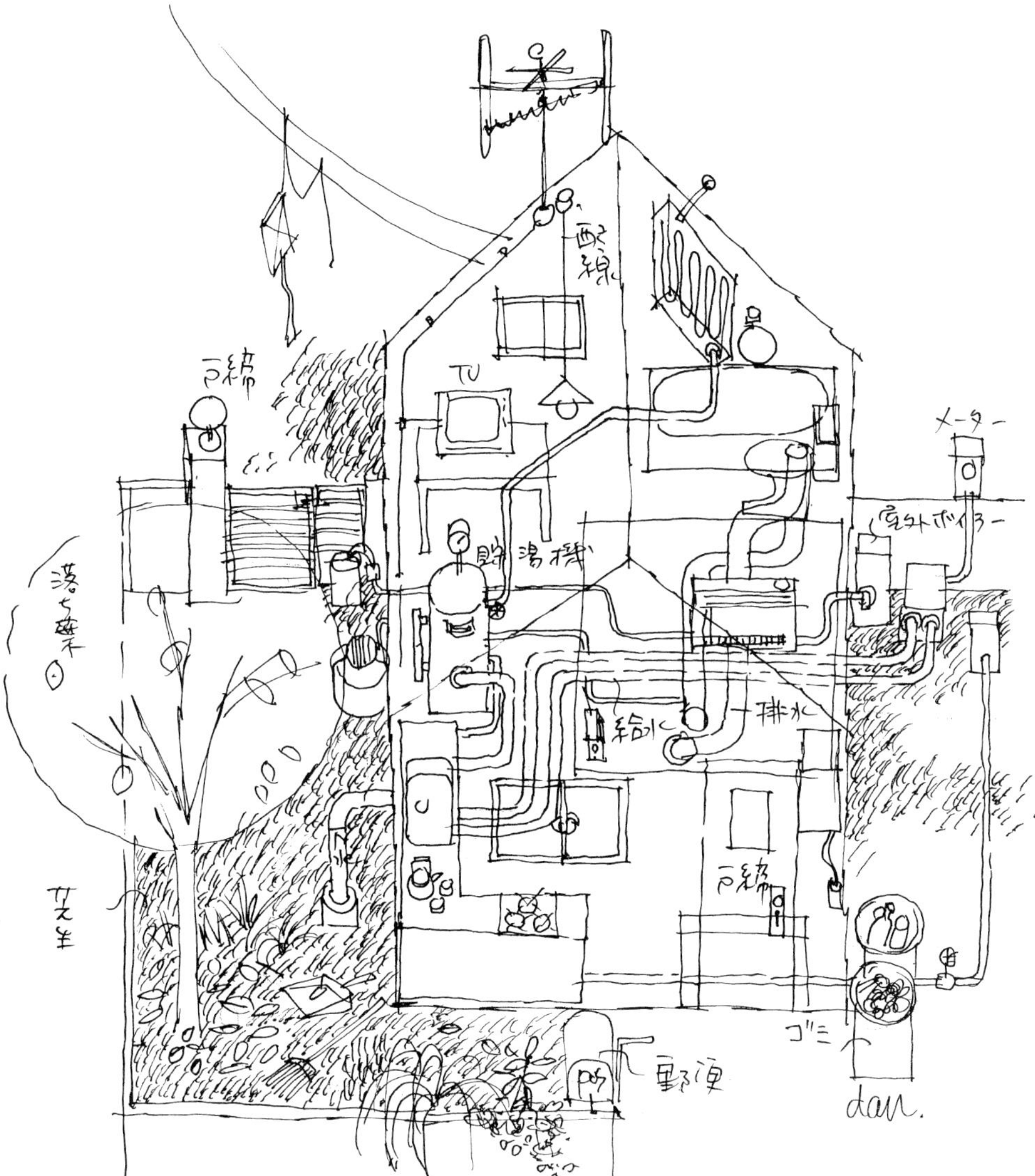

住宅設備のわかる断面図*

スケッチをしよう！

建物や風景を描くスケッチ＊

宮脇塾長がいつも学生に配布する資料の片隅には次のような言葉が書かれてあった。

「眼を養い、手を練れ」。

これは、「第一章　宮脇檀の住宅設計塾へようこそ」の学習方針ですでに述べているとおり、塾の校訓であった。

この言葉はモノを創っていく人間にとって大切な教えを含んでいる。優れたものをたくさん見ること、それが「眼を養う」ことであり、「手を練る」ことはスケッチをすることを示している。

スケッチには二つの意味があると思う。

「メモをすることはそのメモが大切なのではなく、メモをした行為そのものが重要である」という話を聞いたことがある。いわゆる、描いたものよりも、描くという行為そのものが重要であると言っている。

このように、スケッチをする目的のひとつは、実際に存在するものを描き写すことによって、様々な形や仕組みなどを学習することである。確かに、うまい下手を気にせず、寺や神社などの複雑な建物をスケッチしてみると、その複雑な仕組みがよく見え、細かい部分まで頭の奥に記憶されるのである。ぜひ、試してみてほしい。

だが、読者諸君を含めて多くの人たちは「絵の得意な人がスケッチをするもの」。そう思い込んでいるに違いない。確かに、絵の苦手な人間にとって描くことは苦痛にちがいない。現に、

COLUMN

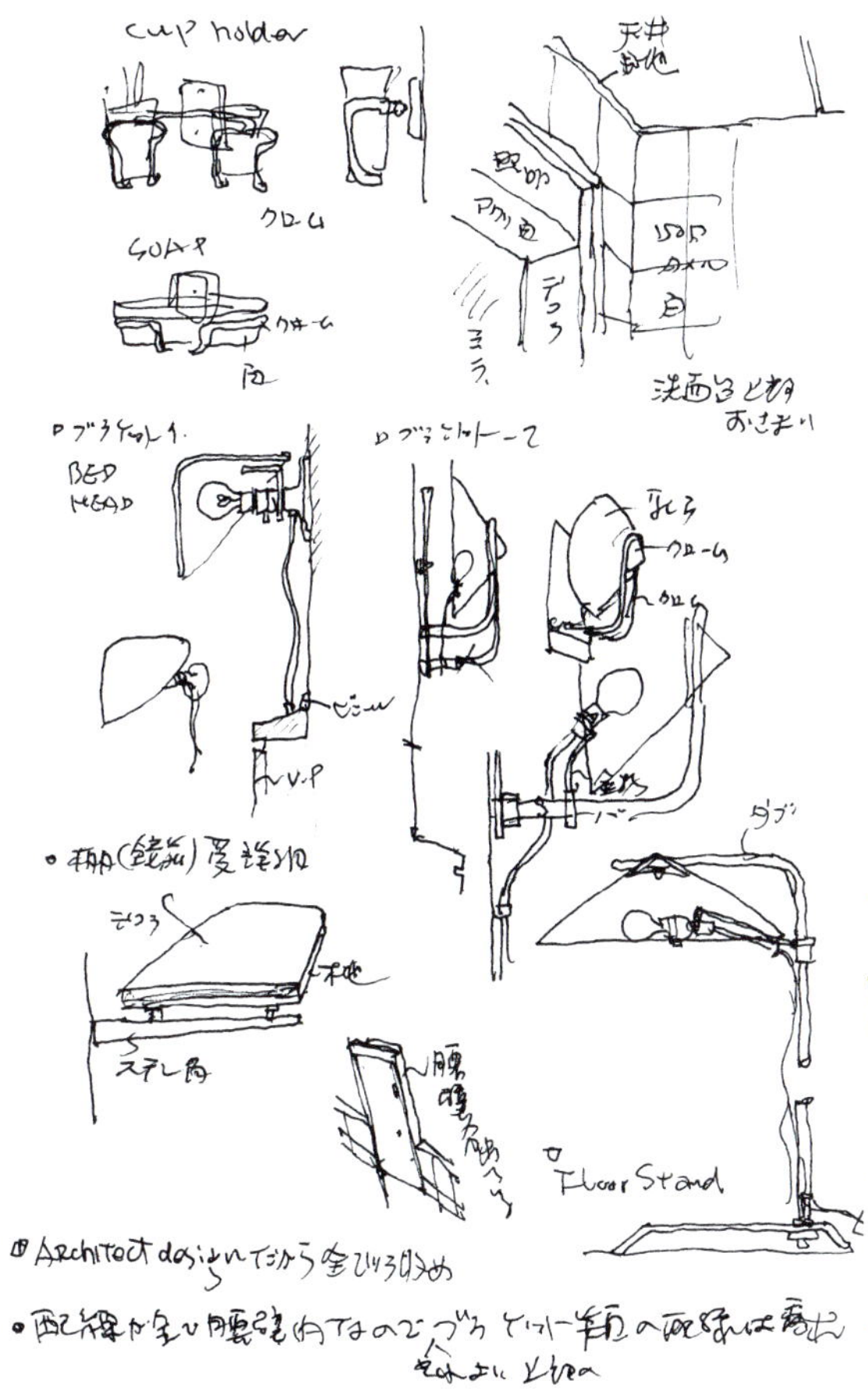

家具や照明器具など、詳細な仕組みを写しとるスケッチ*

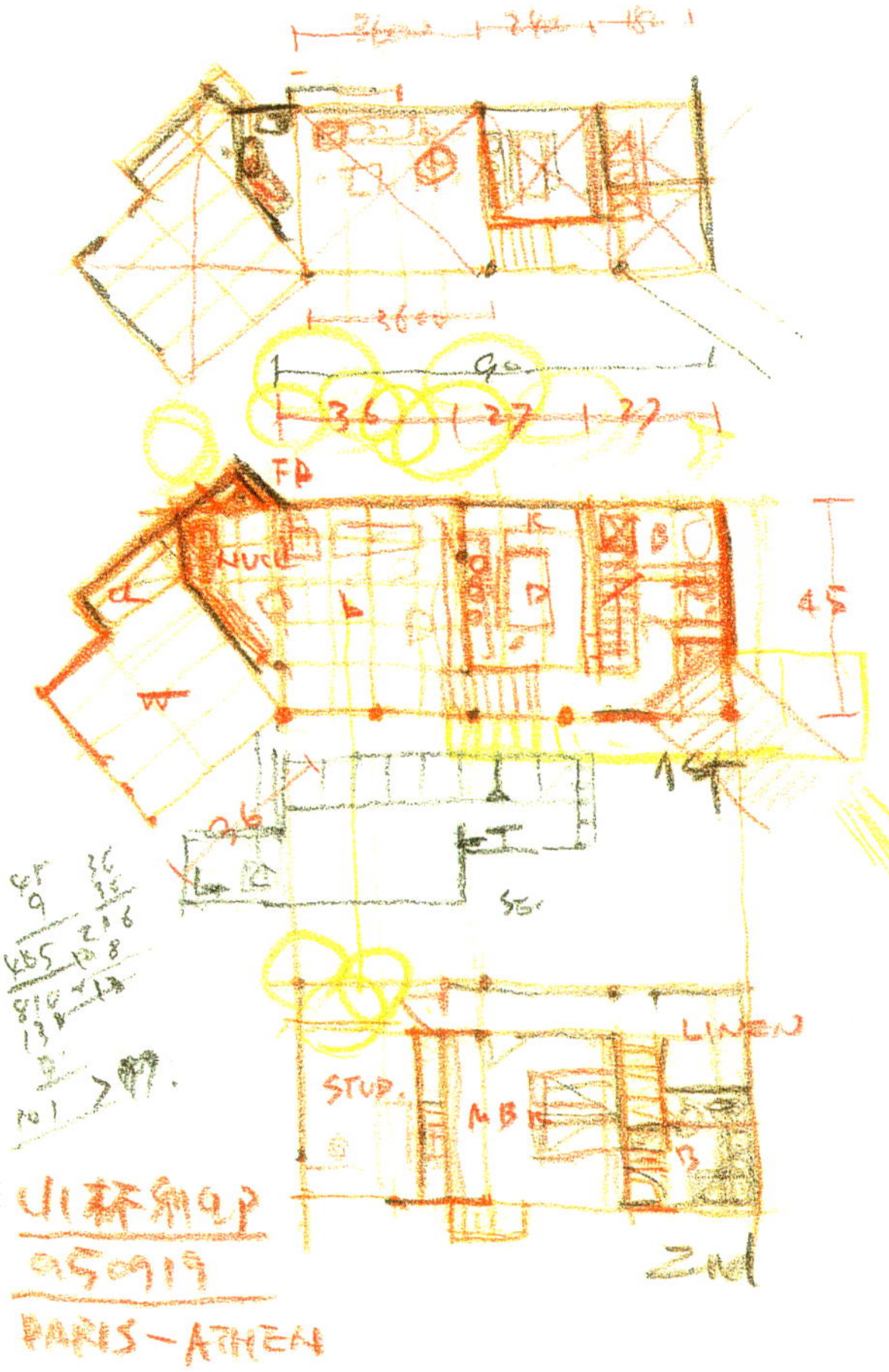

建物の平面計画を考えるためのスケッチ*

私の友人で犬を描いても、パンダを描いても区別がつかないと悩んでいる気の毒な人がいた。彼にとっては笑い事ではないのだ。しかし、ここでわかっていてほしいのは、スケッチと絵とは少し意味を異にしているということである。絵については説明するまでもないが、スケッチの意味はモノを創るため、また絵を描くための下図を意味している。すなわち、建築を創作していくための下図である。したがって、評価されるのは完成した建築であって、スケッチは建築が創られていく過程のひとつの産物に過ぎないのである。したがって、本来、人に見せるものではないから、うまい下手はどうでもよいのである。

このようにスケッチの二つ目の目的は建築などを創作して行くときに、その造形や空間のイメージを形にしていくために描くスケッチである。建築の設計ではこれをエスキース(esquisse)と呼ぶこともある。

私たちが建築を設計していく過程で、イメージやアイデアを紙の上に描き、形にしていく。その行為は幾度となく繰り返される。そのときの創り手の心の動きが無意識のうちに手を通して紙の上に軌跡として残される。考え方やメッセージ、さらに迷い、葛藤、そうした心理的な動き、それらが滲み出てくるようなスケッチが人々の心を打つのである。うまい下手は問題ではないのである。

第三章 敷地を読む

住宅の設計は、「設計者」と「住み手」、「敷地」の三者が出会ったときに始まり、良い住宅は、その出会いがうまくいったときに生み出される。この章では「敷地」について取り上げる。

ありとあらゆる住宅は必ず敷地の上に建っている。この敷地が世界でたった一つのものと認識することが大事である。同じ形の敷地が並んでいるように見える「郊外の宅地分譲地」であっても、よく観察すると同じ敷地は一つとしてないことがわかる。一戸建て住宅を設計するということは、そのただ一つの敷地に最もふさわしい解を見つけることなのである。

「敷地」にふさわしい解を見つけるためには、敷地の周辺環境や地形などをきちんと見、その性質を理解することが最も重要である。これには既成概念にとらわれない、曇りない目が必要となる。その上で、その敷地を有効にかつ美しく生かす方法を考える。宮脇はこの一連の行為を「敷地を読む」と言っていた。

初めて住宅を設計する人の中には、「居間は十二畳」、「台所はカウンター式に」などと、ほしい部屋を繋ぎ合わせてプラン（平面図）を作り、その後で敷地に合わせて調整する人が多いようだが、そういう順序ではいけない。「敷地」は設計の重要な要素の一つであり、設計のスタートは「敷地」を知ることから始まる。

本章の前半は敷地の見方、調べ方について述べている。「ものを見る」とは、見る視点を持つということ。漠然と敷地の上に立っても、何も見えてこない。街並みや自然景観、日照、音、交通動線など、敷地を見るためのいくつかのポイントと記録する方法を説明しよう。

後半は敷地と建物との関係についての考え方とそれを実現するテクニックの一部が記述されている。テクニックは考えたことを実現するための建築的手段だから、ケースバイケースで、数限りなくある。例えば、設計条件として「居間での暮らしが外から見えないように」という条件が出されたとする。その条件を満足させるためには、垣根や塀で通行人の視線を遮る、居間の床を高くする、窓を道路側に明けない、居間を敷地の奥に設ける等々、何通りもの解決方法がある。詳細な違いまで含めれば、バリエーションは無限にあると言ってもよい。そして居間の設計条件は「外から見えないようにすること」以外に、「明るく」「陽が射す」「広さは○○くらい」「手持ちの家具が置けるように」など、数多く挙げられる。それらの要求条件に優先順位をつけ、すべての条件のバランスを考え、一つの建築形態を選ぶのである。

初心者には、優先順位をつけること、数多くの条件を同時にバランスよく解決する方法を見つけることは難しいが、経験を重ねるうちに自然にできるようになってくる。実現にはいくつもの方法があるとフレキシブルに考えること、自分が重要と思った条件（コンセプト）は必ず実現させること、の二つが大事である。

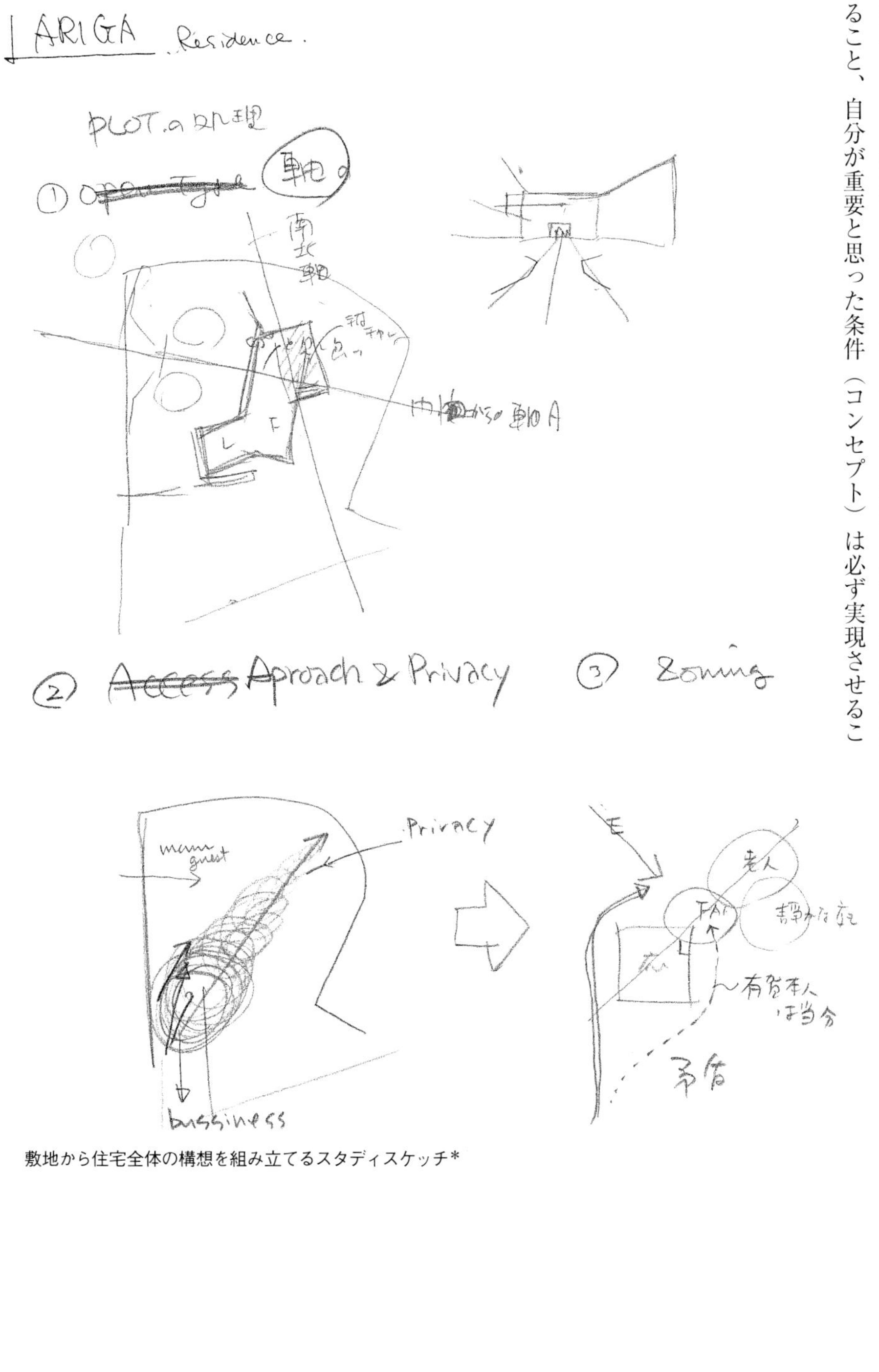

敷地から住宅全体の構想を組み立てるスタディスケッチ*

設計を始める前に

何かを始める前に準備作業として、関連する情報を集めるのは、必要にして楽しいことである。例えてみれば、ローマ旅行に行く前に塩野七生の『ローマ人の物語』を読むようなもの。どんどん頭に入るし、旅行が一段と楽しくなる。

あなたがある敷地に住宅を設計しようと思ったら、あなたの好きな住宅作品を敷地と住宅の関係という視点からもう一度、見直してみること。これが設計を始める前の準備作業である。

敷地周辺の景色はどんなものか？　元の敷地はどんな形態だったのか？　それに対して設計はどう対応しているか？　建築家は敷地のどの部分を気に入ったのか？　敷地の欠点をどう補ったのか？

お気に入りの住宅の外観やプランを敷地や周囲環境と対応させせながら、じっと見ていると、そんなことがわかってくる。多くの場合、建築家が建物のデザインを発想した原点もその辺りにある。

エ？　貴方の気に入った住宅の写真には周辺環境が写っていないって！　それには何か事情があるはず。周辺環境が設計時とまったく変わってしまったとか、無理な設計をしたとか、あるいは隣が怖い人の家だったとか……。そんな事情を想像するのも楽しいことではないか。

森の中の家／吉村順三

住吉の長屋／安藤忠雄

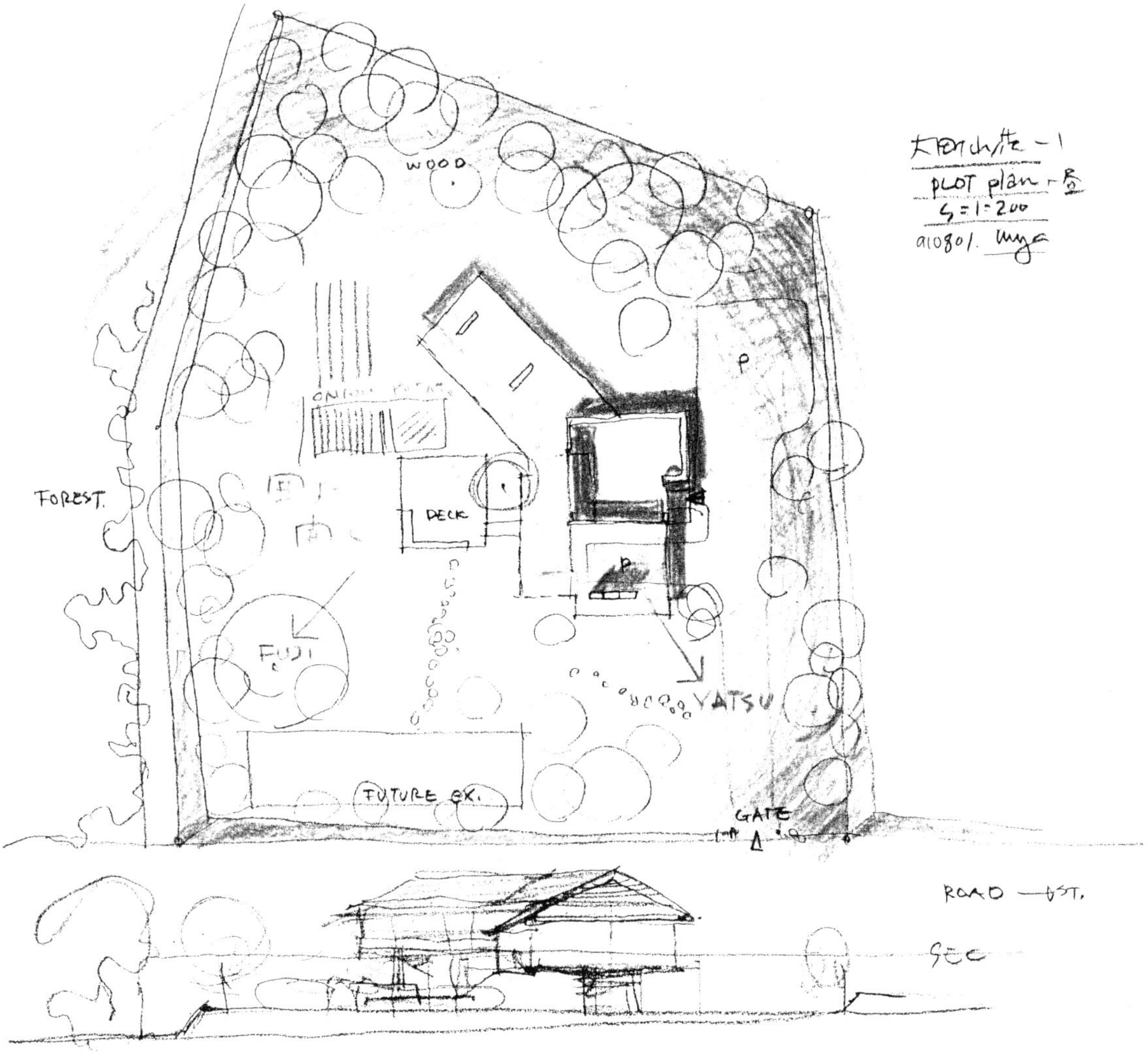

全体構想を建物の形にまとめ、敷地条件を再チェック。白萩荘（大町山荘）スケッチ*

名作住宅に見る敷地との関係

次ページの絵は宮脇塾長が三十分で描いたル・コルビュジエ設計「小さな家」のプレゼンテーションスケッチである。コルビュジエは敬愛する両親のためにこの家を設計し、設計の完成後、それに合った敷地を探した（何と贅沢な！）。

宮脇はこの住宅を説明するために、画面いっぱいにレマン湖を前に抱く周囲の景色を描き、中央下方に呼び名どおりの「小さな家」を描いた。まっすぐに昇る暖炉の煙が、住む人の暖かな生活の気配を感じさせている。宮脇は、環境と住む人と住まい、その三つの関係がこの家を成立させるものだと伝えたかったと思う。

古今の名作住宅はそれぞれに土地との関係が素晴らしい。吉村順三設計「森の中の家」は別荘のある山の傾斜に沿わせた屋根を持ち、周囲の雑木林に溶け込むようにひっそりと建てられている。

安藤忠雄の「住吉の長屋」もまた、周辺環境から発想された住宅である。大阪・住吉の建て込んだ下町にある連棟長屋の一区画という特別な敷地だからこそ、小さなコンクリートボックスに通風、採光の中庭をとったシンプルなプランが説得力を持って美しい。

「小さな家」のプレゼンテーションスケッチ*（宮脇檀 画）

敷地のパノラマ写真

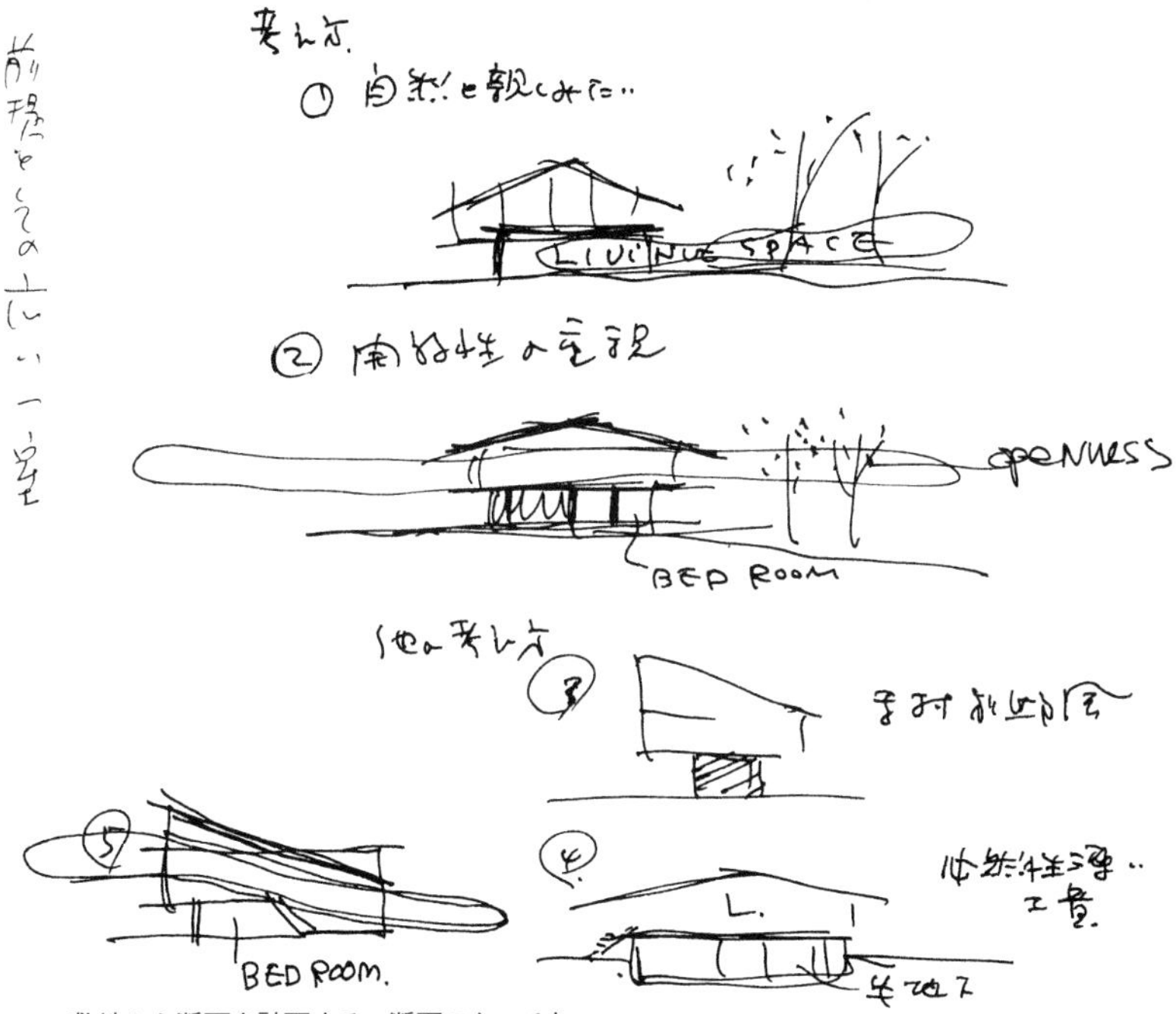

敷地から断面を計画する。断面スケッチ*

土地の魂を感じる

家の設計をするということは、その土地がどういう建築を要求しているかを読み取ること。自分の家を設計するチャンスはめったにないのだから、少々便利な家を設計することに汲々とせず、じっくり土地の言葉を聞いてみようではないか。

そのためには、まず、その土地の近所を歩いてみる。ゆっくり近づいて、遠くから敷地を眺め、違う方向からまた見る。雨の日、風の日、暑い夏、できれば冬にも見てみたい。そうして、この土地にあった建物全体の形を考えることが大切である。そんな悠長なことはできない、と言う人でも、ぜひしてほしいのが、敷地のパノラマ写真を撮ること。敷地の周囲三百六十度の写真を撮り、繋ぎ合わせて、製図台の前に貼る。毎日その写真を見て、周囲を思い出しながらエスキースをする。ときには、設計した平面をこのパノラマ写真の真ん中に置いて、窓から景色や日照が入るかどうかを考えてみる。

上のスケッチは設計の初期段階のものである。これを見ると、設計のスタートは、要求されるスペースの寸法がいくつといった細部の問題ではなく、土地に対して、住宅全体の空間をどう関係づけるか、という全体構想から始まることがわかると思う。

敷地を調べる

……周囲の状況

もともと自分が住んでいて、よく知っていたつもりの土地でも、いざ設計しようと思ってみると案外知らない部分が多いことに気付くはず。隣家の風呂場の窓はわが家の床の間の後と思っていたのに、きちんと計ってみたら二メートルほどずれていた、なんてことはよくある。田舎の大豪邸ならいざ知らず、建て込んだ都市の狭小敷地では一、二メートルの位置の違いで「開かずの窓」が出来てしまう。

まずは敷地周辺を測ってみよう。最初に、測量図（公図でもよい）をコピーする。あとの道具は、五メートルのコンベックス一個で十分。

コピーした敷地図に、現在自分の敷地内にある建物や樹木、垣根や門扉等をすべて記入する。それを目安にして、周囲の建物や樹木等を描き入れていく。ついでに隣にある家や樹の高さもおおむね書き込む。自分の家の各部分の高さがわかれば、それと比べて周囲にあるものの高さがだいたいわかる。できれば二階に上がって、近所の眺めをチェックしておくことも必要。

ひととおり図面に記入したら、見たい眺めと見たくない眺め、などを心に留めておく。駅の方から歩いて来て、わが家がどんな風に見えるとカッコ良いか、なんて考えると設計が楽しくなる。

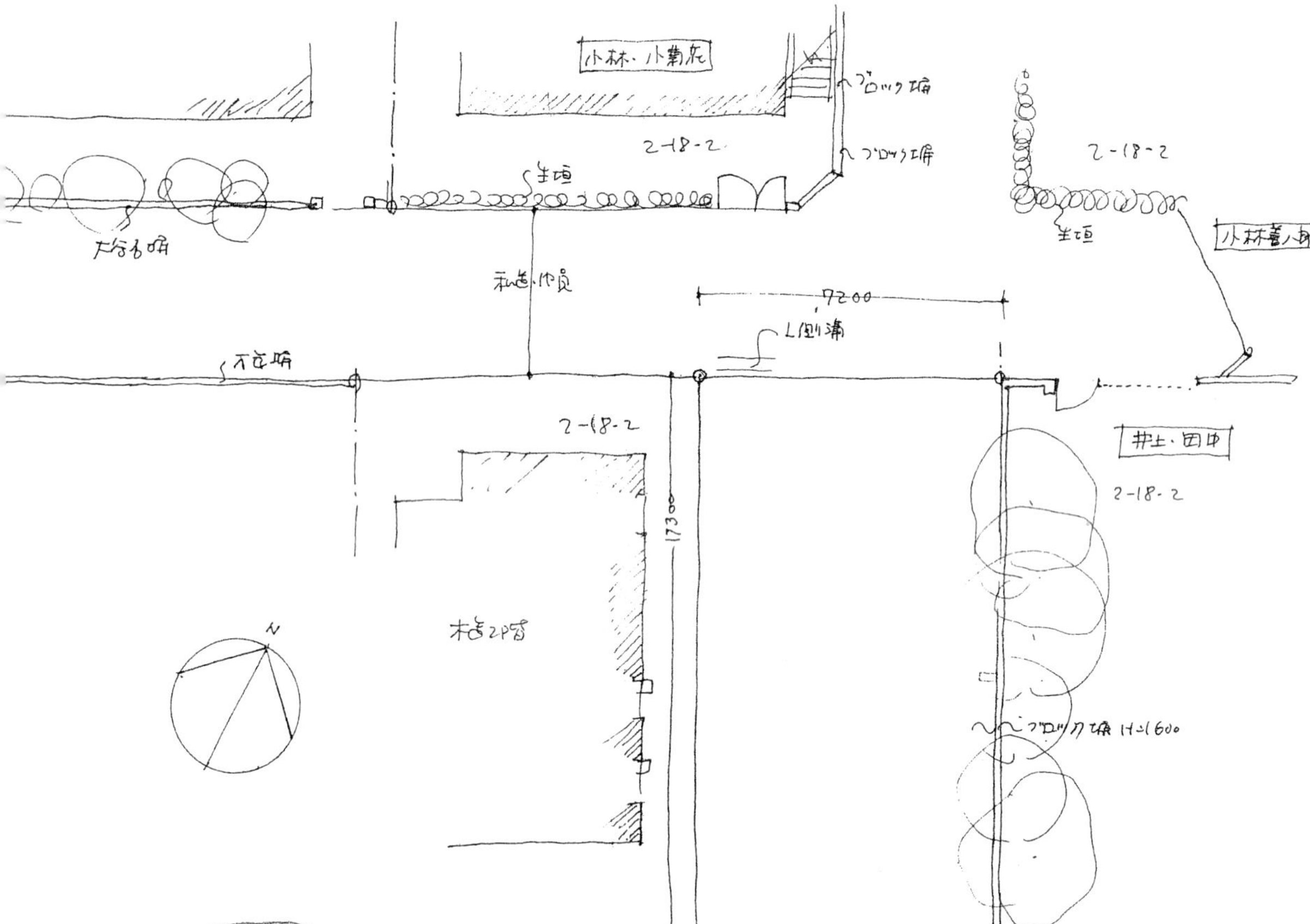

敷地周辺の建物や道路、植栽等の調査。Choi Boxの配置スケッチ*

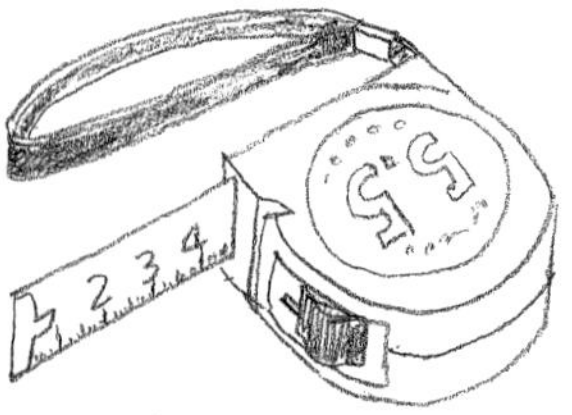

コンベックス

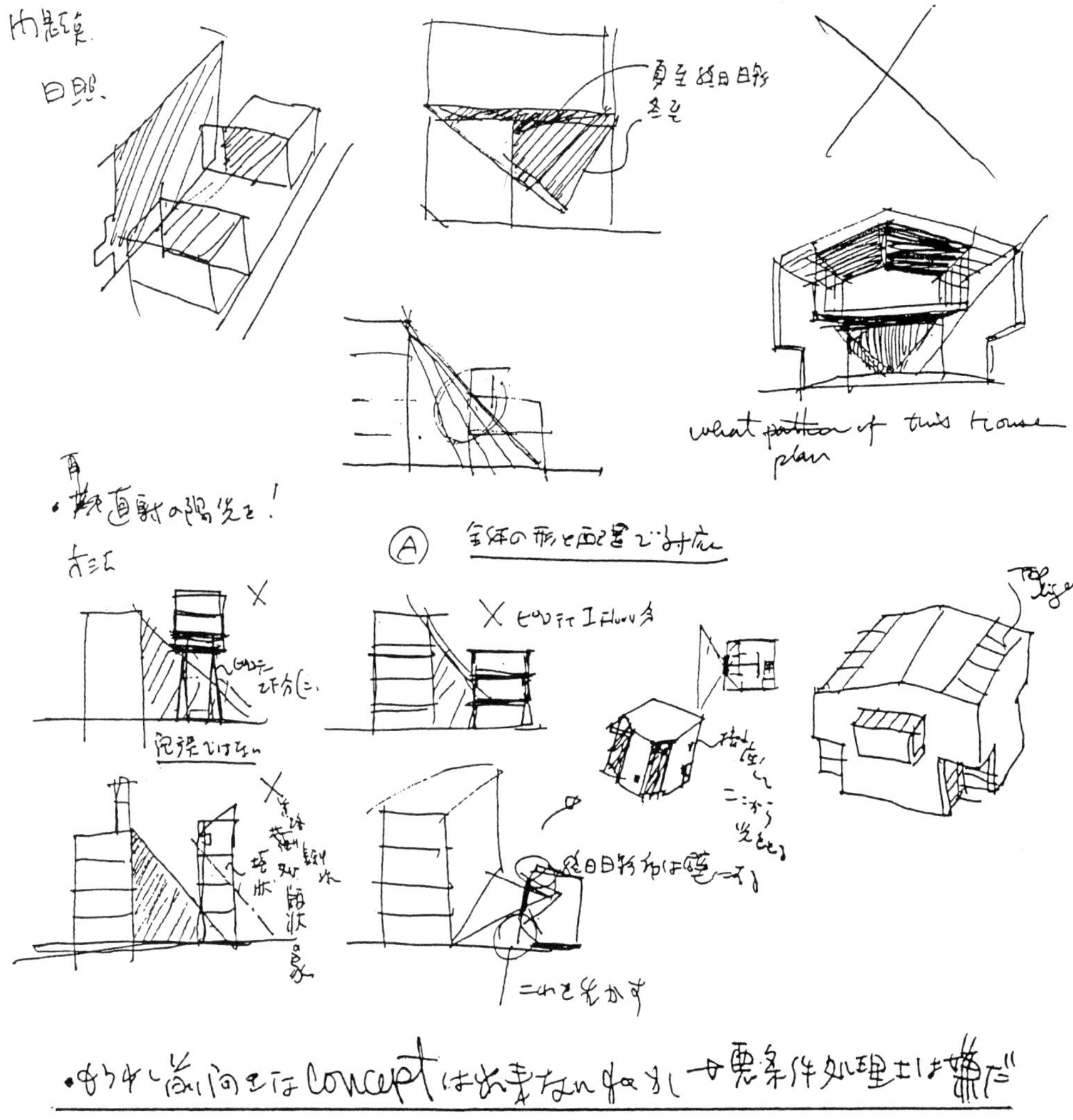

日照条件から建物のデザインを考える。スタディスケッチ*

敷地を調べる

……環境条件

敷地条件には日照や採光、音、通風などの環境条件がある。地域や場所によっては、湿気や水はけ、地崩れなども配慮しなければならない。

特に問題となることが多いのは日照で、南側にある二階建ての家の影は冬至の正午で建物の高さの一・六倍まで伸びる。二階建て建物の軒の高さは約六メートルであるから南にある家の二階部分から十メートル近く離さないと日照は得られない。上図は日照の得られない敷地条件を前向きなデザインコンセプトとして解決できないかと検討しているスケッチである。

また、自動車などの道路騒音のほか、隣家のクーラーの室外機や犬の鳴き声、店舗の営業音などの近隣騒音も案外気になるもの。チェックして、音源の側に窓を設けないとか、植え込みや物入れを設けるなどの工夫で騒音を避ける必要がある。

エコロジカルで快適に暮らすには通風が重要な要素となる。猫は風向きと家の造りを知っていて、夏には一番風通しの良い場所で寝ていたものである。ぴっちり閉ざされた部屋に空調設備で空気を入れて暮らすような現代人の生活は健康的でない。安易に設備に頼らず近隣からの通風を利用した先人の知恵と暮らし方を見直してみたい。

中山邸

デザインサーヴェイによる
馬籠宿立面図*

土地に調和する

居住環境は自分の敷地内だけでなく、近隣を含めた生活環境全体に広がっているのだから、住宅デザインは周辺環境全体と調和するのが原則である。では調和すべき環境はどんなものかと見回してみると、悲しいかな、私たちの敷地のほとんどは雑然とした汚い街並みの中にある。

ヨーロッパの美しい都市には厳しい景観規制があって、個人の住宅といえども勝手に建て替えたり、材料や色を変えることすらできない。美しい景観を保持するには強い規制とそれを支える市民一人々々の自覚が必要なのである。

日本にもかつては、宮脇がデザインサーヴェイした馬籠や金比羅さんのような美しい街並みが日本の至るところに残っていた。それが戦後半世紀の間にほとんど壊され、わずかに観光地に残るだけとなった。

この写真は、江戸時代の長屋門のある敷地に設計した住宅である。宮脇はこの敷地を見たとき、まずこの門を残すよう施主に話したという。どんな小さなものでも、残すべきものは残し、それと協調したデザインで生かすべきだという考えである。

マッチ・ボックス・ハウス

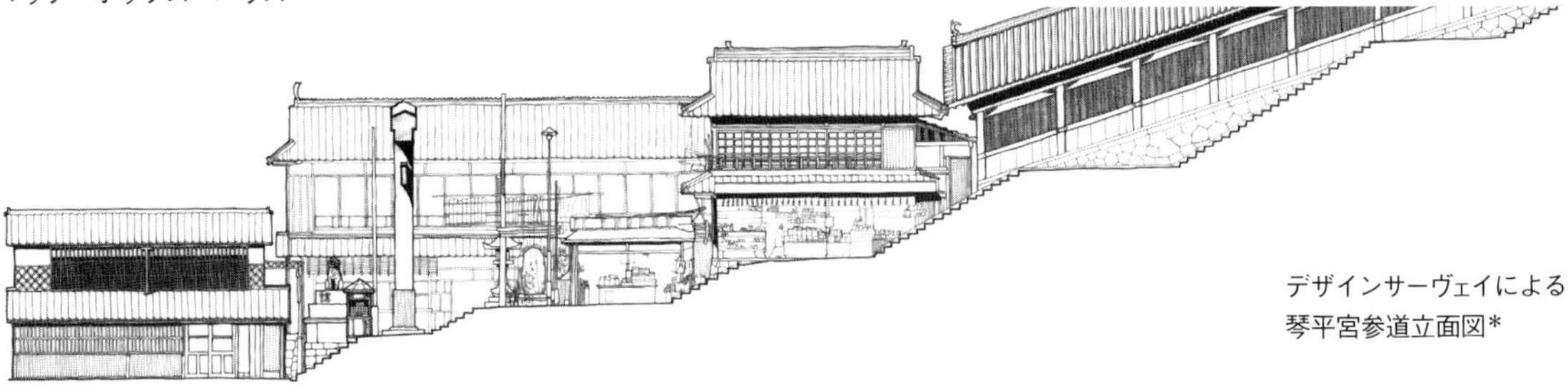

デザインサーヴェイによる
琴平宮参道立面図＊

周囲と対立する

どの建築家も建築家と言われる以上、独自のデザインの好みやコンセプトを持っており、周辺環境との関係にもそれが反映される。

周辺環境と張り合って自分のデザインを自己主張するタイプの代表選手が、ル・コルビュジエである。彼が設計を手掛けたロンシャンの教会やマルセイユのユニテはいずれも、大地から空に向かってその形をくっきりと主張している。

一人の建築家であっても年代によって周辺環境への姿勢が違ってくる場合もある。F・L・ライトがそうで、初期のプレーリーハウスでは、大地に沿った水平線による協調デザインだったのに、中期から晩年にかけては自己主張するタイプに変わっている。

宮脇はその逆で、若いときは周辺環境と大いに対立するタイプだった。東北のくすんだ街の真ん中に、秋田相互銀行の真っ黄色い箱を置いてしまったほどである。ところが後年は協調する姿勢に変わってきた。出石の美術館や静思堂などの瓦屋根に、周辺環境への配慮がうかがえる。建築家の自己主張より、その建物の背景や使用する人を思いやるようになってきた。日本的な成熟の仕方であろう。

ブルーボックスハウス（早崎邸）＊

高低差のある敷地

極端な高低差があったり、地形が悪い（不整形）と土地の値段はかなり安くなる。プレファブ住宅や普通の間取りの住宅をそうした敷地に建てることが難しいためである。

若い建築家に持ち込まれる設計の何パーセントかはこういう敷地だと聞いたことがある。しかし、こういう土地こそが建築家の腕の見せ所、料理のし所。杭や基礎などで建築費は高くなるが、同じ面積の平地を買うことを思えば、安いものである。

測量図が手に入ったら、まずは敷地模型を作ってみよう。敷地模型は等高線に沿ってスチレンボードをカットし、積み上げて貼り付ければよい。費用の面からも安全性の点からも高低差を生かしたデザインが望ましく、それが住宅の内部空間に変化を与える。平面図と断面図を同時に考えるというより、こういう敷地では断面図から発想しなければならない。

初心者にとっては高低差のある空間の見え方を予想するのは難しいが、このときに役に立つのが模型である。模型を手に持って、自分の目を模型における人の高さにして空間を見れば、実際と同じように見えるから、設計を検討するのがとても容易になる。

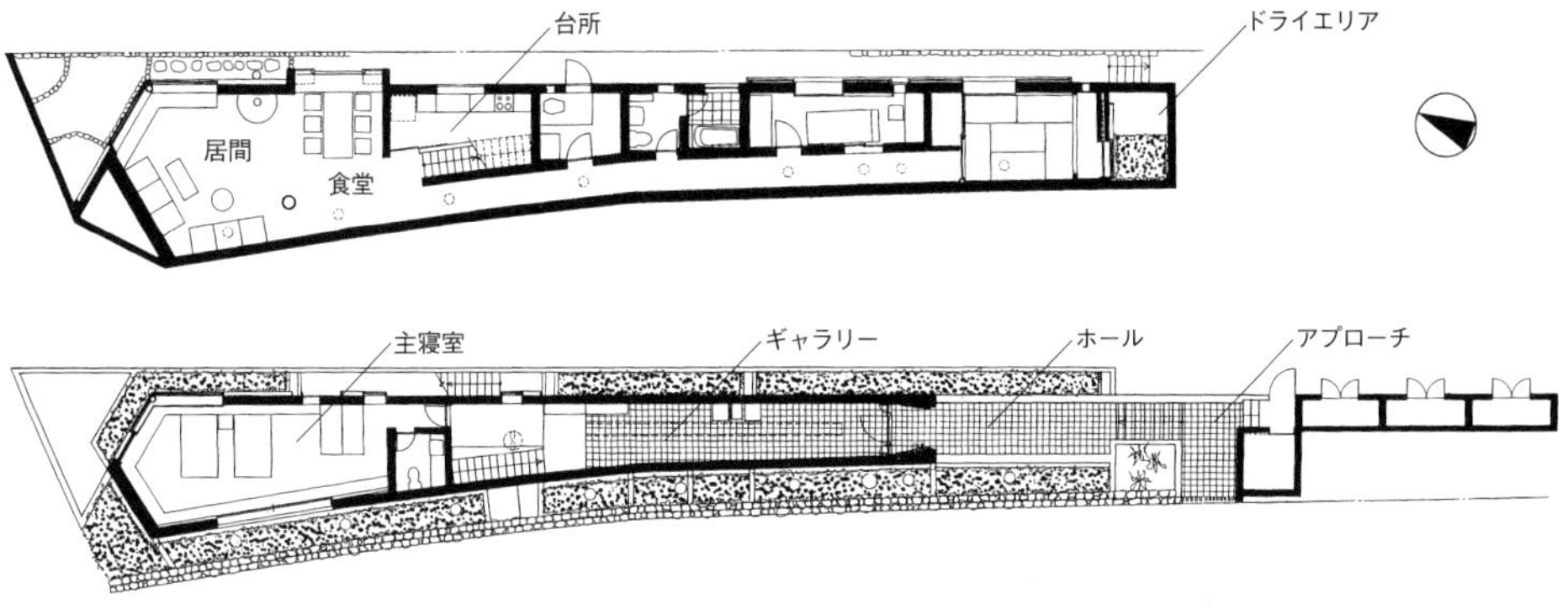

目神山の家８／石井修＋美建．設計事務所

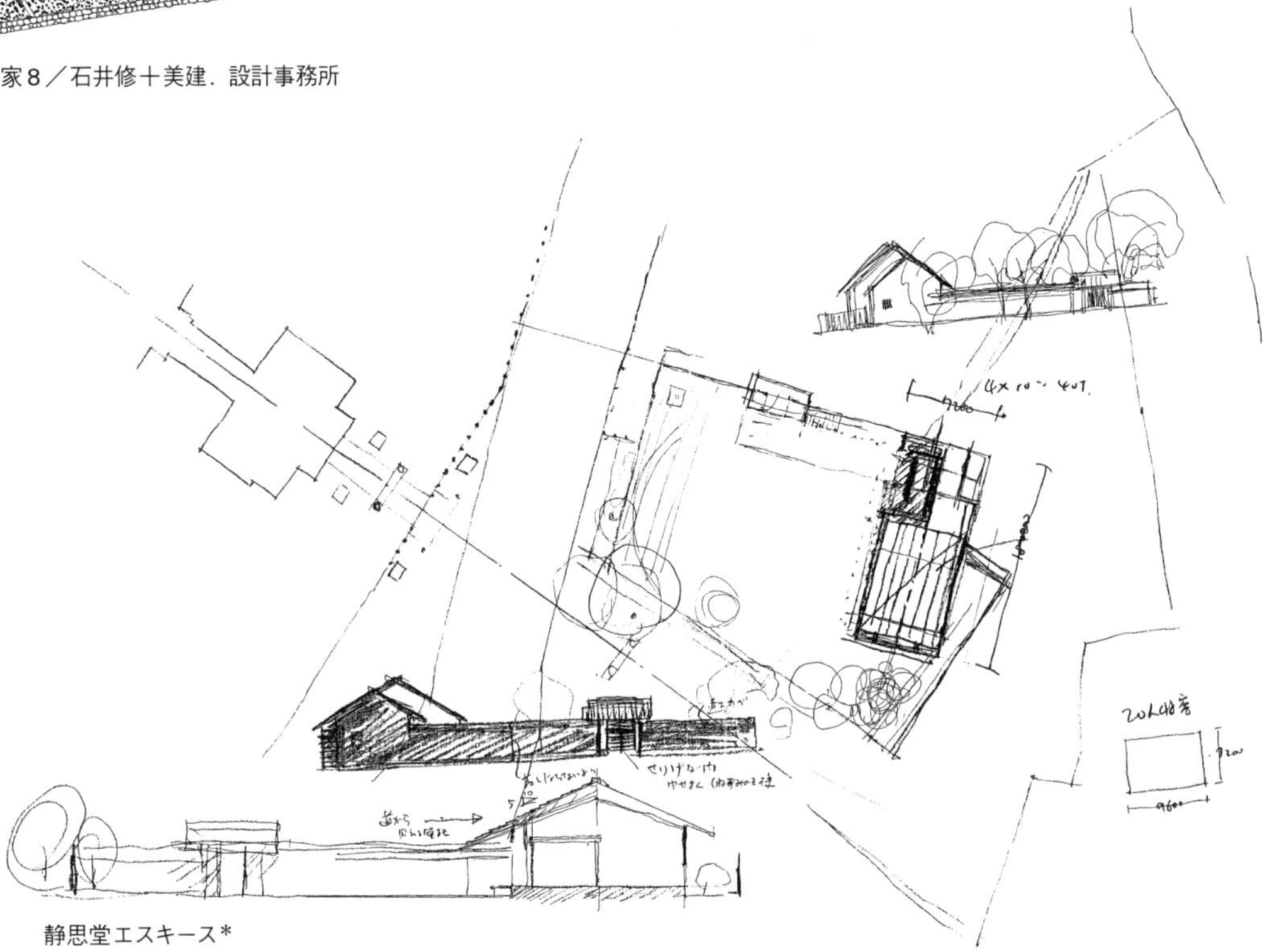

静思堂エスキース＊

不整形な敷地

日本人は畳を基準とした格子状のグリッドで住宅の平面を考える。木造では、材木が九十センチの倍数の長さでカットされているから、グリッド設計は経済的でもある。しかし不整形な敷地でグリッド設計をすると、不整形で無駄な外部空間がたくさん出来てしまう。また不整形な地形は隣地や道路、傾斜地など周辺との取合いから生じることが多い。だから不整形な敷地は単に地形が悪いだけでなく、周辺条件も普通よりずっと厳しい場合が多い。

「目神山の家８」（上図、設計＝石井修＋美建・設計事務所）がその例で、道路と傾斜地に挟まれた極端に細長い敷地である。普通ではとうてい住宅など建たないのに、この設計では道路面からギャラリーを経て地下に下りるというプランニングで巧妙に邸宅に仕上げている。

宮脇にはこれほど厳しい条件の敷地での設計はないが、不整形の敷地では、境界線に外壁線を合わせたり、不整形な外部空間を快適に作るなど、敷地の特異性を生かしていた。

角が直角に交わらない内外空間のすべてを過不足なく魅力的にまとめるには、何度もプランをエスキースする必要があるし、細かな寸法も普通よりはずっと厳しくチェックしないと納まらなくなる。

「地」と「図」

「ルビンの壺」は、白地を見ると壺に見えるが、黒地は向かい合った人の顔に見える。住宅と敷地の外部空間（庭や通路など）との関係もこの壺の絵のように、どちらもそれぞれに意味を持つように計画してもらいたい。

「地」と「図」の考え方を適用して外部空間を目いっぱい生活空間として利用する設計手法がコートハウスである。わが国では、外壁を隣家境界線から五十センチは離さなければならない民法があり、通風や雨仕舞いなどの点から完全なコートハウスは少ないが、世界を見渡せば、コートハウスはかなり普遍的な都市の低層住宅スタイルとなっている。上図は韓国の伝統的町家で、中庭を囲んで各部屋が配置されている。

また、下図に示したコートハウスの平面では、ある部分はアプローチ、ある部分はサービスヤードにと、外部空間が一平方メートルの無駄もなく使われている。

隣地との間に塀を立て、敷地の周りに細長い空地を作るより、数軒の家の空地分を寄せ集めて、まとまりのあるコモンスペースをつくる。各家は塀をなくしてそのスペースを共用する。敷地の残余空間を有効に利用することによって外部空間が豊かになるし、近隣関係も親密になる。これが戸建て集合の基本的テクニックで、敷地の狭いわが国で、良い住宅地を作るためには、大いに普及したい考え方である。

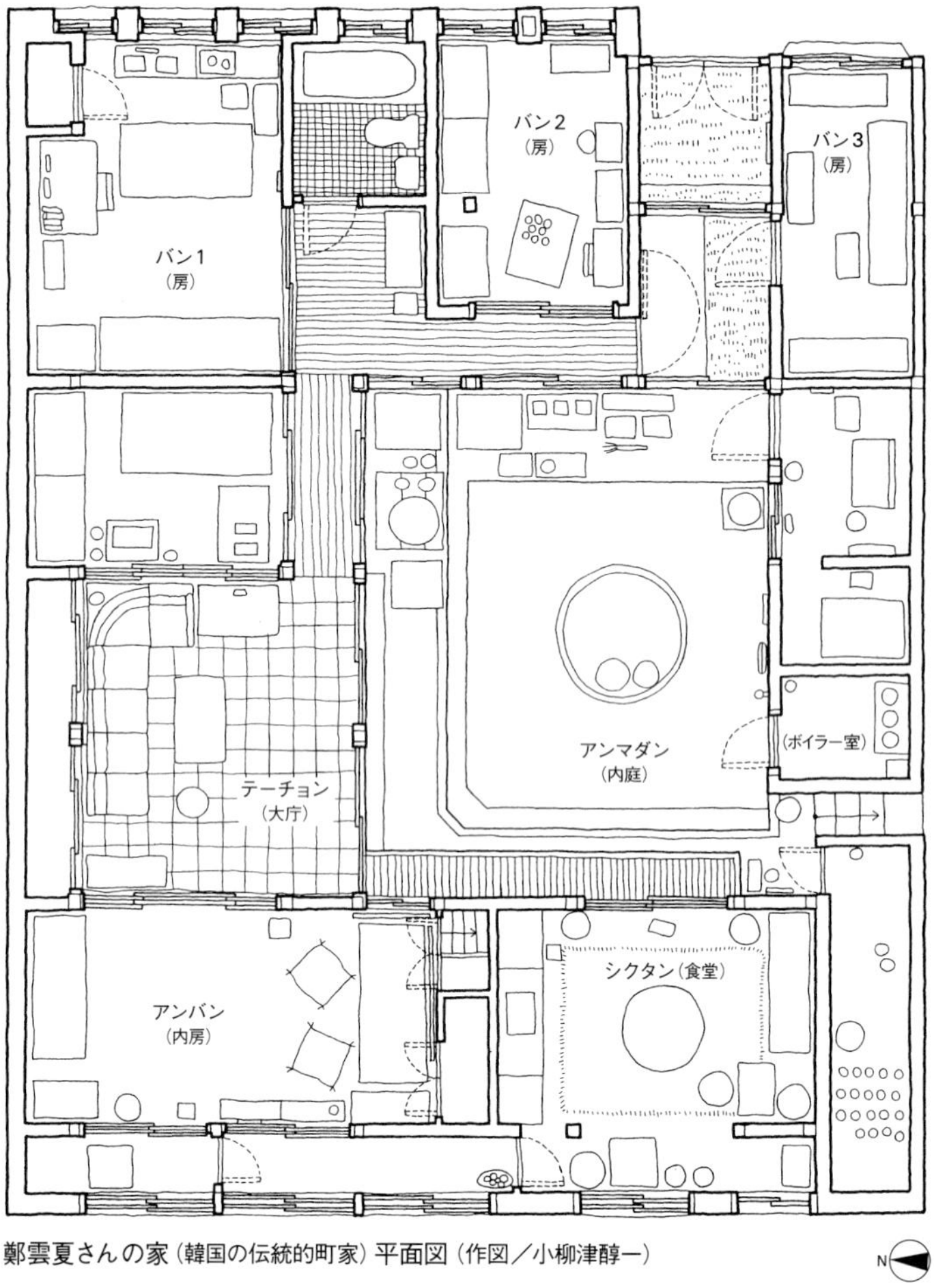

鄭雲夏さんの家（韓国の伝統的町家）平面図（作図／小柳津醇一）

ルビンの壺

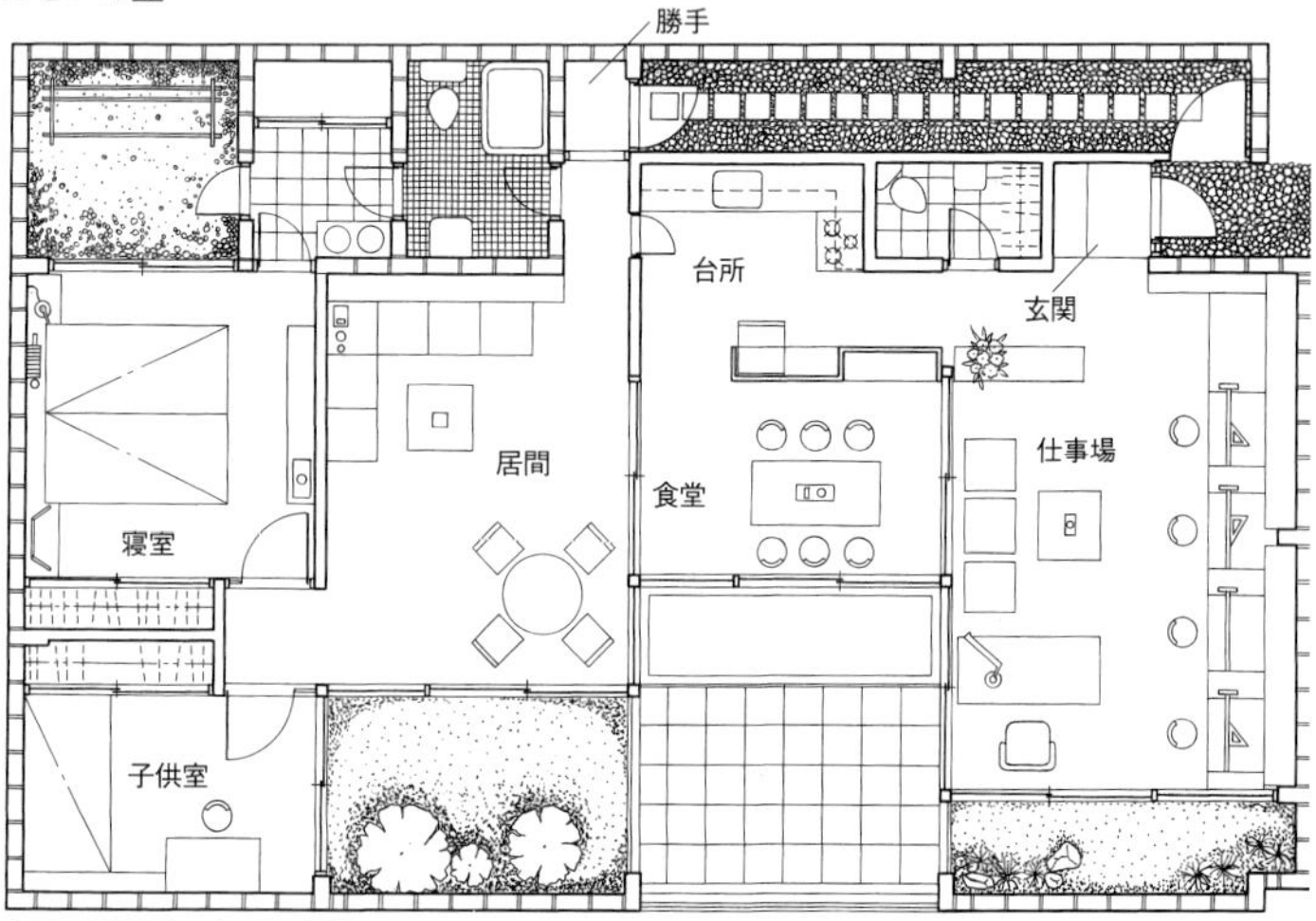

事務所併用の家平面図*

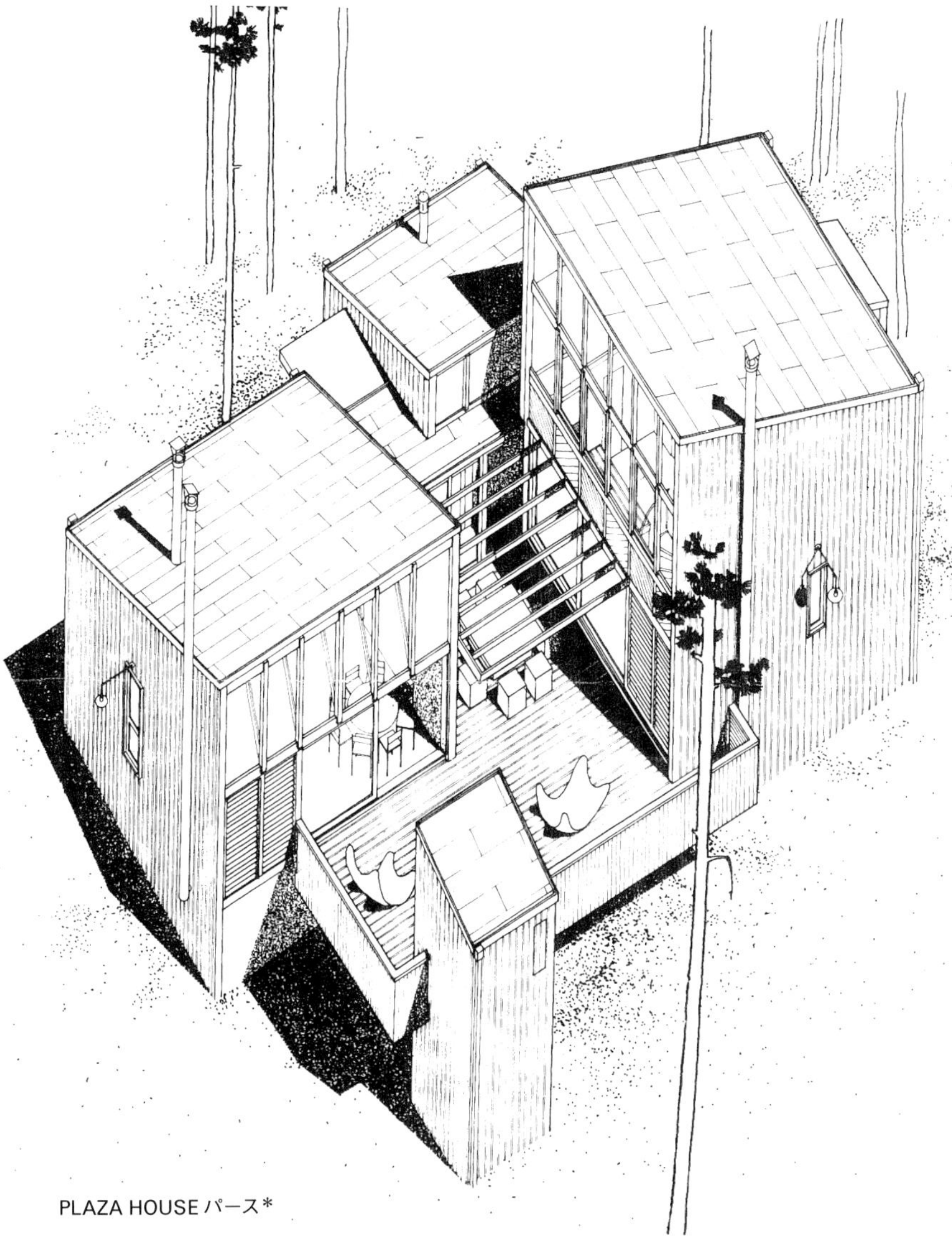

PLAZA HOUSE パース*

外と内の繋ぎ目

日本住宅の特徴は、縁側や土間、庇下など、室内と室外の間に繋ぎとなる中間的空間があることだと言われる。

深い庇は強い日射しや雨から屋内空間を守り、陰影のある美しい立面を形成する。土間や縁側は室内と室外空間を、あるときは繋ぎ、あるときは柔らかく遮る。日本の気候風土と、木造の柱梁構造がそうした空間を作り出し、日本人の空間の好みとして定着した。

私たち日本人は、小さな窓しか開いていない壁ばかりの部屋より、外に大きく開いた部屋が好きである。それも外が見えるだけでなく、人や風も通るような開放性を好む。

広いウッドデッキやテラス、中庭、植物の棚下などが室内と繋がる外部空間であり、逆に室内にあっては外部と繋がるのが、サンルームや縁側、土間空間である。そうした繋ぎの空間は、見た目だけでなく生活を内外に発展させ、空間を豊かにしてくれる。

上図の別荘は各部屋を繋ぐ場所にウッドデッキを設け、戸外の空気を存分に楽しむ設計としている。テーブルの置かれたパーゴラの下は室外とも室内とも言えない快適なくつろぎの場所となっている。

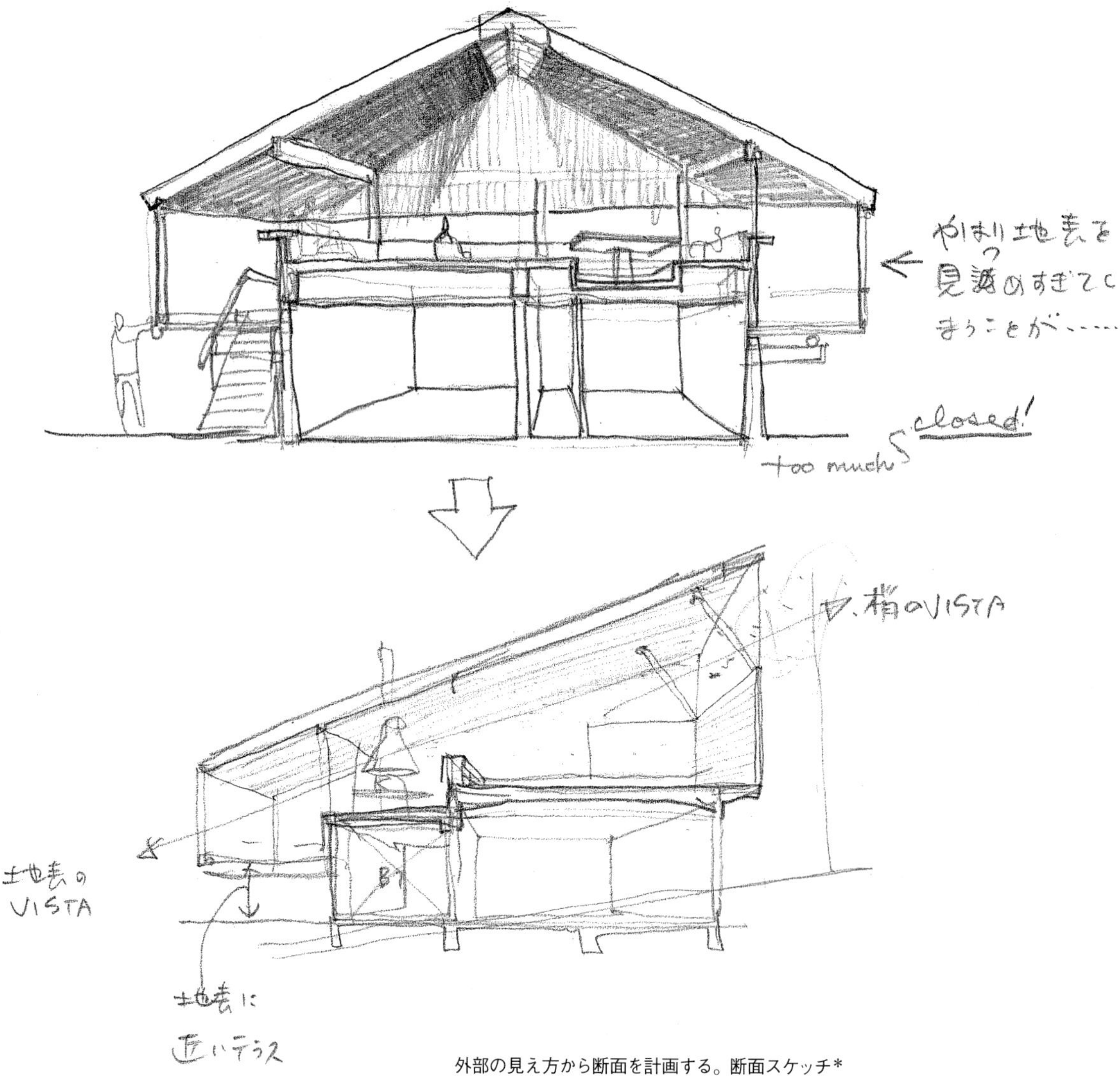

外部の見え方から断面を計画する。断面スケッチ*

「見る」「開く」テクニック

見たい眺めのある方角や生活を展開させたい外部空間に向けて、開口部を設ける。桟や枠のない大きなガラス戸を入れ、外には花や緑、素敵な椅子でも置いてあれば、視線はひとりでにそちらを向くだろう。ただし、良い眺めだからと真正面にどーんと富士山を見るような開口部ばかりでは単調になる。廊下の突当りに見える緑、高窓から見える空、小窓からの湖など、変化に富んだ開き方、見え方を工夫するのが設計だろう。

上の図はある別荘の外部の見え方を検討しているエスキースである。上の案ではどの場所からも地表ばかり見てしまうことが問題である。

市街地にある狭小敷地では、一階にいる人の目の高さで良い眺望の得られる場合は少ないから、良い眺望を得る方法を考えなければならない。二階リビングはその工夫のひとつである。公園や隣家の樹木、遠くの景色など、何であれ見るべき場所が見つかれば、ともかくそちらに開口部を設ける。どこにも良い景色がない場合は、自分の敷地内にその場所を作るしかない。垣根で囲まれた庭、小さなプール、中庭等々。トップライトだって、空を見るための大きな開口部と考える。

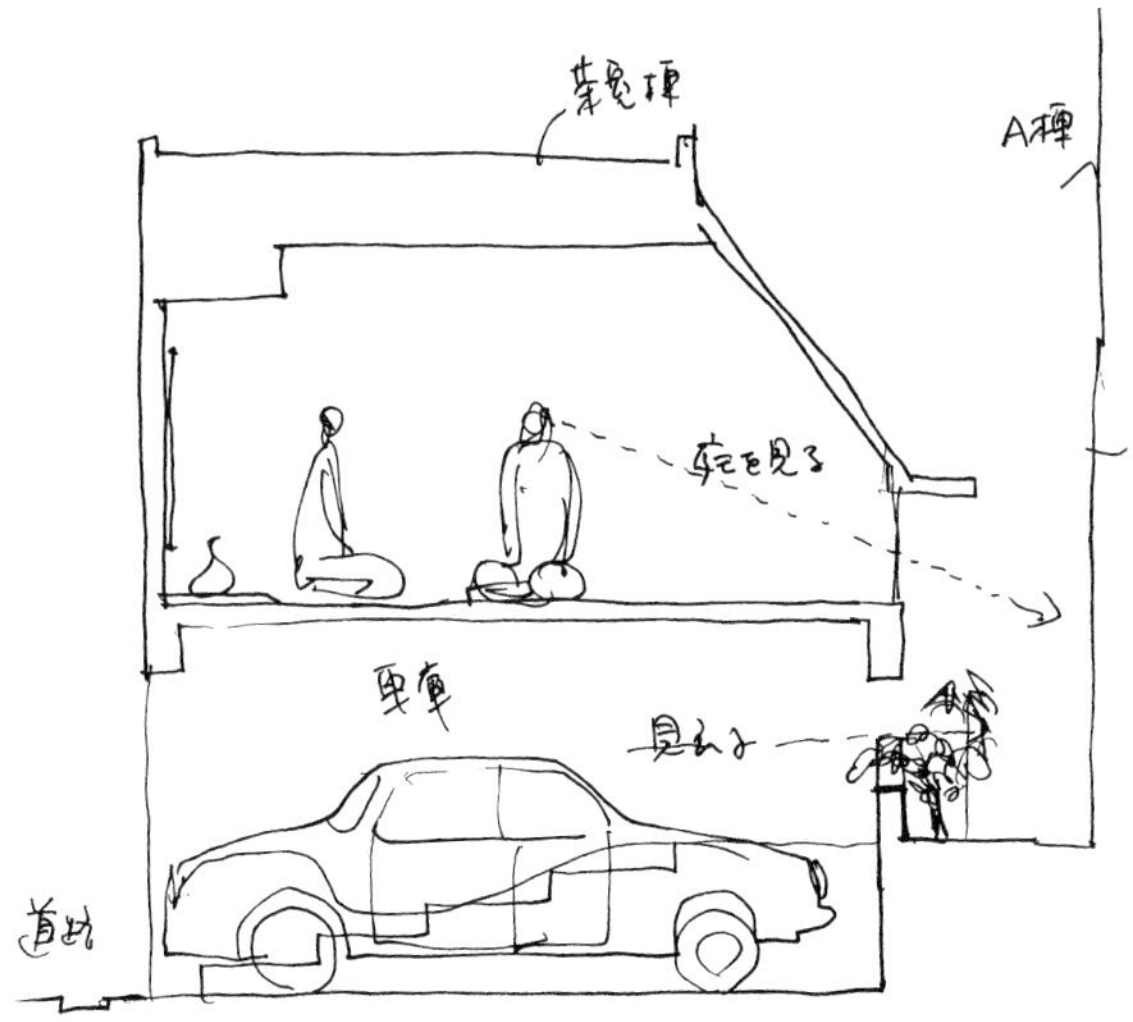

隣家の視線を遮り、中から見る坪庭*

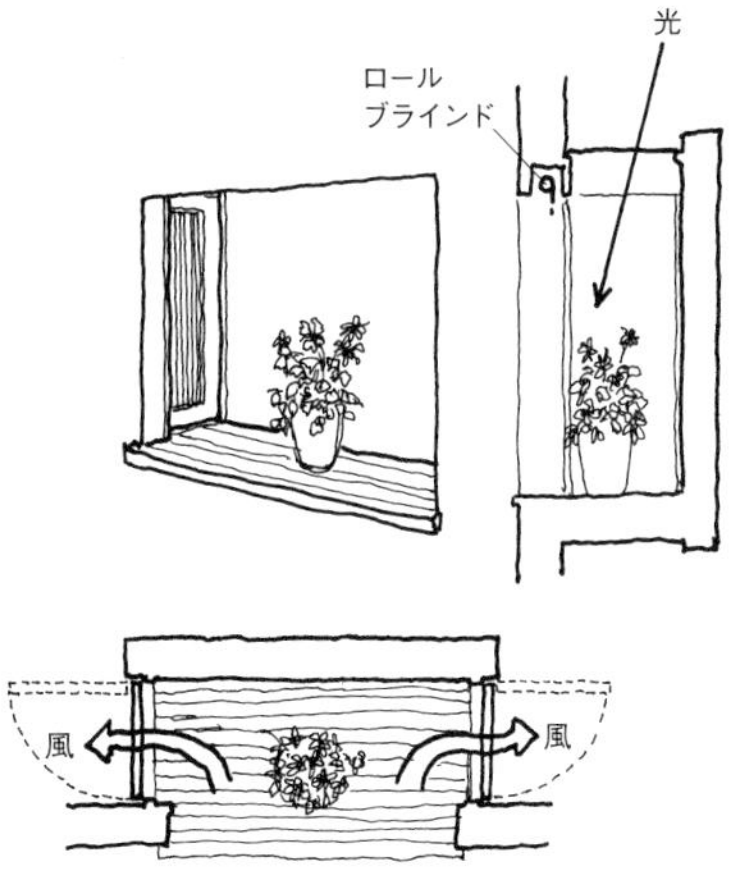

光と風は入れるが、外は見たくない窓

プライバシーを守りつつ、生活の気配を感じさせるエントランス回り。有賀邸パース*

「隠す」「守る」テクニック

見たい場所がある一方、見たくない場所もある。汚い街並み、店舗の裏側、隣家のトイレや浴室の窓、等々。リビングやダイニングなど、通常、人が居る場所からはそれらが見えない角度、位置に開口部を設ける。壁の向きや位置、袖壁など平面的な検討が必要な場合もある。

見たくないものが平面的に広がっている場合は、断面的解決が効果的。床や窓の高さを変え、垂れ壁や張り出したテラスなどで、見たくないものを遮る。植木や垣根などの植栽、簾、格子などの付属物、塀や物置などの外構も、見たくないものを隠す手段になる。

見ないことと対になるのが、外部の目からプライバシーを守ること。平面、断面で考え、外構を利用するなど、考え方は隠すテクニックと同じである。だが、他人の視線を気にしすぎると、周囲に閉じた住宅となり、冷たい街並みを作ることになる。明るい外部から暗い室内は見えない、遠い人の動きは気にならないなど、人間の心理を計算して、閉じこもりも常識の範囲にとどめたい。有賀邸（上図）のエントランス回りはプライバシーを守りつつ外部に人の気配を感じさせるあかりの漏れる設計である。

道行く人に安らぎを与える
ばったり床几（徳島県脇町の民家）

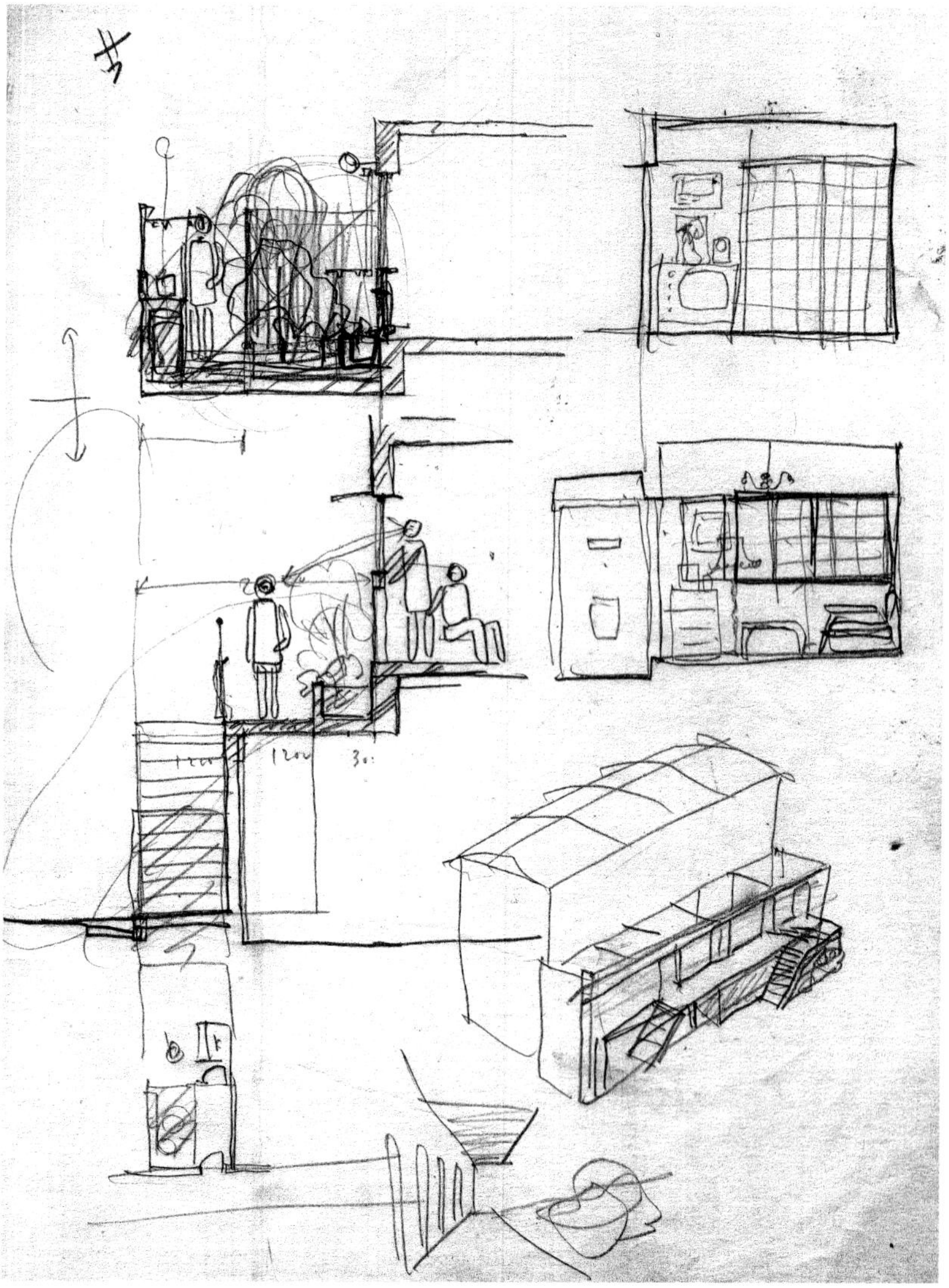

外廊下の人と視線の
交わる断面計画＊

他人の受入れ方

伝統的地縁社会では、隣近所の人が土間や縁側から話し掛け、茶の間に上がってくるのはあたりまえであったが、現在の私たちはそんな近隣付合いを煩わしいと感じている。

しかし一方、現代は景観や安全の保持、環境問題、ごみ処理等々、近隣や地域の人々とともに解決しなければ、快適な環境が確保できない時代でもある。

互いの生活は侵さず、しかし互いに顔見知りで、必要に応じてコミュニケーション可能なデザイン。それは昔の町家にあったばったり床几のように、道行く人をさりげなく受け入れるデザインのことであろう。

花や植物で飾られた玄関回り、手作り作品の置かれた出窓、家の前のベンチ、明るいデザインの住宅などは、近くにいる人にほのぼのとした印象を与え、人の気配を感じさせる。

住宅集合のデザインでは、住棟で囲まれた中庭（コモン）、行き止まり（クルドザック）になった小さな空き地などは、近隣の人々に自分たちの場所（テリトリー）意識を持たせる。テリトリー意識は街を美しく保持するためだけでなく、空き巣等の犯罪に対しても有効だと言われている。

コモンはそこに住む人々の憩いの場となる（青葉台広場）

シーサイドももち

自分の家は他人の環境

二階建てばかりの低層住宅地に法的に許されるからと三階建てを建てたり、他人の家を覗き込むようなアパートを目の前に建てれば、裏の家が困るのはだれでも予想できるはず。なのに、あちこちでトラブルが生じている。

それほどでなくとも、有刺鉄線やガラスの破片が植えられたコンクリート塀は、側を通る人を寒々とした気持ちにさせるし、手入れなしに放置された庭や荒れ果てた住宅も近隣の雰囲気を悪くする。

日本の伝統的な街や集落には、それぞれに建て方の規範と共住のルールがあり、それが互いの暮しを守り、美しい家並みを作ってきた。欧米の街は景観規制で美観を守っているが、各家も花を飾ったり、ペンキを塗ったり家を美しく保持することに気をつけている。

自分の土地だから、どんな家を建てようと勝手だと考える人が増えたようだが、これは土地を自分だけの財産と思う戦後日本に生まれた悪い風潮である。自分の家は他人の環境と考える近隣への配慮が、住環境を良くすることに繋がり、ひいては住宅地の価値を高めることになるのである。

第四章 図面を描こう

◉図面は建築を語る言葉

ここまで、住宅に対する考え方や、設計の進め方について学んできた。みなさんはどのような印象を持たれただろうか。ここで建築の設計に対してより興味が沸いてきたというような人がいれば、この先の見通しは明るい。

毎年、大学の建築学科へ入ってきた学生に、入学した動機を聞いてみると、「将来、自分が設計した家に住んでみたい」。また、「家を建てたいと思う人の夢をかなえられるような仕事につきたい」。このような答えが多いのである。

学生に限らず、だれでも自分の設計した理想の家をいつかは実現したいと思うのは本音であろう。しかしながら、たとえ理想とする家のイメージが頭の中に浮かんでも、それを表現する術を知らなければ、せっかくのイメージも水の泡に等しい。そのようなとき、「図面が描ければ！」と歯がゆい思いをした経験がだれでもあるに違いない。

事実、そのイメージを図面などで具体的に表現できなければ、家族に理解してもらうこともできないし、好きな人と住宅について夢を語り合うこともできない。ましてや、工務店や大工さんに思いどおりに家を造ってもらうことも難しいだろう。

私たちは、だれかに自分の気持ちを伝えようとするとき、まず文章や言葉で表現するはずだ。言い換えるなら、電話をかけるか、手紙やメールを書かなければならない。それと同様に、形や空間を伝えるには図面という「建築を語る言葉」を知らなければならないのである。

建築は必ずそれを建てたいと思うクライアント（依頼主）がいる。そのクライアントに設計の趣旨を説明することを「プ

レゼンテーション」と言い、そのために描く図面を「ショードローイング」と言う。こうした図面は技術的に優れていることもさることながら、クライアントへ心を込めて「プレゼント」する気持ちが大切である。いい加減な図面を描けば、設計の良し悪し以前に設計者の人間性まで疑われてしまうことになる。

決して、みなさんは図面を殴り描きするようなことはしてはいけないし、ましてや、心のこもっていない図面を人に見せるようなこともしないでほしい。

また、たとえ設計したものが実現しなくても無駄にはならないはずである。美しく描かれた図面はいつまでも人々に夢と感動を与えることができるはずである。

この章では巨匠コルビュジエが母のために設計した「小さな家」と、吉村順三設計の「森の中の家」の二つの傑作の図面を題材にして、プレゼンテーションのための「美しい図面」、いわゆる「ショードローイング」の描き方について学んでいこうと思う。

もうびぃでぃっく屋根伏図* 1/100

立体を平面上に表す
立体→平面→立体

建築は三次元である。それを二次元上に表現することが「建築を図面化」することである。例えば、ここにひとつの「立体」があるとする。私たちがその立体の形がどのようなものであるかを正しく理解しようとすれば、上下左右、また四方八方から眺め回すに違いない。それと同様に、ある物体を図面に表そうとすれば、いろいろな角度から見た図を数多く描かなければならないわけである。

さらに建築の形態は複雑である。外形ばかりでなく「人間の住む器」と言われるように、内には人が生活できるだけの空間が内包されている。その内部空間の様子は、建築をスパッと切って、その切り口の形を見たり、または内を覗いてそれを図面にしなければならない。

また、図ばかりでは情報を伝えるのには限界がある。したがって、そのほかに記号や数字、文字などで説明を加えることが必要になってくる。そのための約束事も知っておかなければならない。

このように、空間を図面化する技術も大切だが、同時に図面を見て三次元の建物を正確に読み取ることができなければならない。言わば、建築を理解し設計するには、二次元の世界と三次元の世界を自由に行き来できなければならないのである。

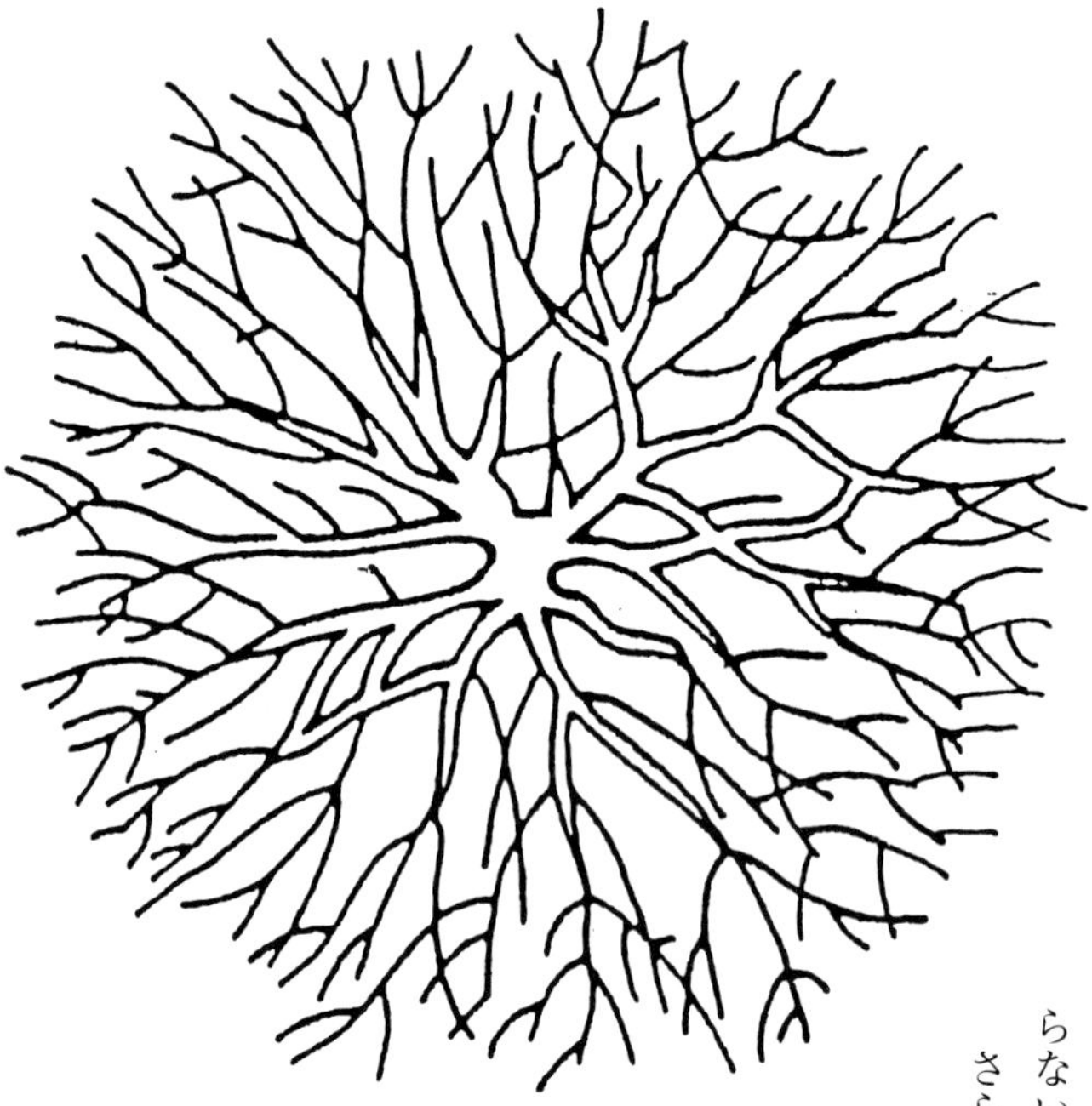
樹木の平面図

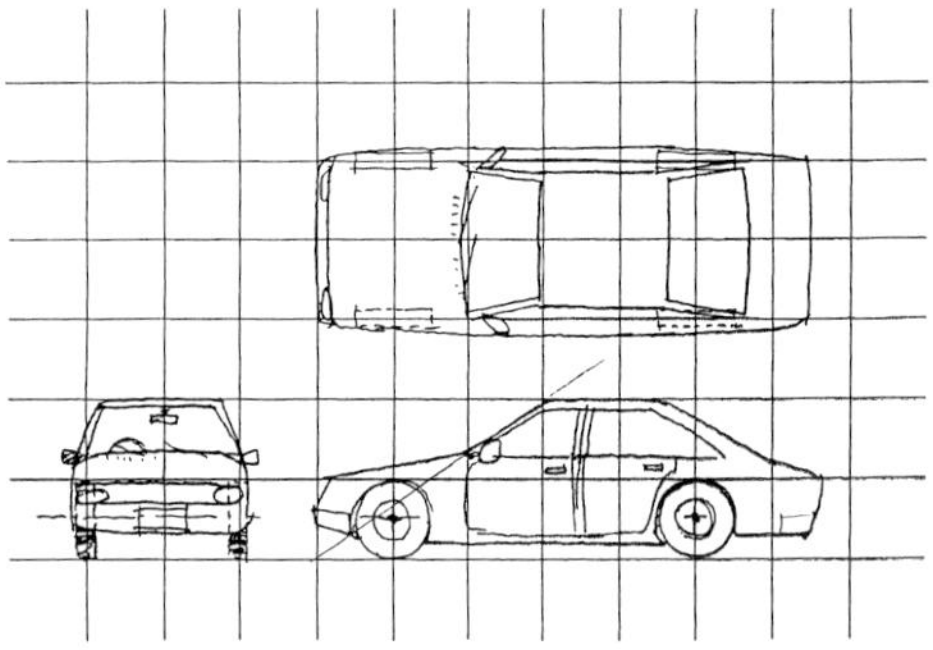
平面図、立面図による立体の表現

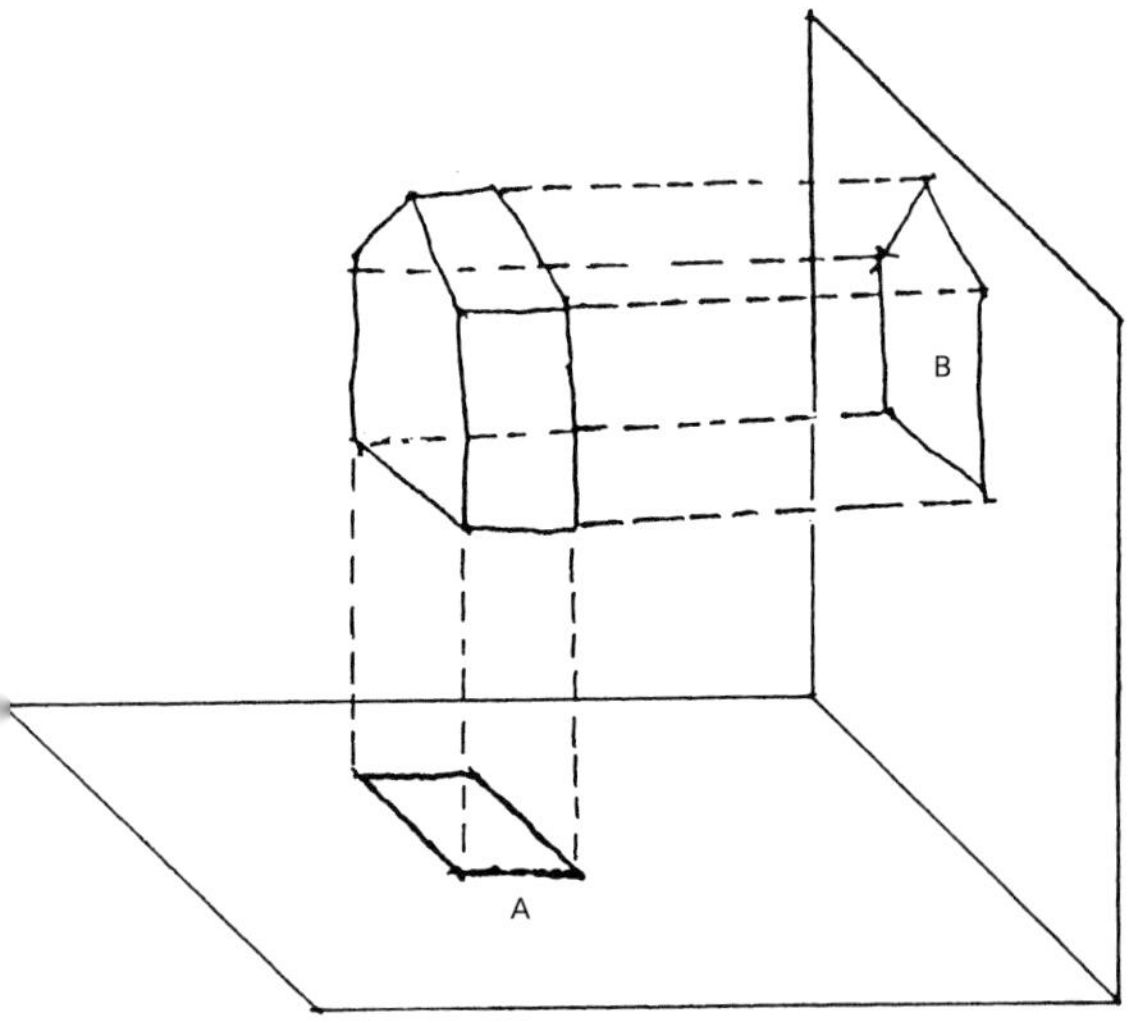

垂直正投影図（A）と水平正投影図（B）

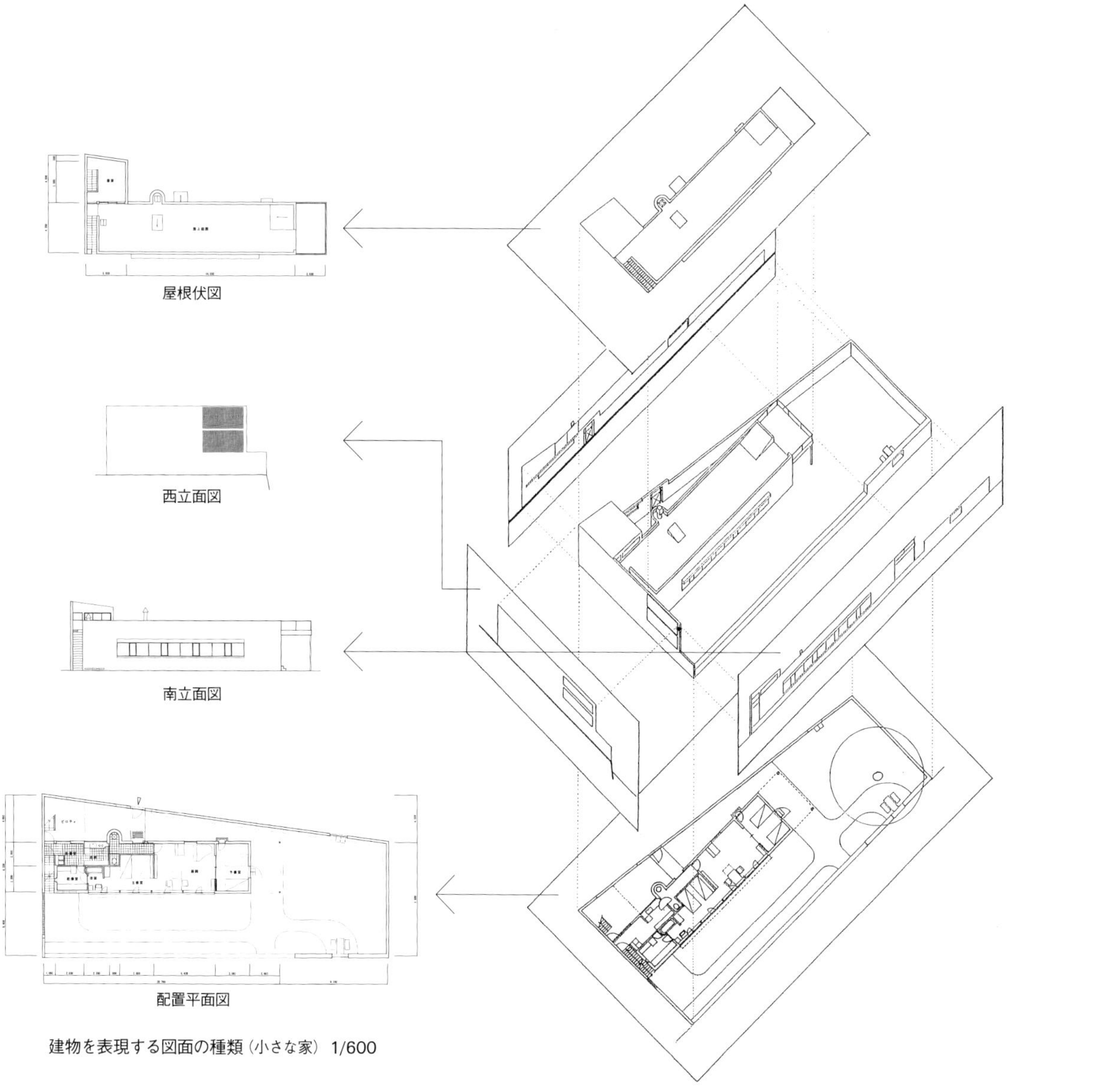

建物を表現する図面の種類（小さな家）1/600

図面はどのようなものか

まず、図面を表現する上で「正投影」という図法上の決まりがある。要は、遠近にかかわらず、その形の大きさをそのまま平面上に投影する図法である。建築の図面のほとんどはこの正投影で表すのが基本原則であることをまず頭に入れておいてほしい。

建築の図面の中で最も基本となる図面が、平面図、立面図、断面図である。よく、「平、立、断」などと呼び、これらが建築図面の御三家である。

さらに、敷地と建物の位置関係を描いた図面は「配置図」、内部を表した図面は「展開図」である。

このほか、平面図や断面図を部分的に拡大して詳しく表現した「平面詳細図」や「断面詳細図」などがある。そして建物の全体の高さ関係とその構造や仕組みを詳細に表した「矩形図《かなばかりず》」。これは一種の断面を詳しく描いた「断面詳細図」でもある。

さらによく目にする「透視図」は、建築空間をビジュアルに表現した図である。

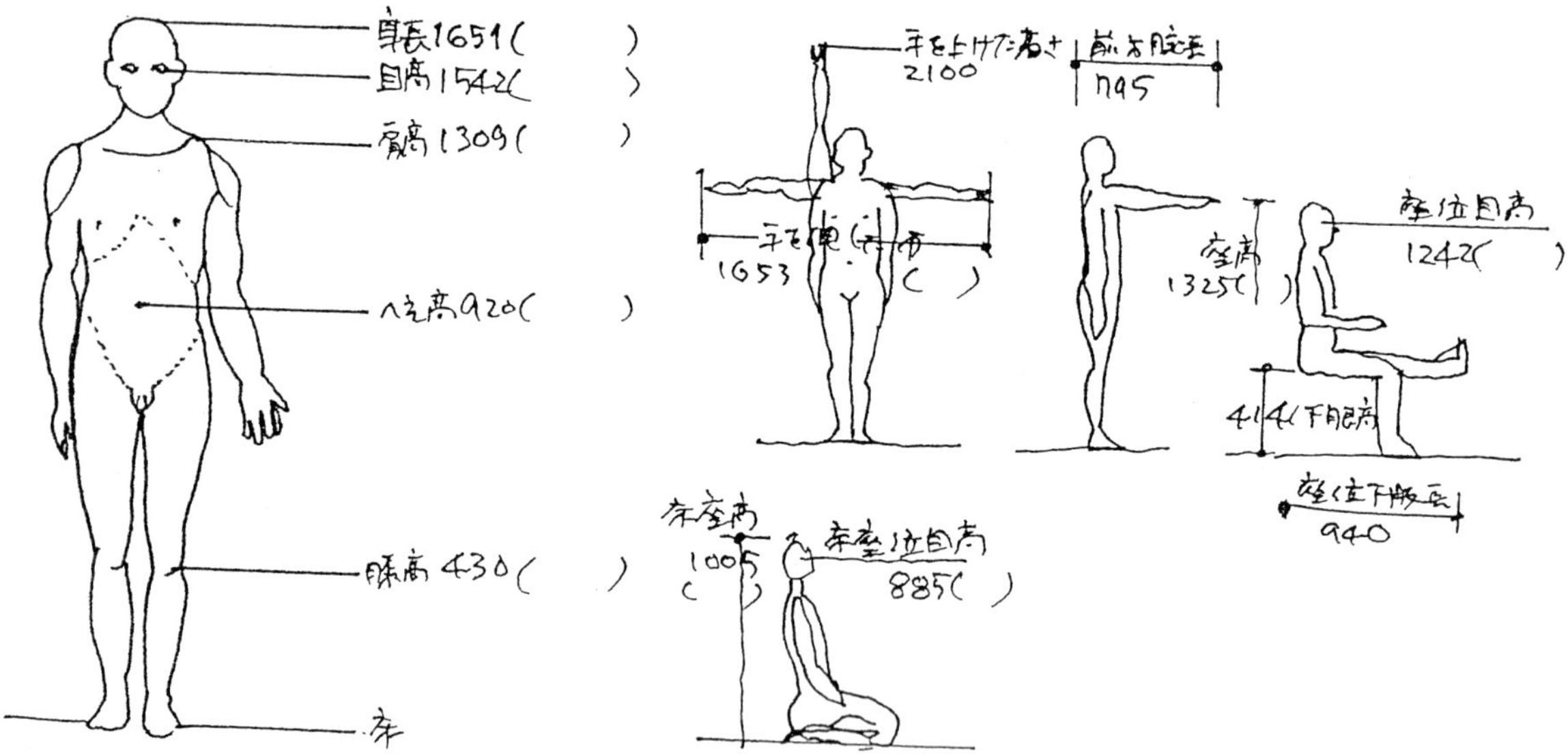

人体寸法*——自分の身体寸法を測り、書き入れてみよう。

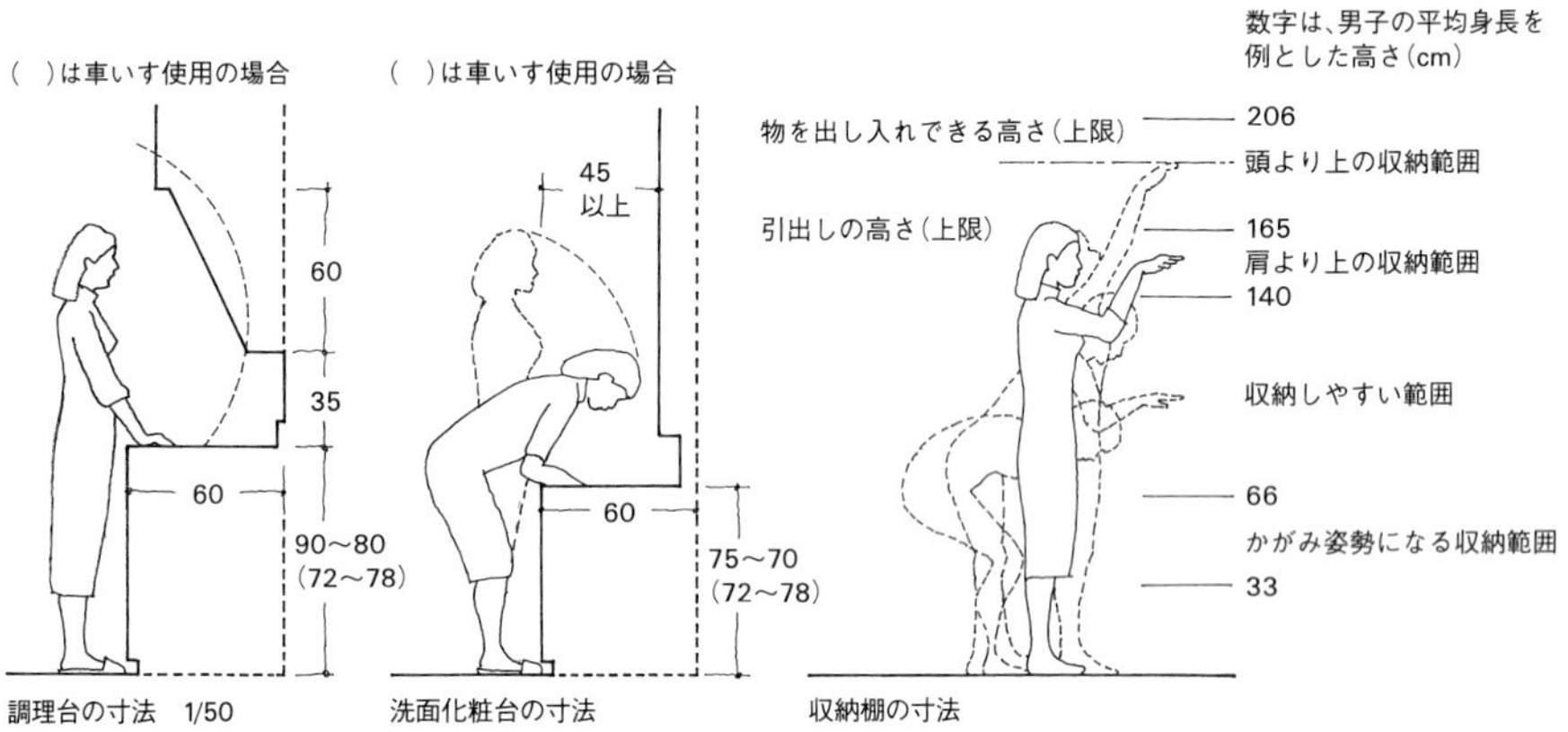

作業台や棚と人体寸法の関係

大事な寸法

私たちの国では、昔から「坐って半畳、寝て一畳」という言葉がある。これは日本人の身体寸法と建築との関わりを示す独自な空間概念である。

生活空間はそれを使う人間のスケール、動作範囲などを基本にして出来ている。だから、建築を設計するには人体の標準的な寸法や作業のために必要な空間の適切な大きさを知っていなければならない。

上の図のような姿勢のとき、あなた自身の身体寸法を測って書き込んでもらいたい。そうすればあなたに適した机の高さや、椅子の高さが決まるだろうし、壁に備え付ける棚の高さもわかると思う。

そして、日頃から、心地良いと思った空間の広さや、天井の高さ、坐りやすかった椅子の形とその寸法、また、登りやすかった階段の「踏面」「蹴上げ」の寸法関係などを測る習慣を身につけておくことである。それによって自分の身体寸法と比較しながら、自身のスケール感を養っておくことが大切である。

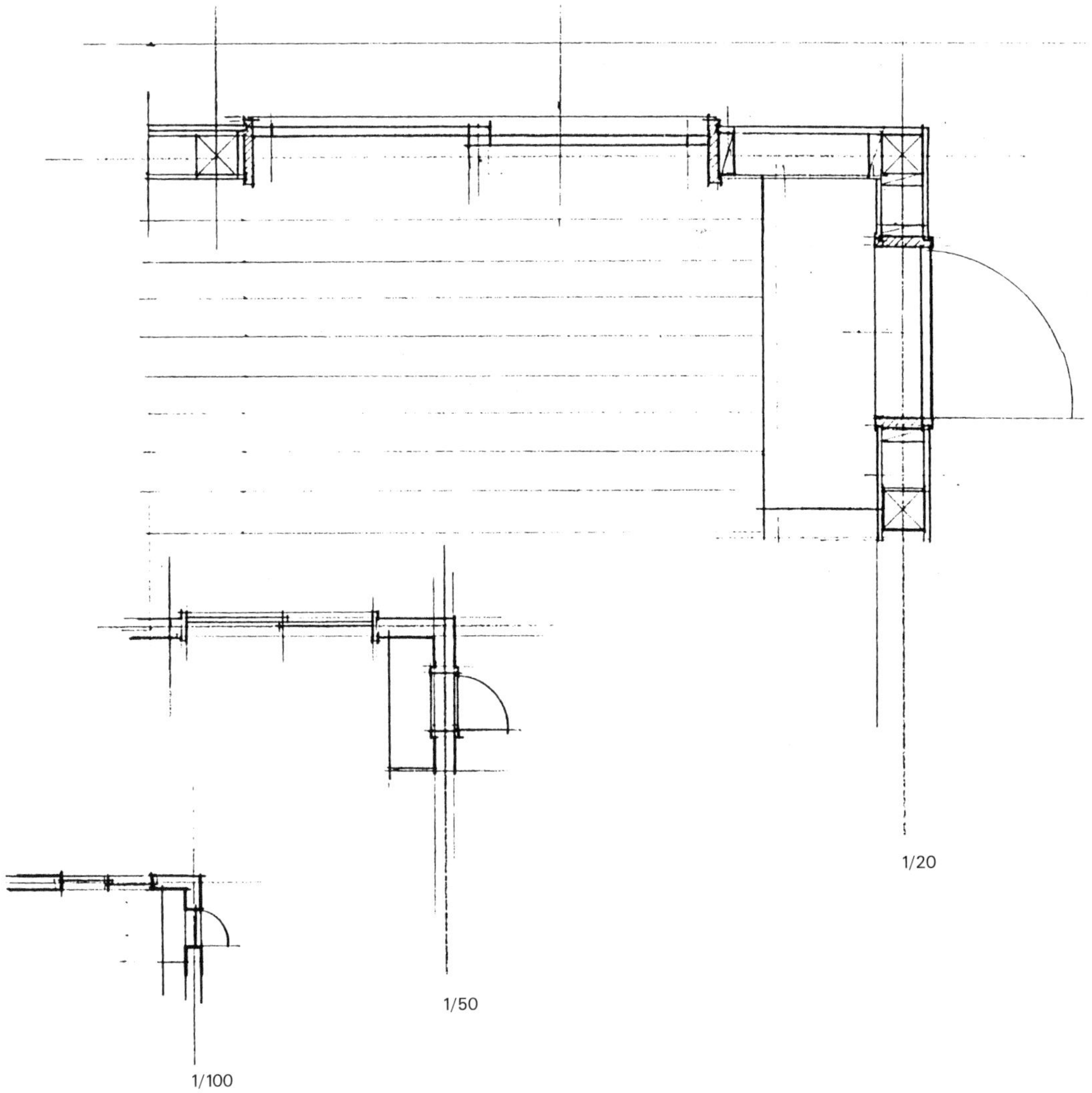

縮尺の違いによって、表現する内容は変わる。

縮めなければ建築は描けない

通常、建築を実際の大きさで図面化することはできないから、当然縮めて描かなければならない。この縮める割合を「縮尺」と言う。どのような図面でもこの縮尺が必ず表示されていなければ図面の役目をなさない。

図面は縮める割合に応じて、表現すべき内容も、伝えるべき情報の内容も違ってくるわけである。一般的に、二十分の一より大きい縮尺を「詳細図」と呼んでいる。この詳細図は図のように、窓の枠と壁との取合い、すなわち「納まり」を表し、また枠と建具の細部の仕組みを説明するための図面である。

今、私たちが学んでいる住宅の図面は各部屋の関係、建具の開閉のシステム、また家具の配置が表現できる百分の一か、または五十分の一ぐらいの縮尺が適当であろう。

また、図を見ればわかるとおり、縮尺が百分の一より小さくなると壁と開口部の違い、建具の開閉の仕方がかろうじて判別できる程度にしか表せない。しかし、縮尺の小さい図面は、広い地域を一枚の図面の中に表すことができ、敷地と道路、近隣の諸施設、また建物全体の空間構成など広い範囲を理解したり、分析や説明をするのに適しているわけである。

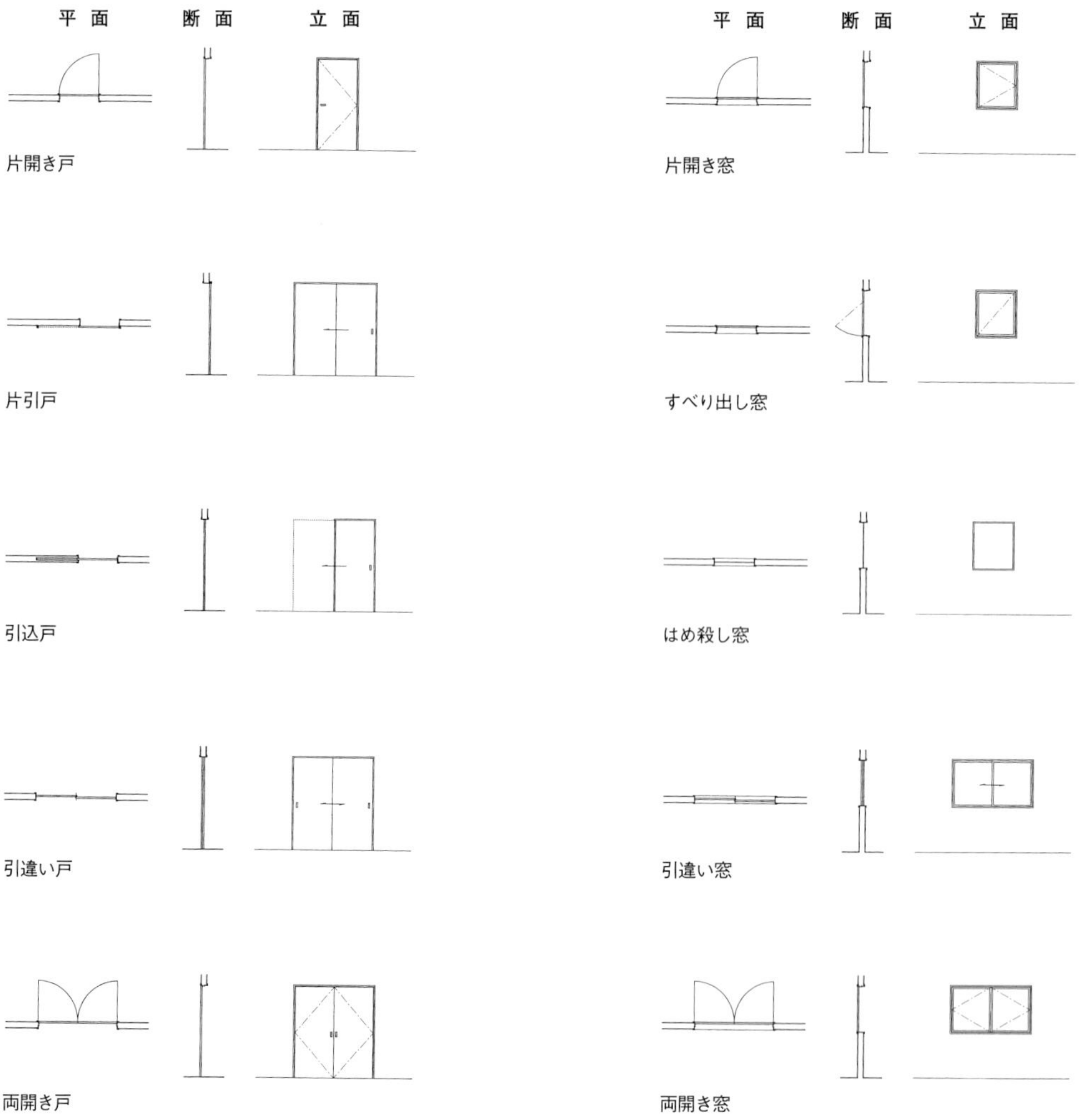

開口部の表現　1/200

記号は建築の道路標識

　これまで述べてきたように、図面は建築を図化したものである。言い換えれば、建築の形態をビジュアルに描き写したものだが、図だけでは表現上十分ではない。例えば、扉や窓がどのように開閉するのかを表す記号が上の図である。そのほか、寸法の書き入れ方、木材やコンクリート、石などの材質の表示する記号を知る必要がある。

　さらに、寸法の書き入れ方や、文字の書き方にも基本原則がある。そして、表示する場合にもただ表示すればよいのではなく、図面全体のバランスを考えて描かなくてはならない。

　このような決まりは特別難しいものではない。図面表現の基本原則は具現的なものを抽象化し、さらに記号化したものであるから、例えば木材を表すならば、年輪や木目を描けばよいし、コンクリートは砂利や砂の図柄を描けばよいのである。

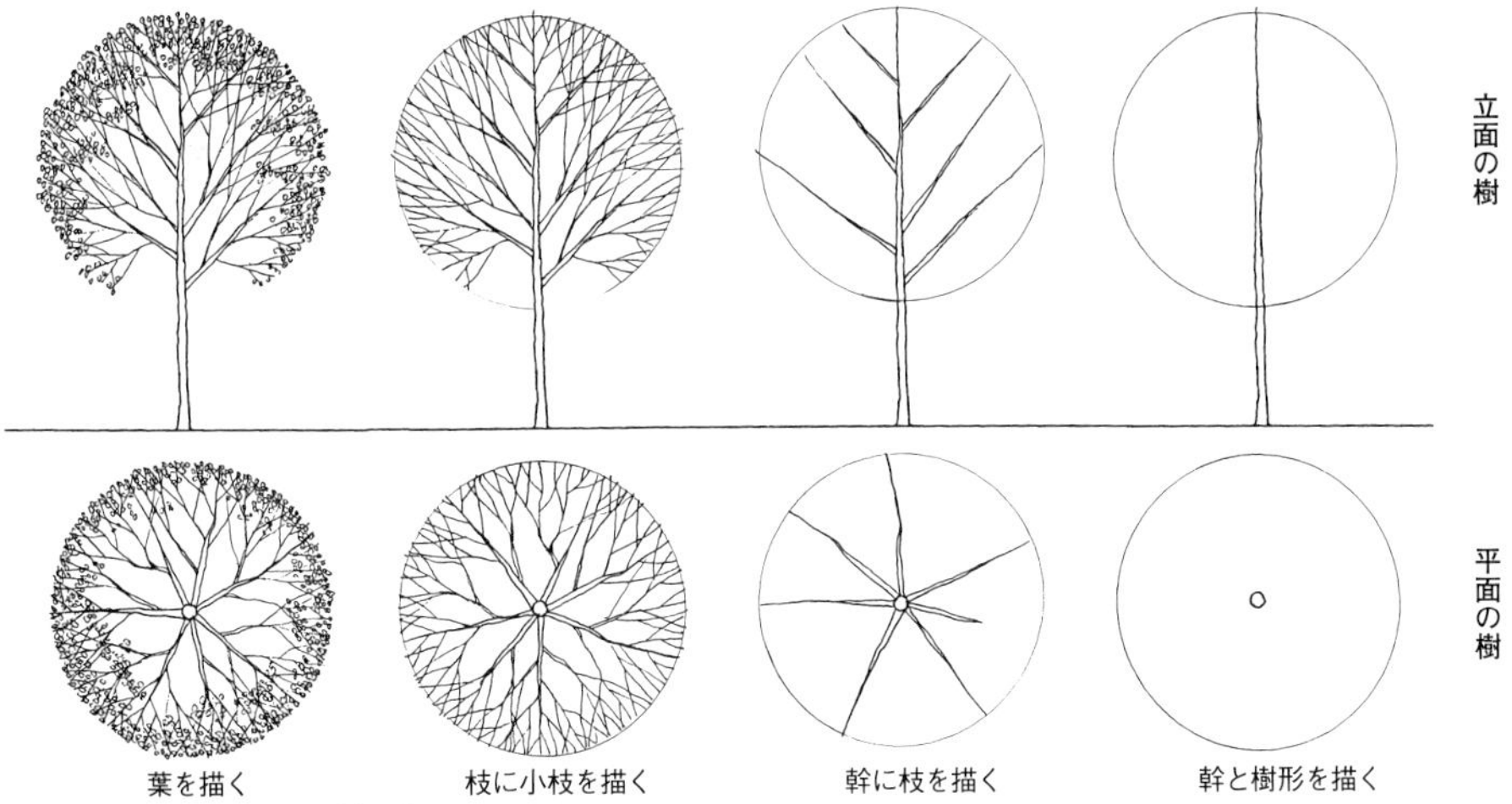

樹木の立面図と平面図の描き方

樹木の表現

建築の引立て役……（点景）

建築はそれひとつで成り立っているのではない。周囲の環境あっての建築である。建物の形や、間取りだけを考えるのが設計ではないことは以前にも述べた。なぜなら、建築は環境とうまく調和していなければならないからである。

図面に表現する場合でも、そうした建築を含め、周囲の環境を表さなければプレゼンテーションとは言えない。芝が敷き詰められた庭、そして樹木。また道路から建物に入って行くアプローチの舗装や植込みの様子、また、リビングから続く石敷きのテラス、等々。建築はこうした周囲の様子を生き生きと描かなければ心地良い生活空間が伝えられない。

確かに、設計において建築は主役だが、周囲の環境という脇役が良くなくては良い住環境は創れないのである。この脇役に相当するのが環境であり、図面の上ではその「添景」が脇役なのである。

「添景」は今説明した周囲の環境のほかに、人物や自動車など建築を取り巻くすべてのものを指す。環境を表現するばかりでなく、人物や自動車を描くことによって、一目で建物や空間のスケールが理解できることと、人物や家具な

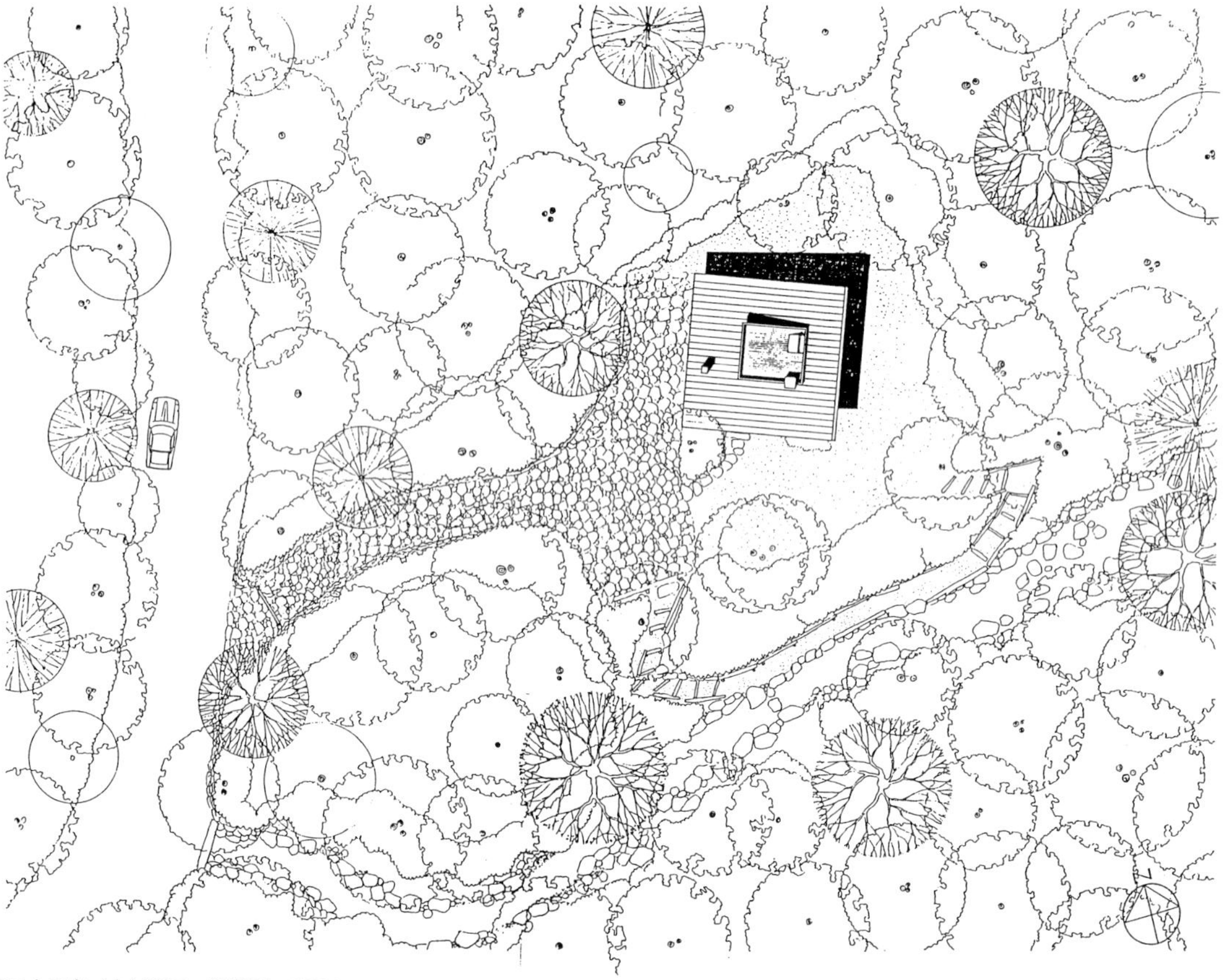

森の中の家／吉村順三　配置図　1/500

どの様子によって、その空間の使われ方や機能を第三者に伝えることができるのである。

いくつかある添景の中で、表現上難しく、かつ描く機会が多いのが樹木である。樹木は多様な種類があるが、まずは姿の良い落葉樹を一本美しく描くことをマスターしよう。一本の樹木が描ければ、それを何本か集めれば林になり、さらに、よりたくさん描き込めば、森を描くことができるからである。

優れた図面から学ぼう

建築の本をめくると、優れた図面が載っている。もちろん、世の中には数え切れないほど著名な図面はある。それらを含め、名作と言われる図面はどれも私たちに豊かな空間のイメージと、心地良い感動を与えてくれるし、図面だけでも立派な作品である。そして、図面の多くには建築家の熱い思いが込められ、洗練された技術が凝縮されている。

さらに、これらに共通して言えることは、図面の密度が高く、誠意に満ち美しいこと。建築家が施主にプレゼントする気持ちが現れている。

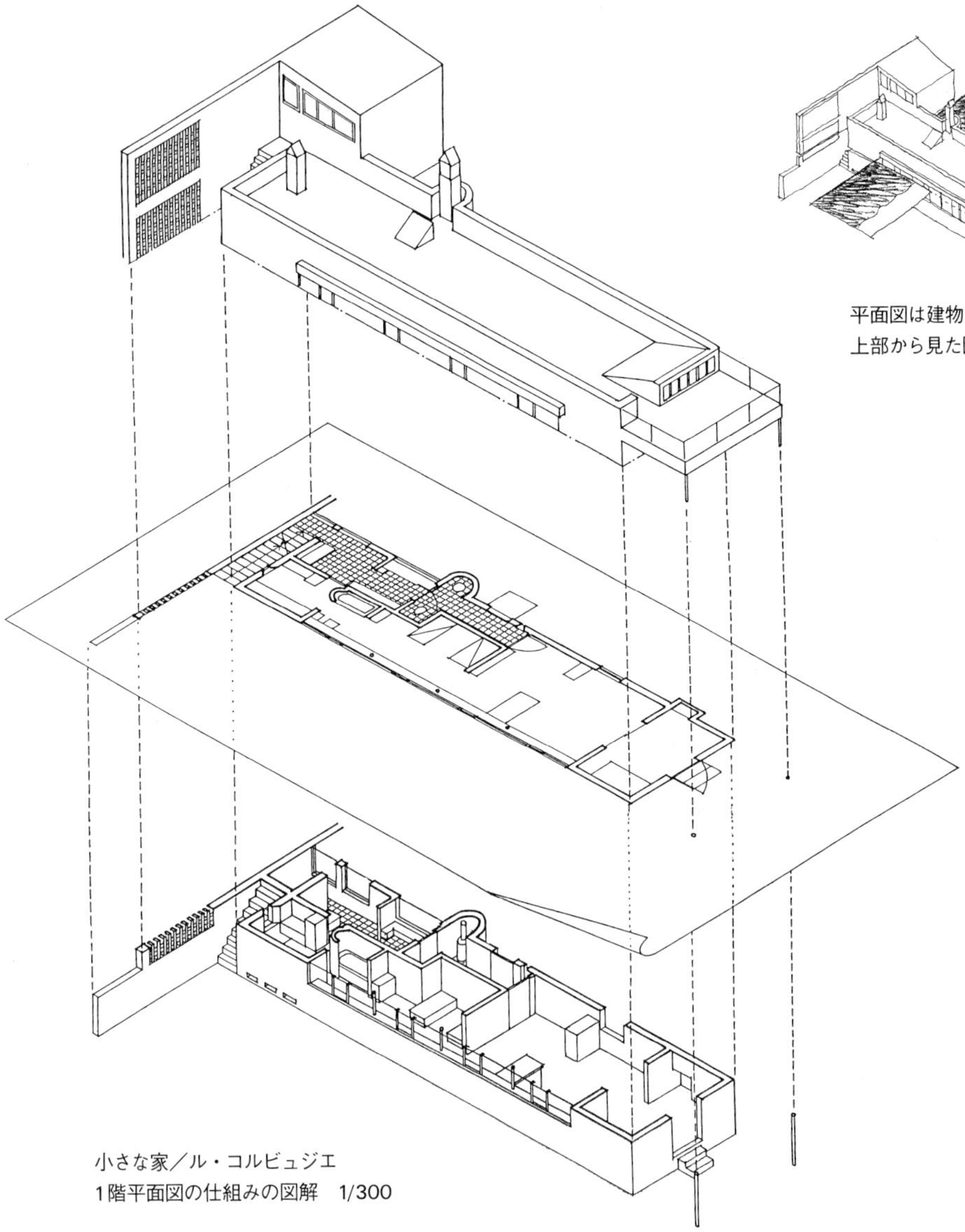

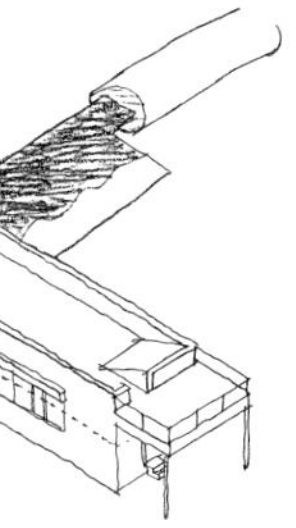

平面図は建物を水平に切って
上部から見た図

小さな家／ル・コルビュジエ
1階平面図の仕組みの図解　1/300

まずは平面図（Plan）から

建築の図面の中で、最も見慣れ親しまれているのが、この平面図である。昔は家の様式が決まっていたため、この平面図一枚で、大工さんは家を造ることができたほどである。平面図はそれぞれの部屋の平面的な繋がりを表したものだが、そのほか、壁、窓や出入り口などの開口部、家具の位置、広さ（面積）などを説明するのに欠かせない図面である。

平面図は建物を水平に切って、無限遠の真上の距離から見た図である。これを図学的には「垂直正投影図」と言う。建物を水平に切る高さの位置は、一般に、出入り口や窓などが表現できる人間の眼の高さ程度が普通である。

平面図では表現しなければならないことがいくつかある。それをぜひ覚えておいてほしい。

●壁と開口部の違い。また窓や扉の開け閉めの状態の表現。特に壁の厚みをしっかりとした強い線で描くこと。これは平面図に限らないが、少しでも建築を学んだ人は壁や開口部の図面をシングルラインで描かないでほしい。

●床の材質を表現する。フローリングの場合は板目地を、タイルのときはタイル目地を描く。そうすれば余分な説明がなくても、そこでどの

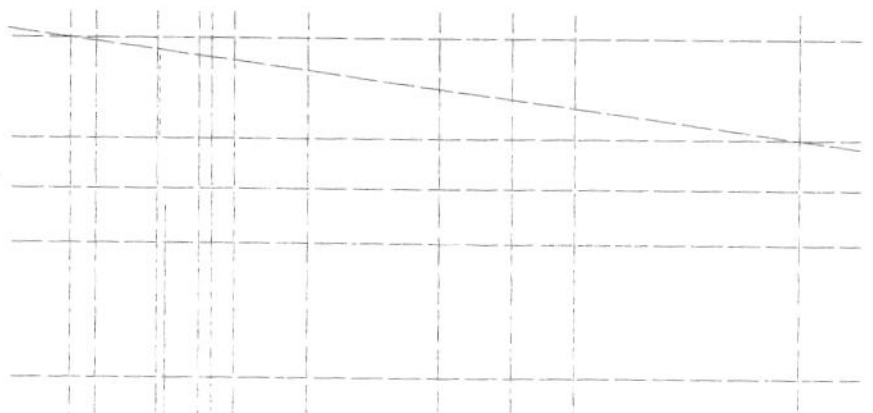

①建物の壁や柱の中心の位置を表す「通り芯」を一点鎖線で描く。

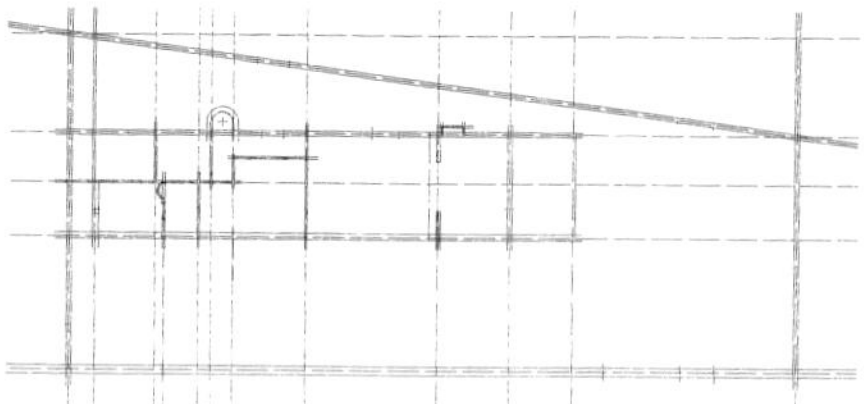

②柱の大きさや壁の厚さを示す下図の線（補助線）を薄く描く。補助線は仮の線であるが、最終的に消さなくてよい。

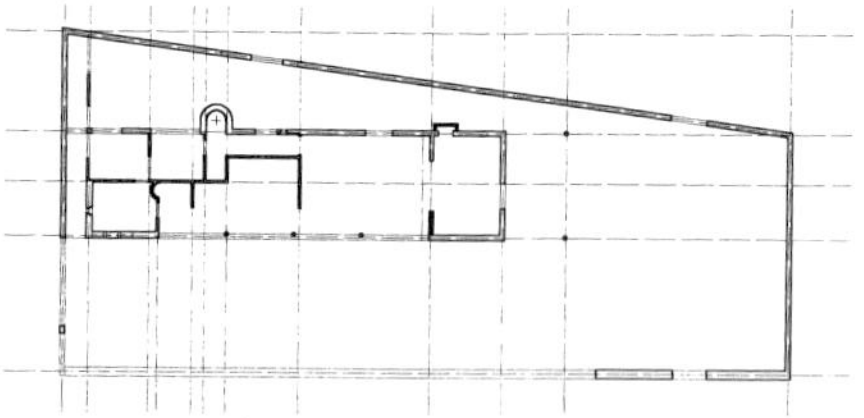

③出入り口や窓の位置を決める。これも補助線。

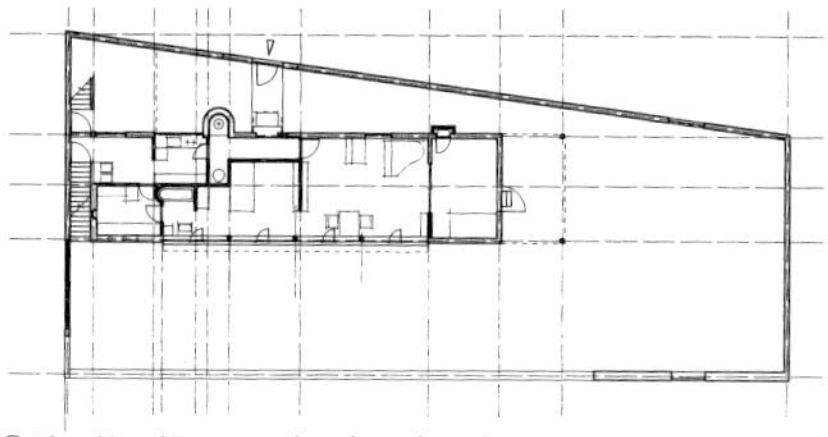

④壁や柱の切り口を強く太い線で描く。

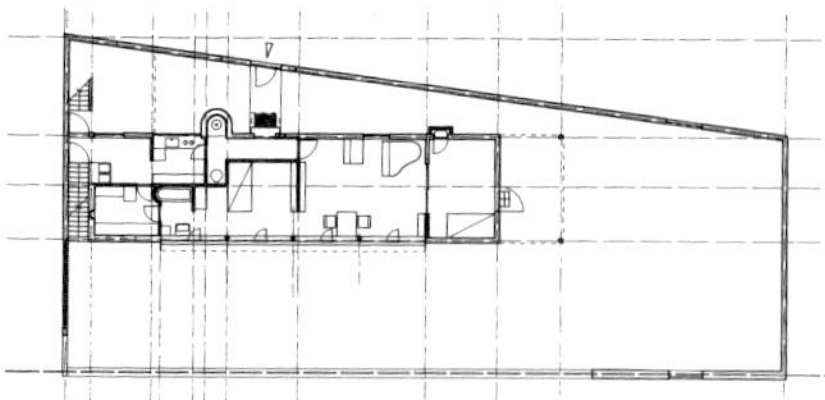

⑤建具や造り付けの家具、浴槽、便器などを描く。線は中線が適当。

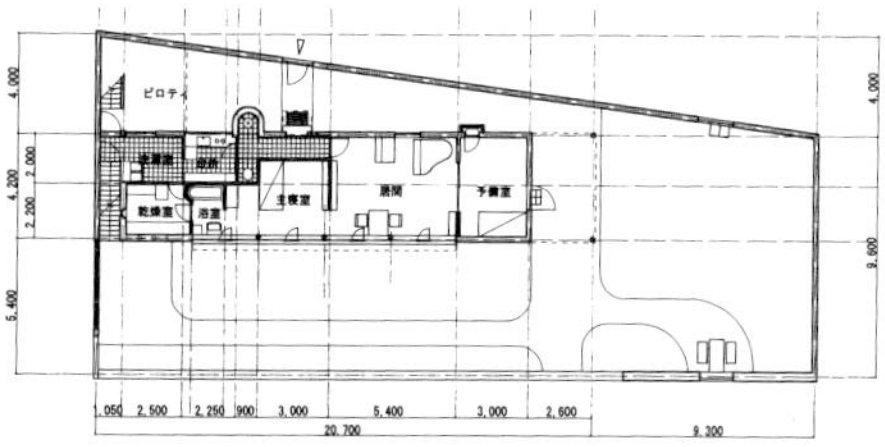

⑥床の材質、目地、家具類の木目を描く。そして、添景の描き込み。さらに、寸法線（細線）、寸法、部屋名などのレタリング。方位記号。

製図手順　小さな家　1/600

ような生活ができるかが理解できるだろう。

●また忘れてはならないのは、生活に必要な備品、家具類を表現することである。台所ではキッチンセット、冷蔵庫。ダイニングでは食卓と椅子。浴室では浴槽や洗面器などを必ず描くこと。そうすれば、その部屋がどのような機能を持っているかはもちろん、空間の広さや使い勝手もわかるだろう。

平面図を描いてみよう

図面はどこから描いても良いというわけではない。原則として、図面を描く順序は、建物が造られていく工程とよく似ている。住宅を建てている工事現場などを注意深く見ていると、図面を描く際に参考になるだろう。

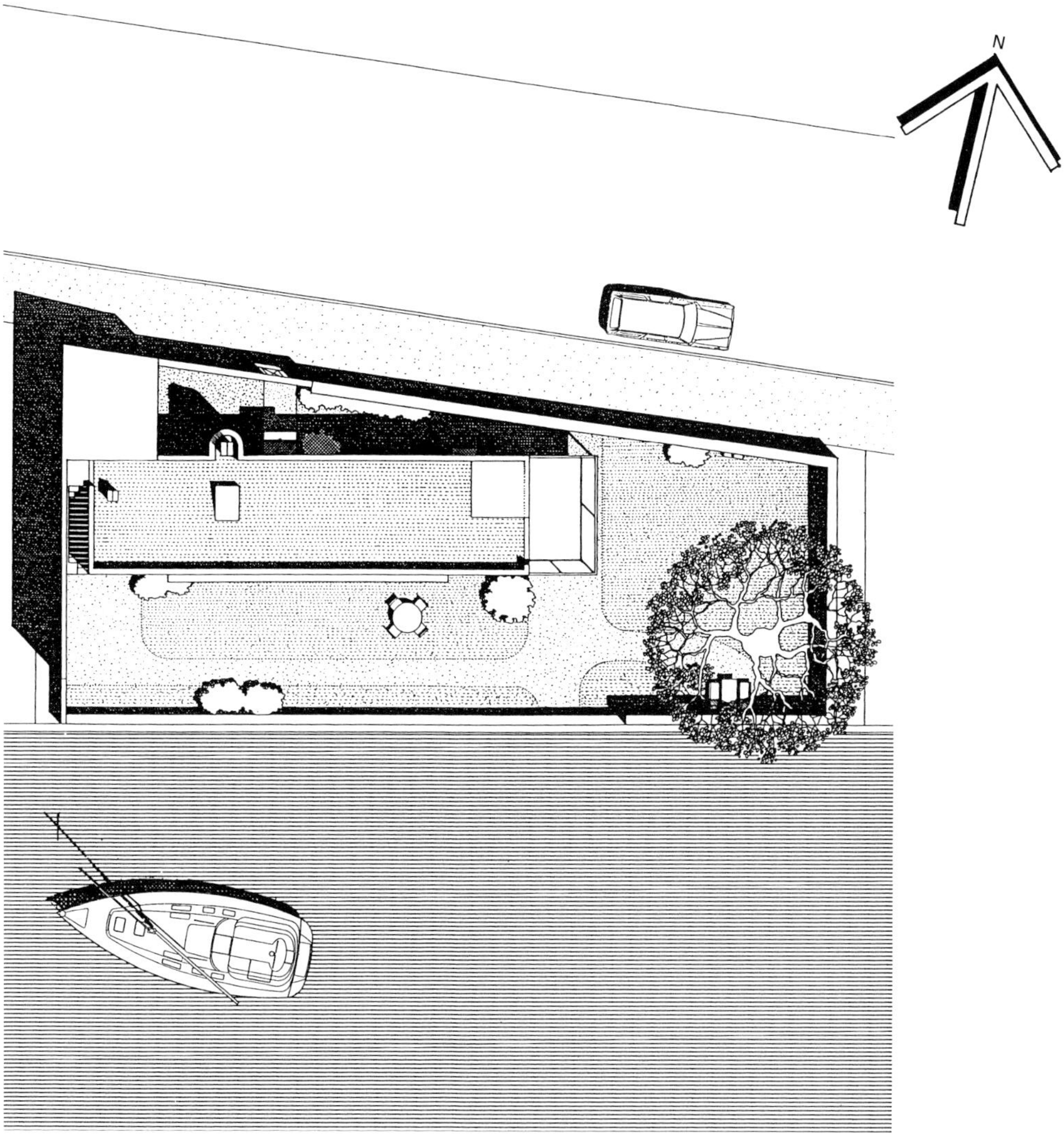

小さな家　配置図　1/300

敷地と建物の関係が重要……配置図（Site plan）

道路と敷地、敷地と建物の関係を表すのがこの配置図である。言わば敷地の中で建物がどこに位置するかを表現する図面である。庭のデザインや、道路から玄関へのアプローチなど、建物外部の状況を表現する。図面では、建物の屋根の形を表す（屋根伏図）場合と、建物の平面図を描く場合があるが、一階平面図を描くと、部屋と屋外との関係が説明できてよいだろう。こうしたものを特に「配置平面図」と呼んでいる。この配置平面図において、先に述べた添景の表現は特に重要である。樹木、芝生、テラスやデッキ、池やプール。また、道路からのアプローチの様子を生き生きと表現しなければ、せっかくの建物も砂漠の中の廃墟のように見えてしまう。

また、建物を「屋根伏図」で表した場合は必ず上図のように影を付けることを忘れないでほしい。そうすれば、はっきりと建物が浮き上がって見えるだろうし、日当たりや日陰の場所も表現できるだろう。

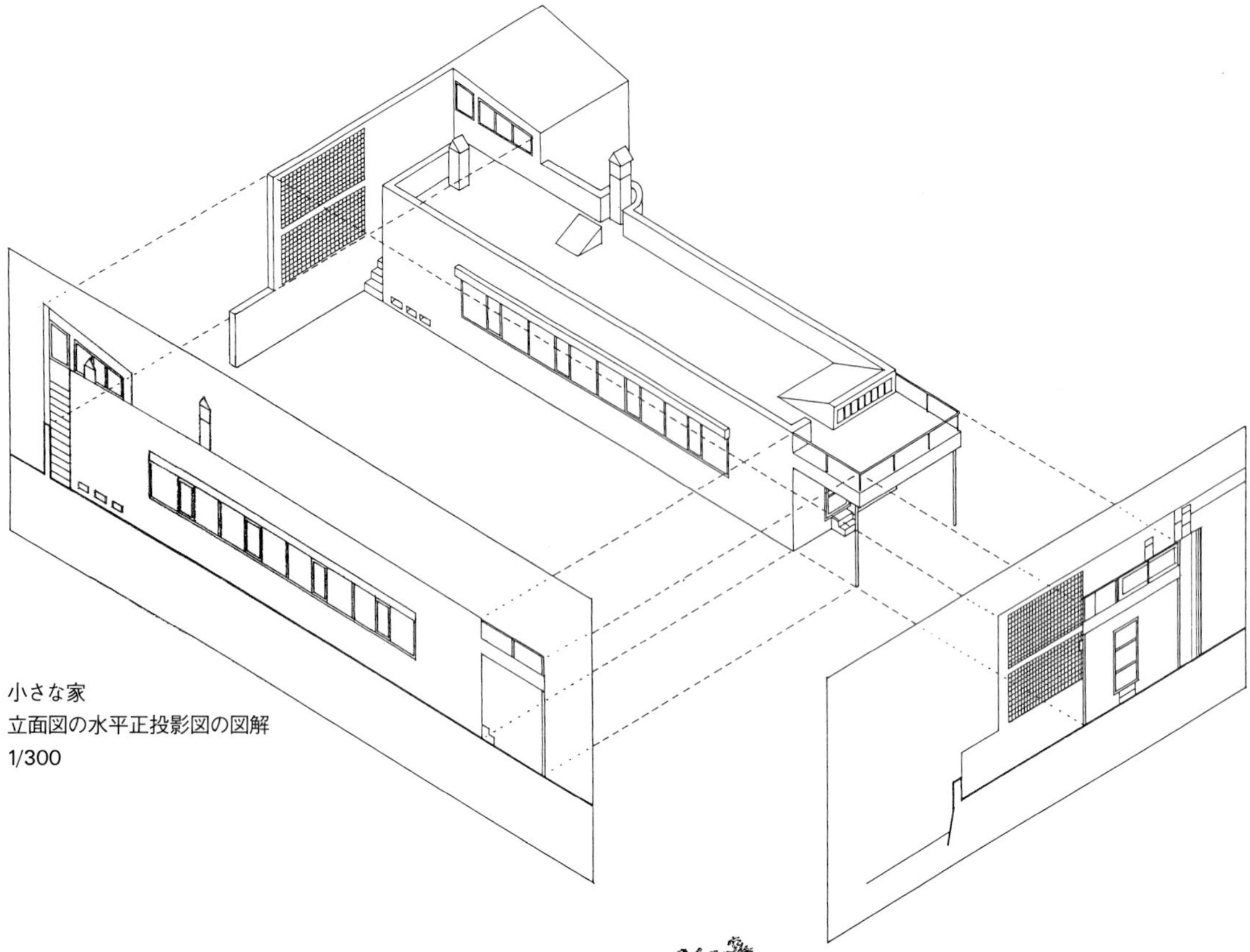

小さな家
立面図の水平正投影図の図解
1/300

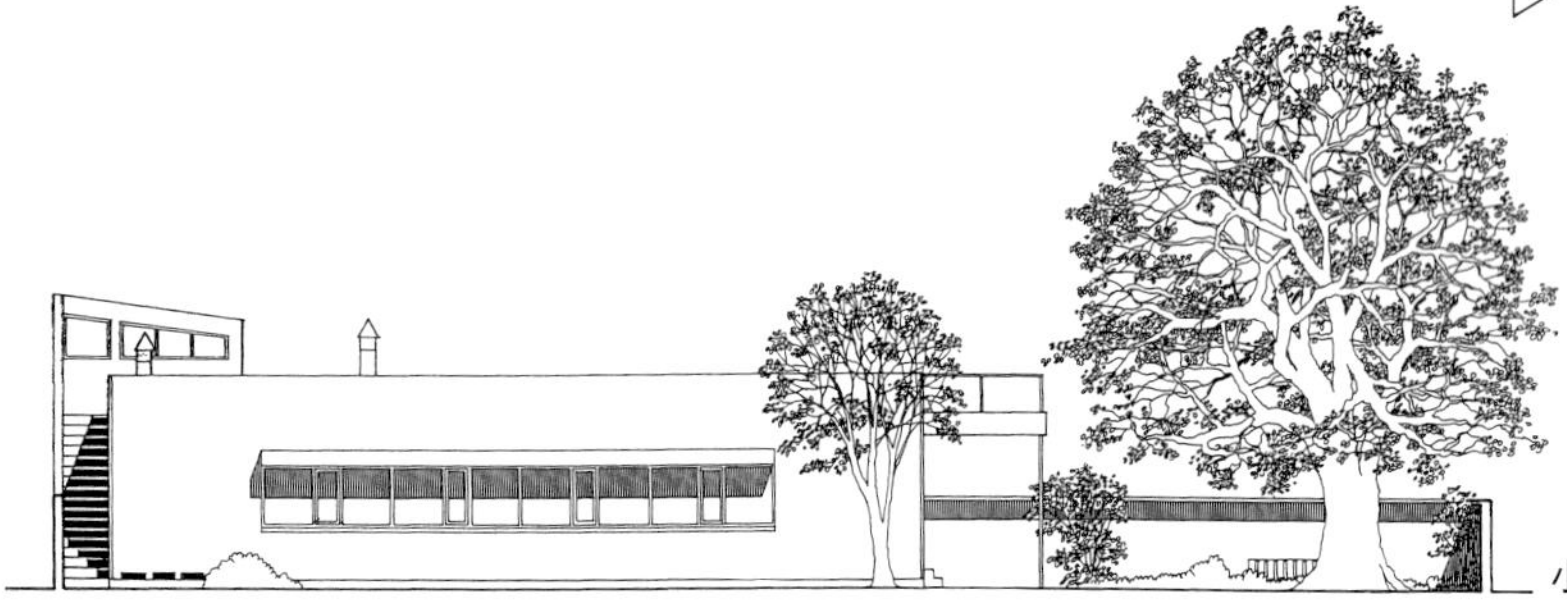

小さな家　南立面図　1/300

立面図（Elevation）は建物の容姿

建物の外観を表す図面である。図法的には「水平正投影図」と言う。言わば、上図のように、遠近にかかわらず、形の大きさや高さがそのまま図面上に表される。

立面図で伝えることは、建物の形、外壁の材質、窓や出入り口の位置と大きさ、そしてその開閉システム、などが表現されていなければならない。

しかし、プレゼンテーションをするためのショードローイングの図面では、建物だけを描いても不十分である。そのほか、建物の周囲の環境の様子、すなわち、林の中なのか、建物に囲まれた街の中に建っているのか。そうした表現を加えることによって、建物の存在が生きてくるのである。さらに他の図面と同様に、建物自体に影をつけ、外壁の材質を描き込むことによって、建物の表情や立体感を表現することが、ショードローイングでは重要である。

この左頁の参考例は、吉村順三の傑作のひとつである「森の中の家」の立面図である。美しい落葉樹林の自然と調和した環境にあり、それを表現できなければこの山荘の良さが薄れてしまう。

森の中の家／吉村順三　立面図　1/100

先ほど説明したとおり、立面図は正投影図であるから図法的には遠くにある樹木も近くに立つ樹木も同等の大きさで表現されているが、この図面ではあたかも透視図のように立体的だ。それは手前にあるものを「濃く」、遠くにあるものを「薄く」書くことによって空間の奥行きを表現している。これを「空気遠近法」と言う。

さらに注意して見てもらいたいのは、規則正しい無数の線（ハッチング）によって、陰影を表現していることである。ハッチングを幾重にも交差させることによって、濃淡のグラデーションが出来、立体感を強調しているのである。

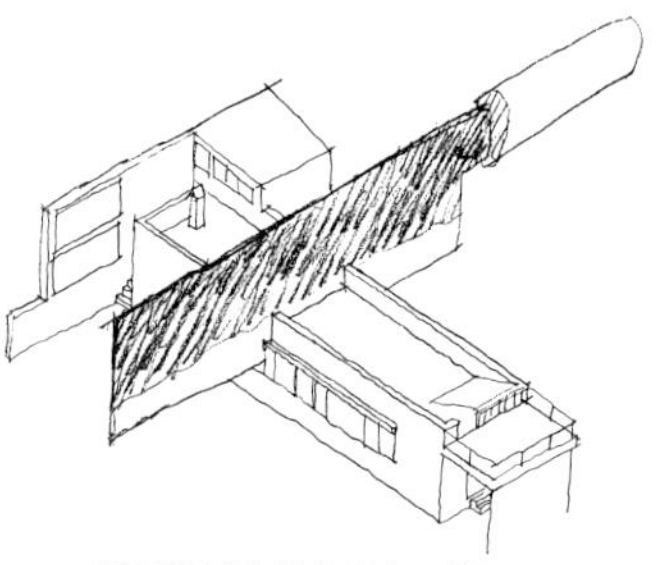

断面図は建物を垂直に切って
横から見た図

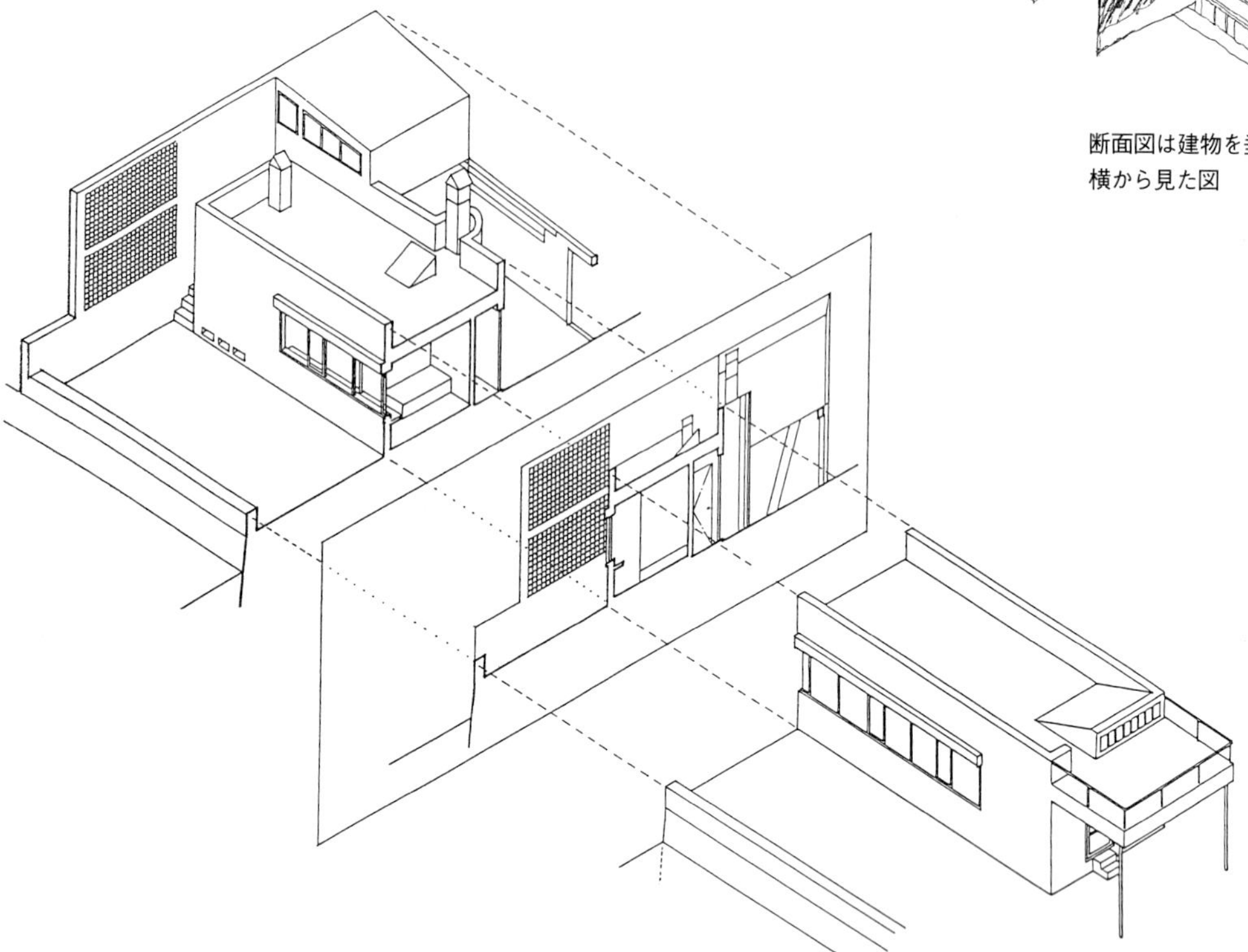

小さな家
断面図の仕組みを図解したアイソメトリックパース
1/300

建物を「切って」描く断面図（Section）

「断面図が描けるようになれば、建築がわかってきた」証しという。またそれを裏返せば、「建築を理解していなければ、断面図は描けない」ということを意味している。それは断面図には建物の構造、下地や仕上げの仕組みなどの重要な部分が含まれているからである。そして、地面との取合い、天井と屋根の仕組みなど、通常私たちの眼に止まりにくく、なじみが薄い部分を表現しなければならないため、難しい図面と思われがちなのである。

まず、断面図は基本的に平面図と同じ理屈であることを頭に入れておこう。平面図は建物を水平に切り、真上から、断面図は建物を垂直に切り、真横から投影した図である。

言うまでもなく、断面図で表さなければならないのは建物の高さと空間の上下の関係である。

断面図の二種類の表現の方法を次頁に示した。ひとつは、断面の切り口を白抜き、または黒く塗りつぶしてしまう描き方（A）がある。もうひとつは図のように、床、基礎や小屋組みの構造、また下地と仕上げの関係を表した断面図（B）がある。

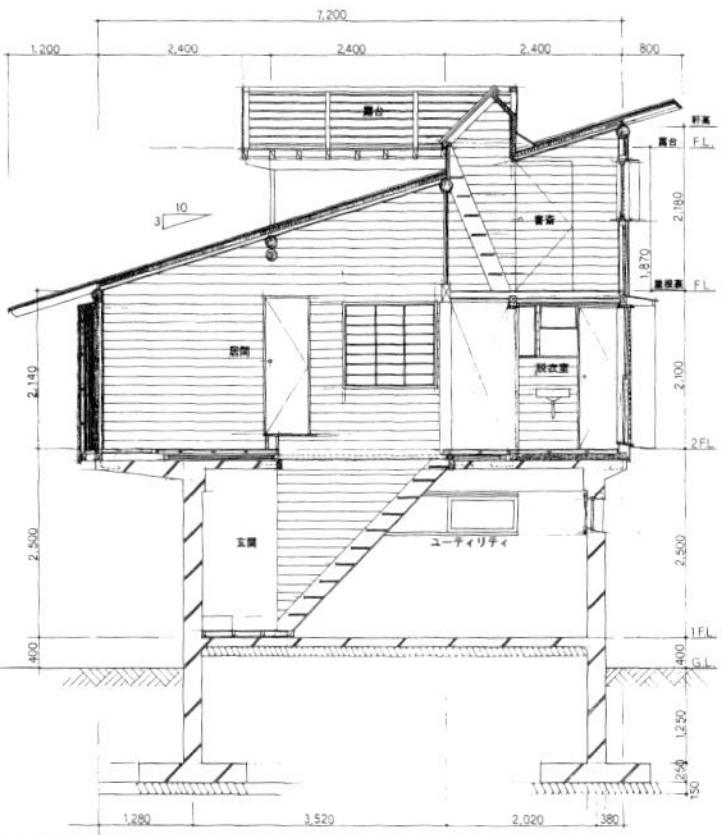

（B）構造を示す断面図　1/200

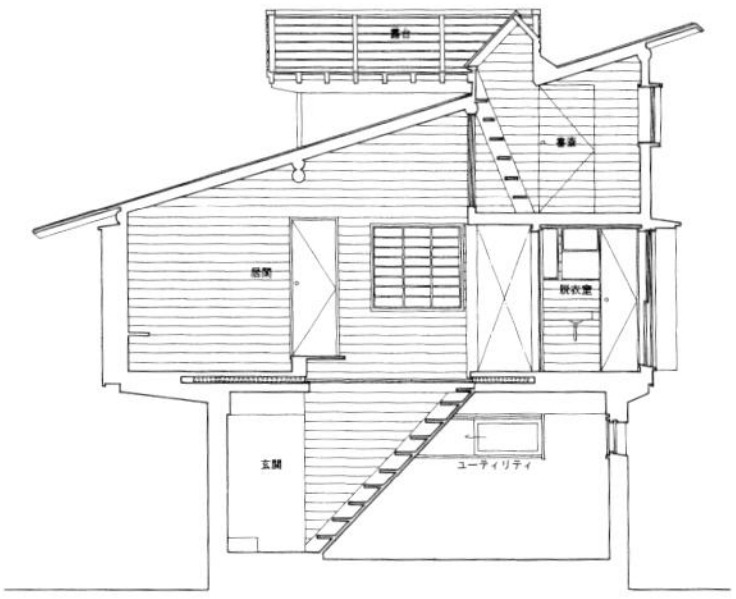

（A）空間を示す断面図　1/200

断面図を描く順序を述べておこう。基本的には先に説明した平面図の描き方と同じであるから、比較してみるとよいだろう。

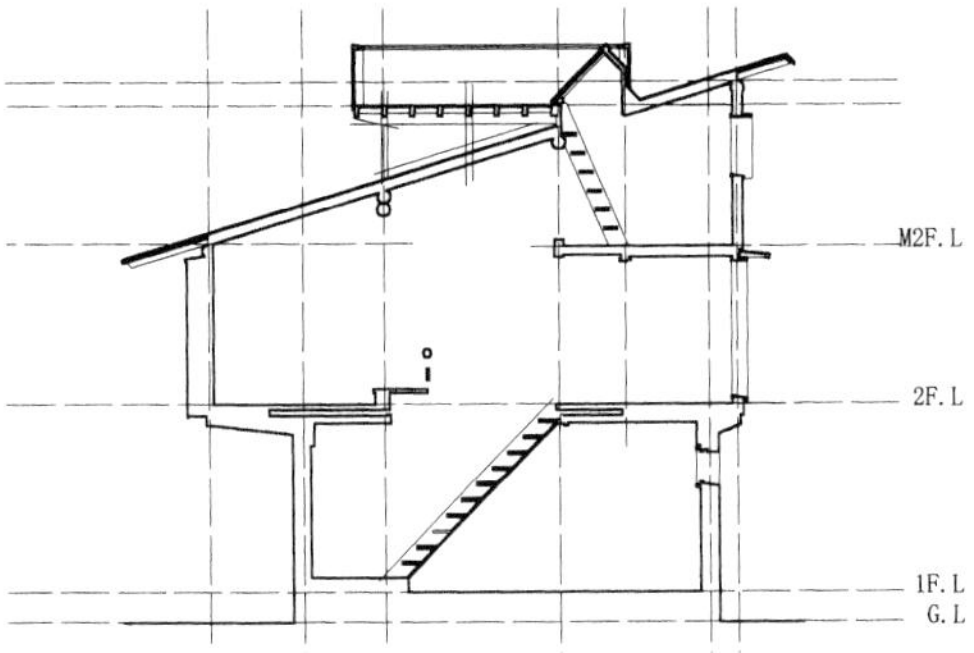

④壁、床、天井の断面部分を太い線で描く。

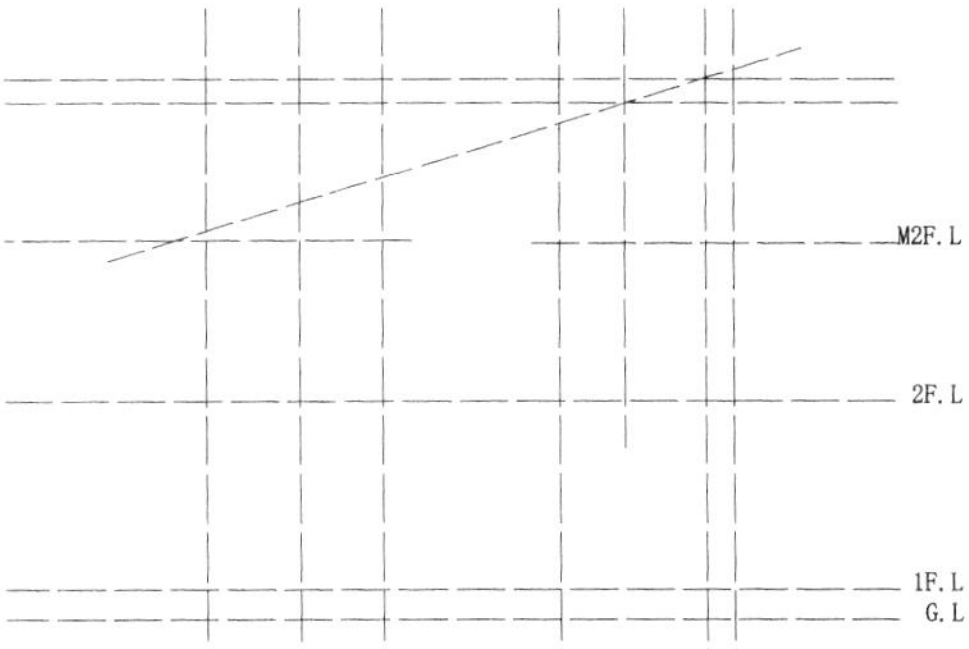

①通り芯線、GLやFLなどの高さを示す基準レベル線を、
細い一点鎖線で引く。

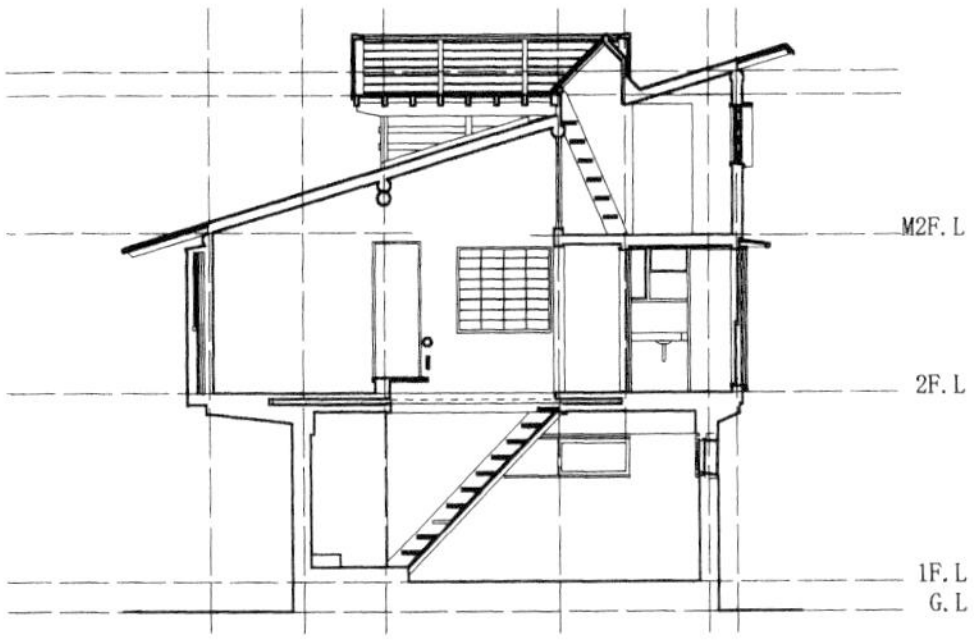

⑤見えてくる壁面の状態（展開図）を描く。扉や窓、造り付けの棚や
家具、キッチンセットなどを中線で描く。

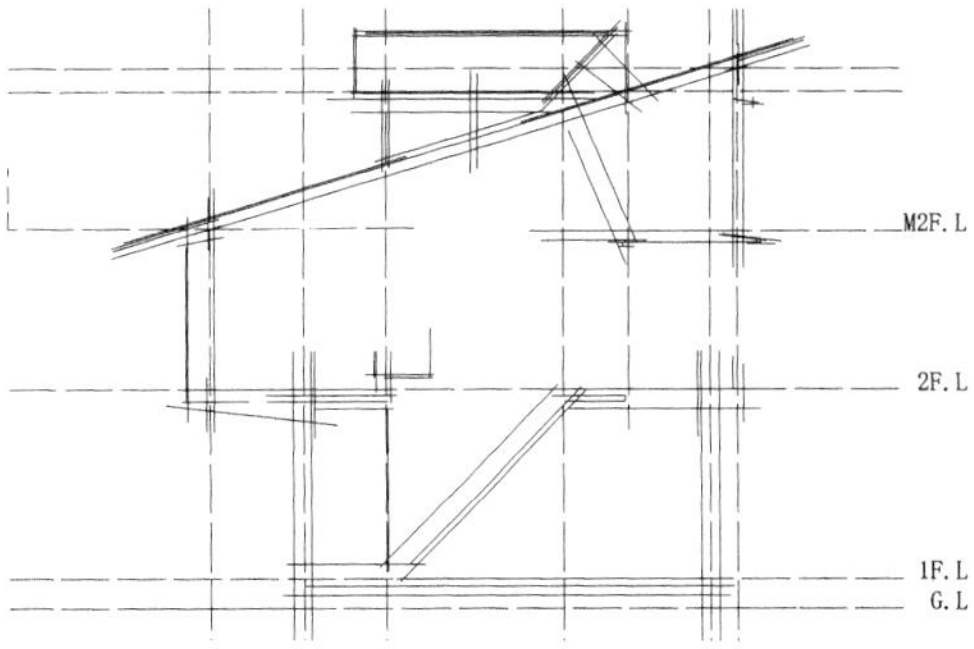

②壁の厚さ、床仕上げ線、天井高さを示す補助線を薄い線で引く。

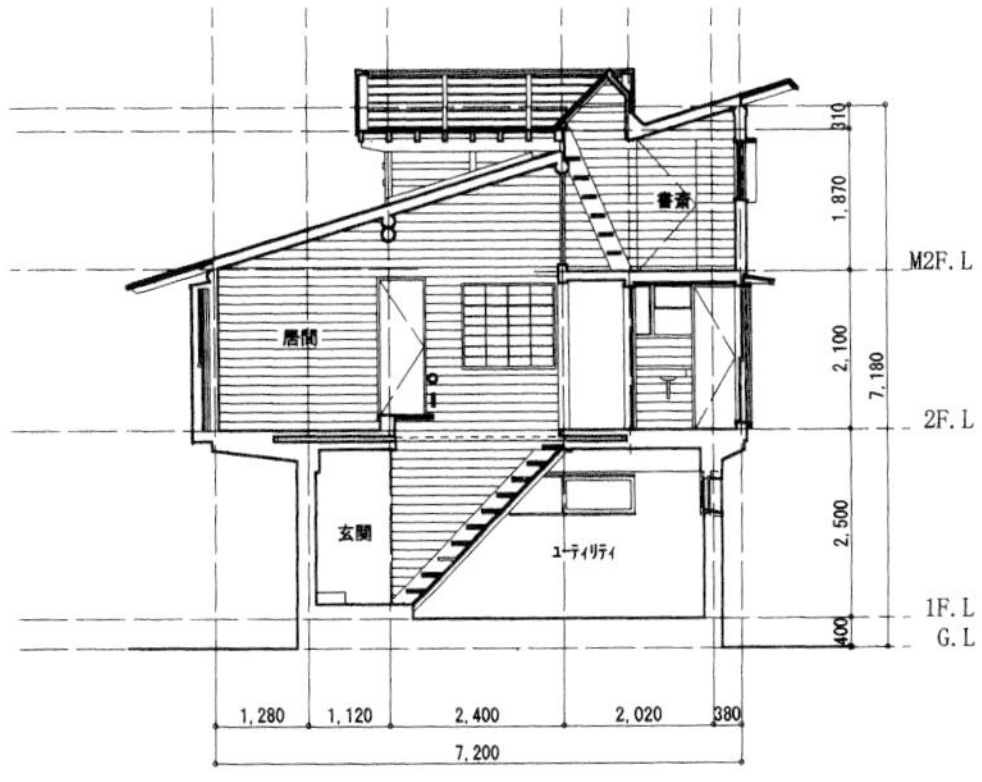

⑥壁の仕上材の材質（板張りなら目地や木目）、添景。
必要に応じて室名や寸法のレタリング。

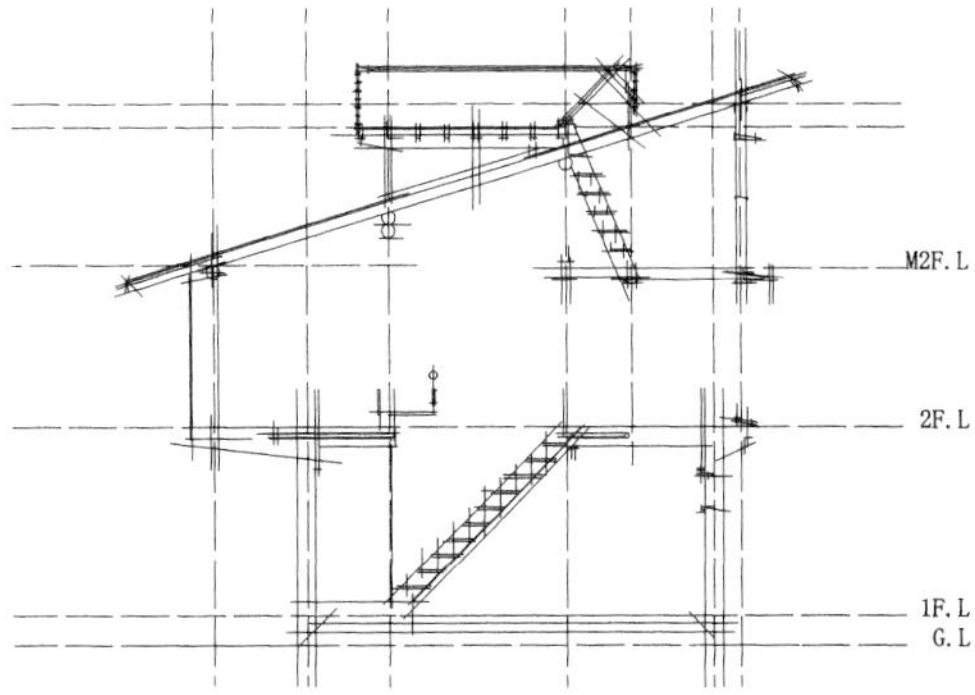

③開口、扉や窓の高さを決める補助線を引く。

製図手順　森の中の家　1/200

アクソノメトリック図法

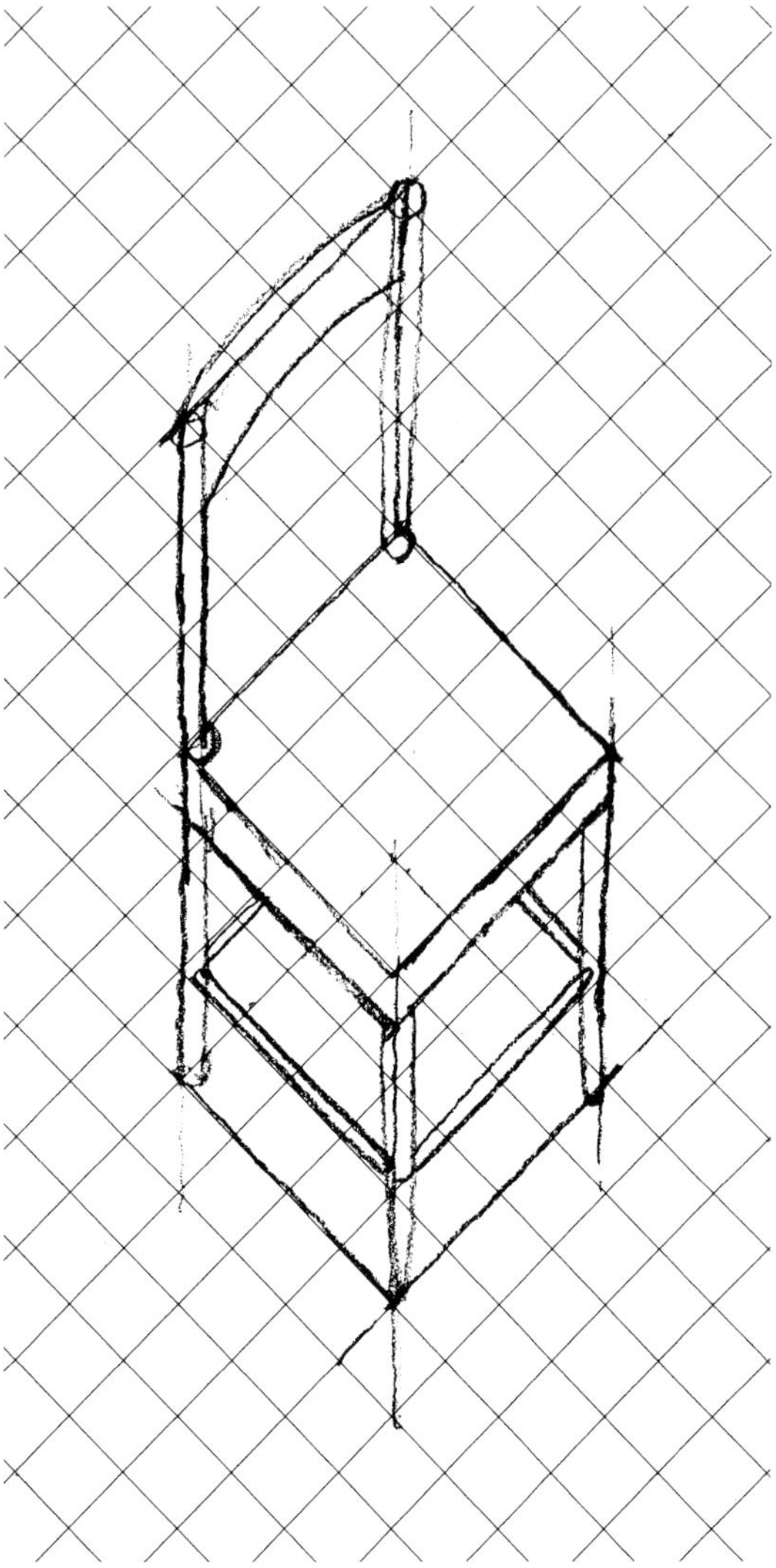

椅子のアクソノメトリックのスケッチの例

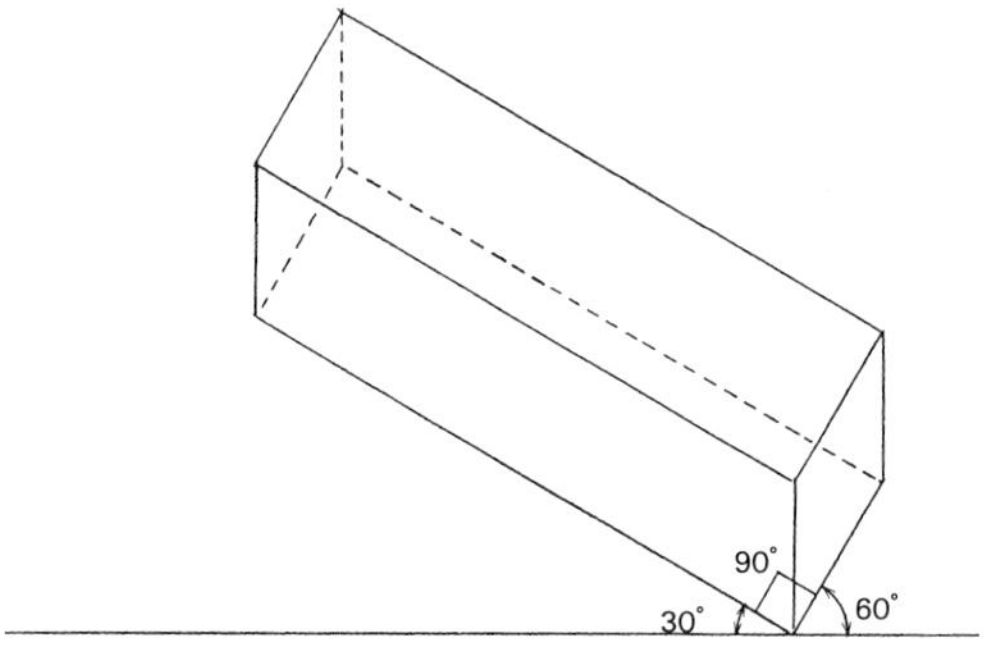

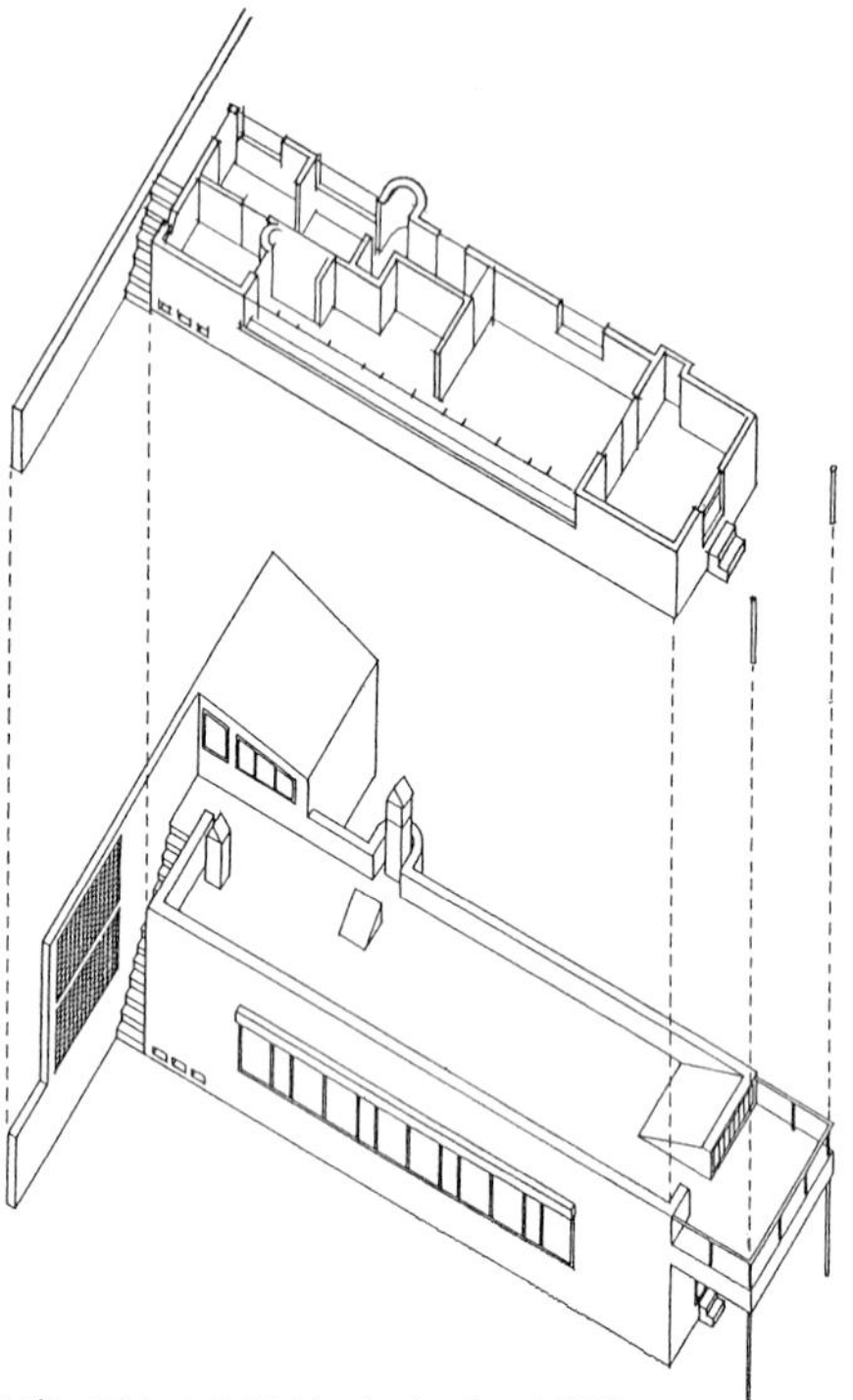

小さな家　アクソノメトリックパース　1/400

立体的に描いてみる……「縮尺のある透視図」

立体を二次元上に表現する方法は、平面をいくつか組み合わせて描くことによって表すことができた。ここではひとつの平面状にある立体的な表現方法を学んでみよう。

立体的な表現法の中でもわかりやすく、簡易な描き方として「平行透視図」「等角透視図」「等測透視図」、また、「平行透視図」などと呼ばれている図法がある。幅、奥行き、高さとも寸法、縮尺が同等で、かつすべての稜線が遠近にかかわらず平行で、どの方向にも焦点を持たない表現法である。平行線の角度の違いによって、通常これらをアイソメトリック（アイソメ）、アクソノメトリック（アクソメ）図法と呼んでいる。

●アクソノメトリック図法

平面図から建物の壁を垂直に立ち上げて描く表現法である。もちろん、壁面の高さは平面図の縮尺と同じである。また、平面図を斜めに置く角度は自由だが、最も見せたい壁面が大きくなるような角度を選ぶ。

最初は、椅子やテーブルなど、簡単な形を繰り返し描いてみるとよい。

椅子のアイソメトリックのスケッチの例

アイソメトリック図法

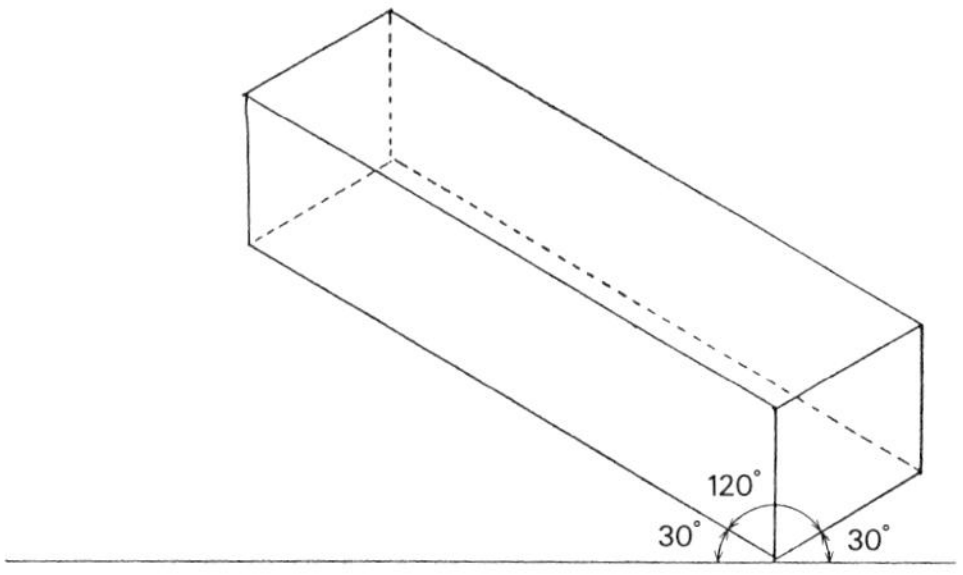

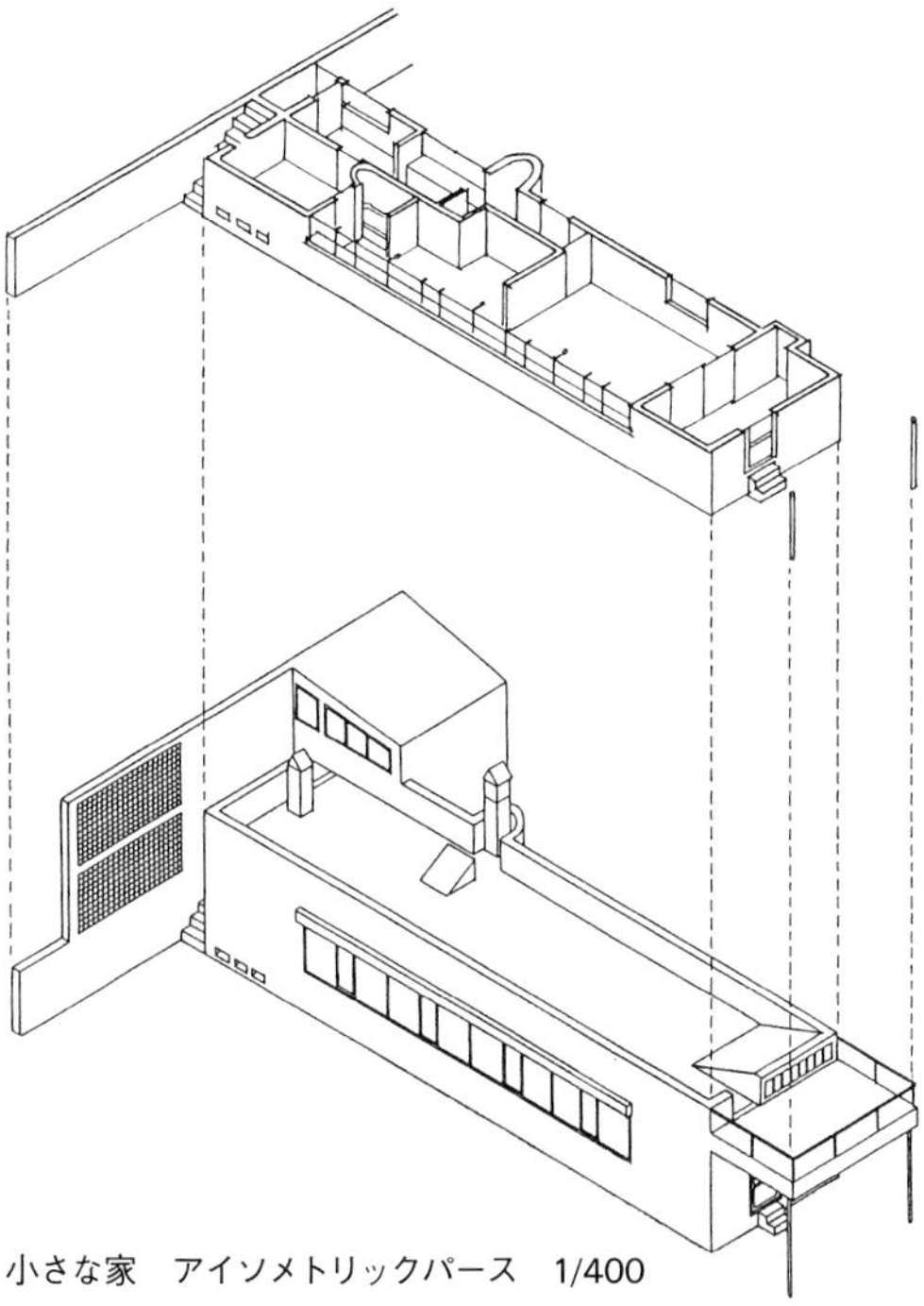

小さな家　アイソメトリックパース　1/400

◉アイソメトリック図法

図法的にはアクソノメトリック図法と同じであるが、異なっている点は平面形が上図のように平行四辺形になることである。平面図で九十度が百二十度に開かれて描かれる。

これら二つの図法は建物を俯瞰した視点であるのが特徴だが、先のアクソノメトリック図法と比較すると、アイソメトリック図法は視点が低く表現される。

また、これらの透視図は建物の外観を描くだけではなく、建物の壁面を途中で切って、内部の様子を立体的に表現することもできる。

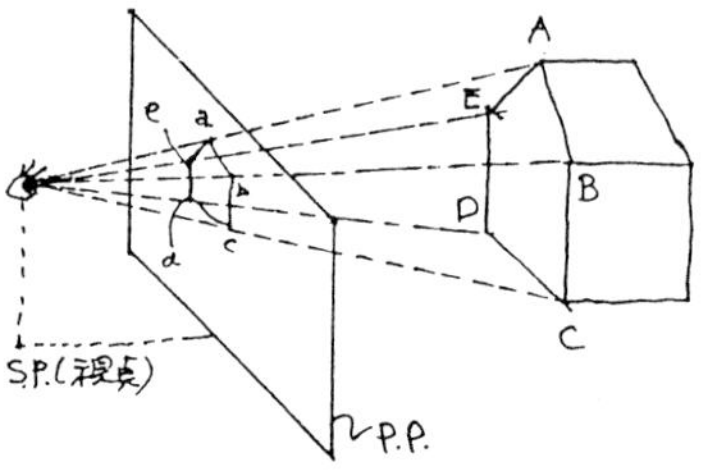

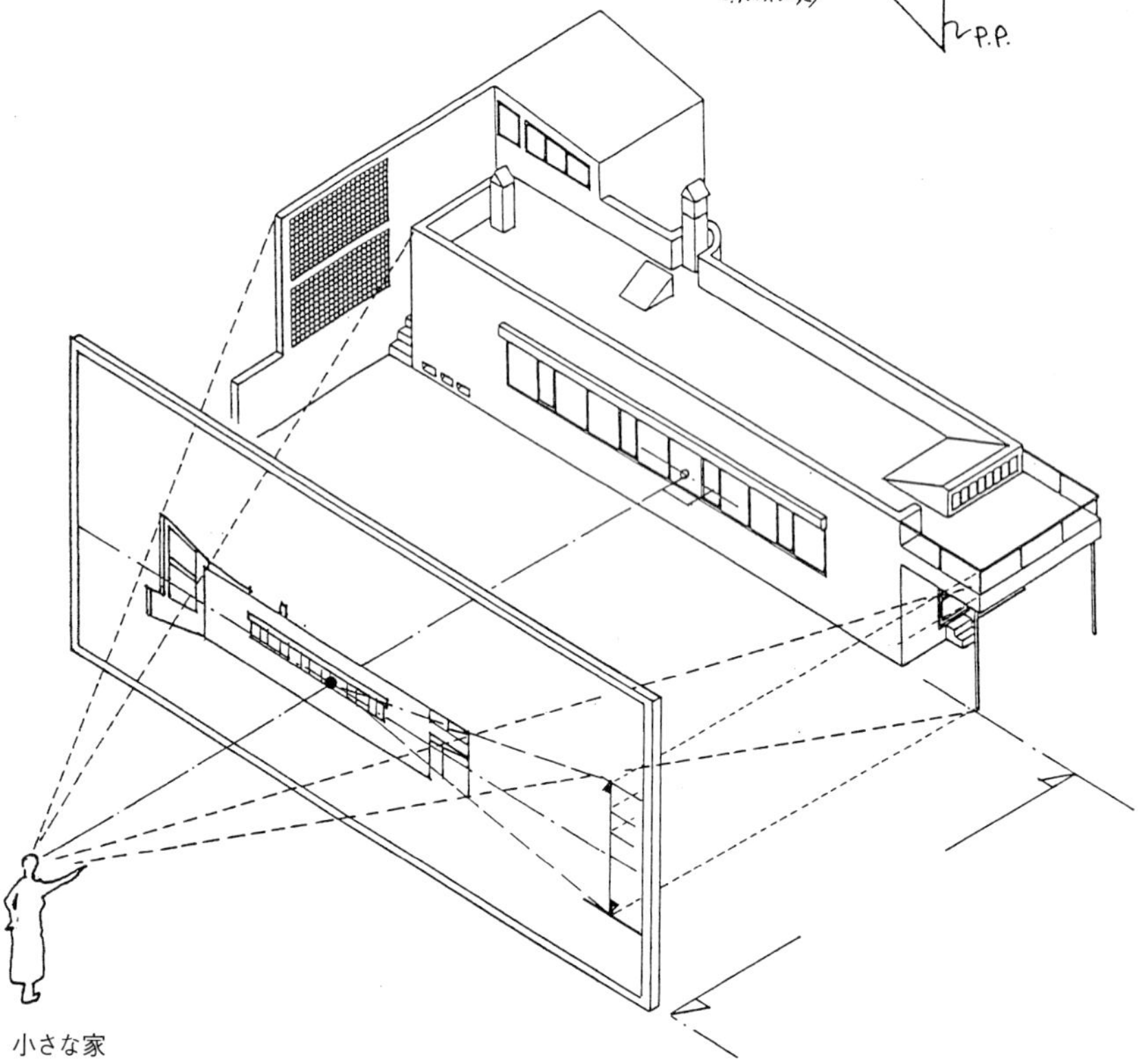

小さな家
一点透視図法を理解するための図
1/300

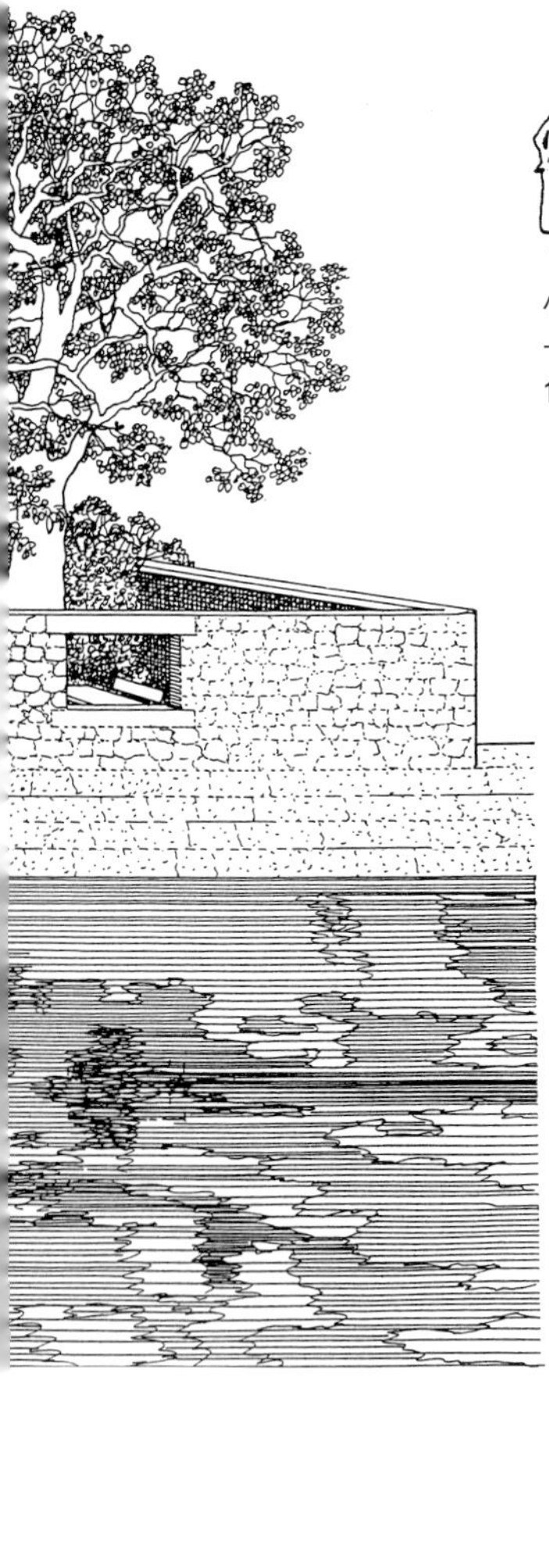

一点透視図法

この図法は私たちの目に映る映像に近い図が描けるため、だれでも馴染みやすく、わかりやすい表現法である。一点透視図法の特徴は、奥行き方向だけ焦点を持ち、幅、高さ方向には焦点を結ばず平行である。図法的には、建物の壁面と人間が真正面に正対し、視線が水平直角になっている状態のときにこの図法が成立する。これは図法的には、建物のひとつの面と、画面が平行であることを意味している。また、立点（S.P）と画面（P.P）との距離が近いと遠近が強調された図になり、離れるにしたがって遠近感がなくなる。写真に例えると、前者が広角レンズ、後者は望遠レンズで写した映像に例えることができる。

また、建物と立点（視点）との間にある画面の位置を立点に近づけると作図された図は小さくなり、離れると図が大きくなる。

しかし、焦点が奥行き方向一点のため、上下、左右の端部では誤差が大きくなる欠点があることを留意すること。

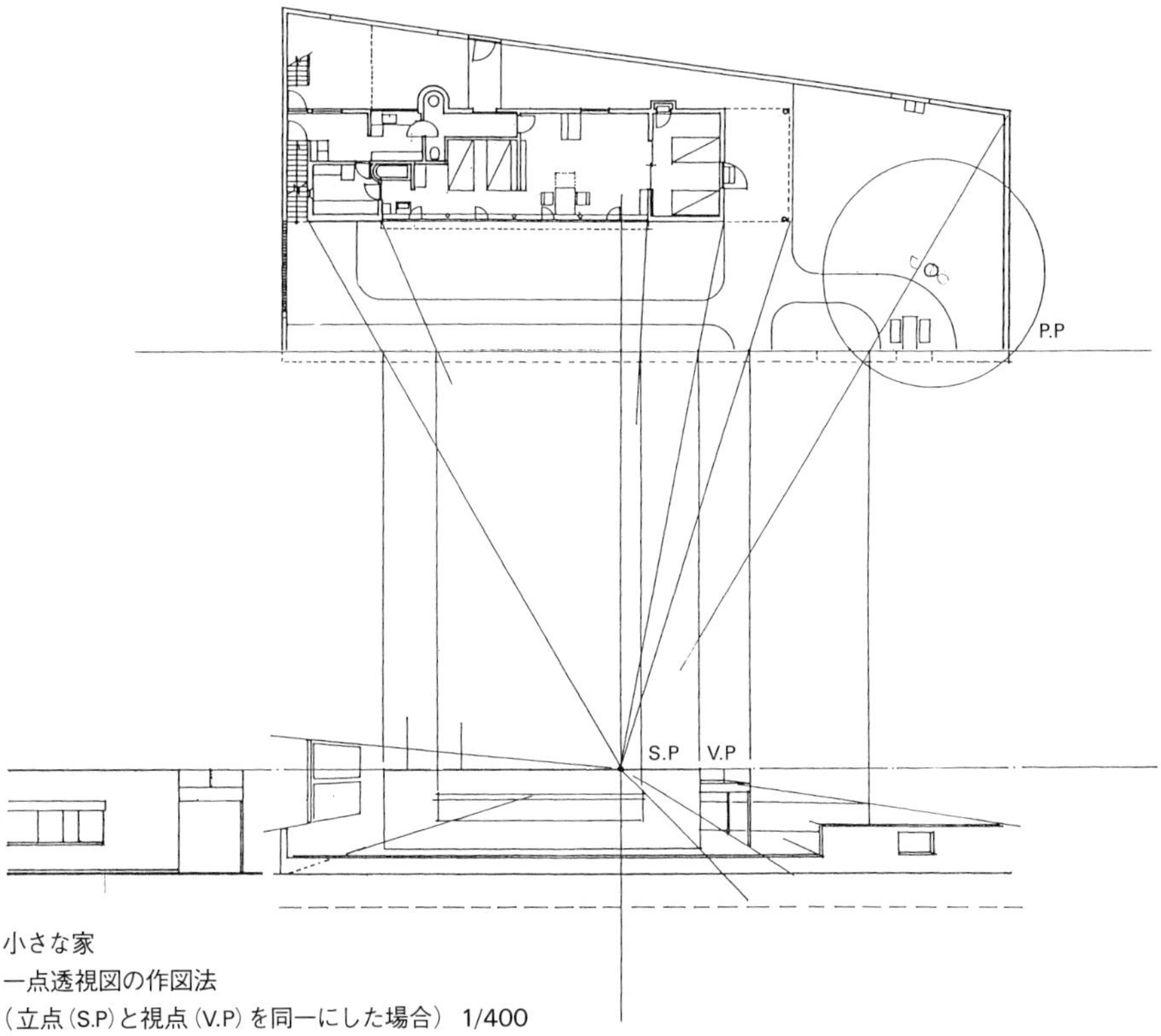

小さな家
一点透視図の作図法
（立点（S.P）と視点（V.P）を同一にした場合） 1/400

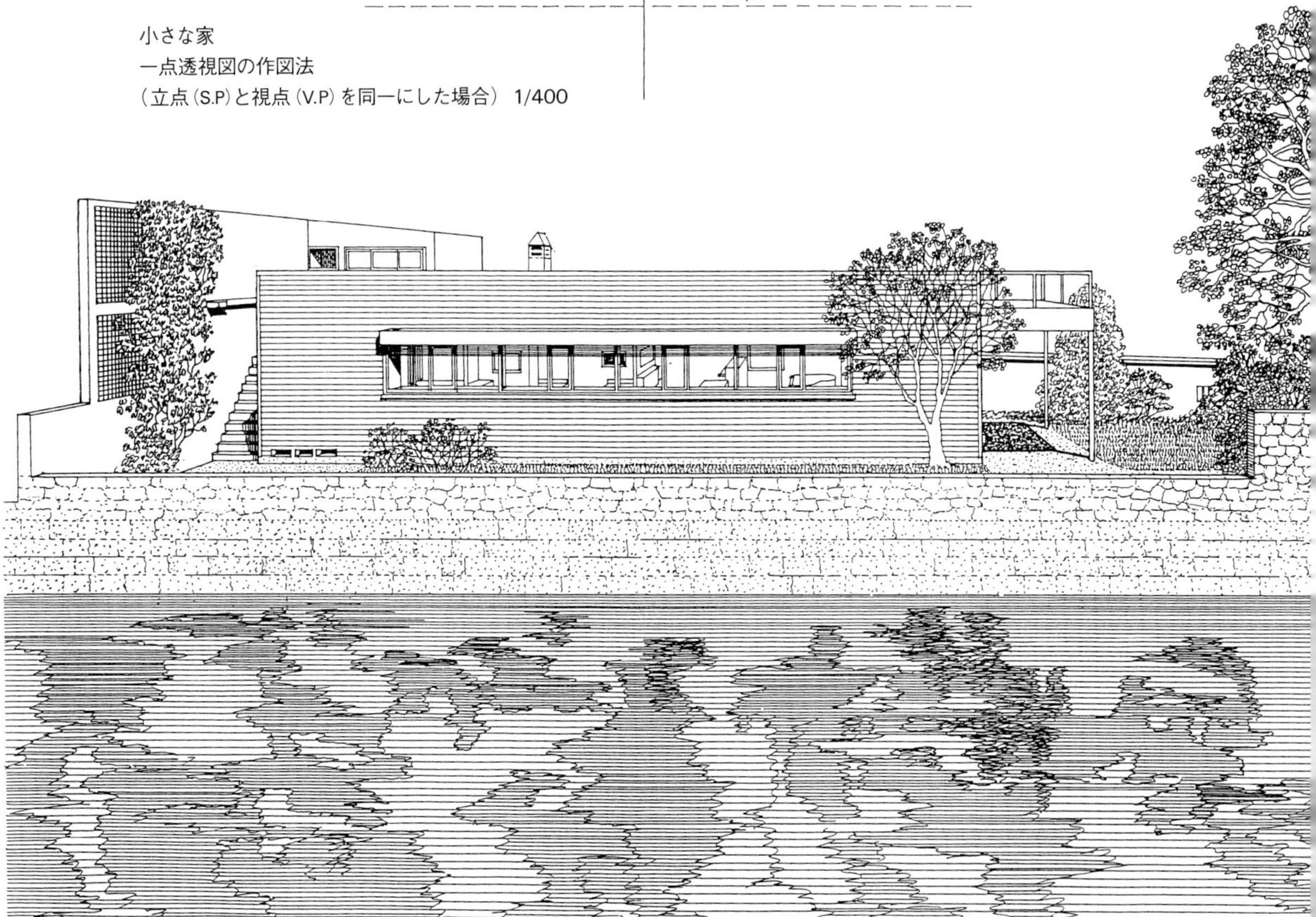

小さな家の一点透視図

小さな家の二点透視図

二点透視図法（有角透視図法）

奥行きと幅に焦点を結び、高さだけが平行に描かれる透視図。焦点が一つのときより、より人間の見た目に近く表現される。上図のように、建物と画面が平行でなく、角度（振り角）がある構図となる。

注意すべきことは、二つの焦点は必ず水平線上にあること。

樹木、自動車などを描く場合も図のようにアイレベルライン上に焦点があることを忘れないようにしてほしい。これを間違えると、せっかくの透視図が歪んで見えることになる。

（注：「森の中の家」と「小さな家」の図は、中山繁信作図。）

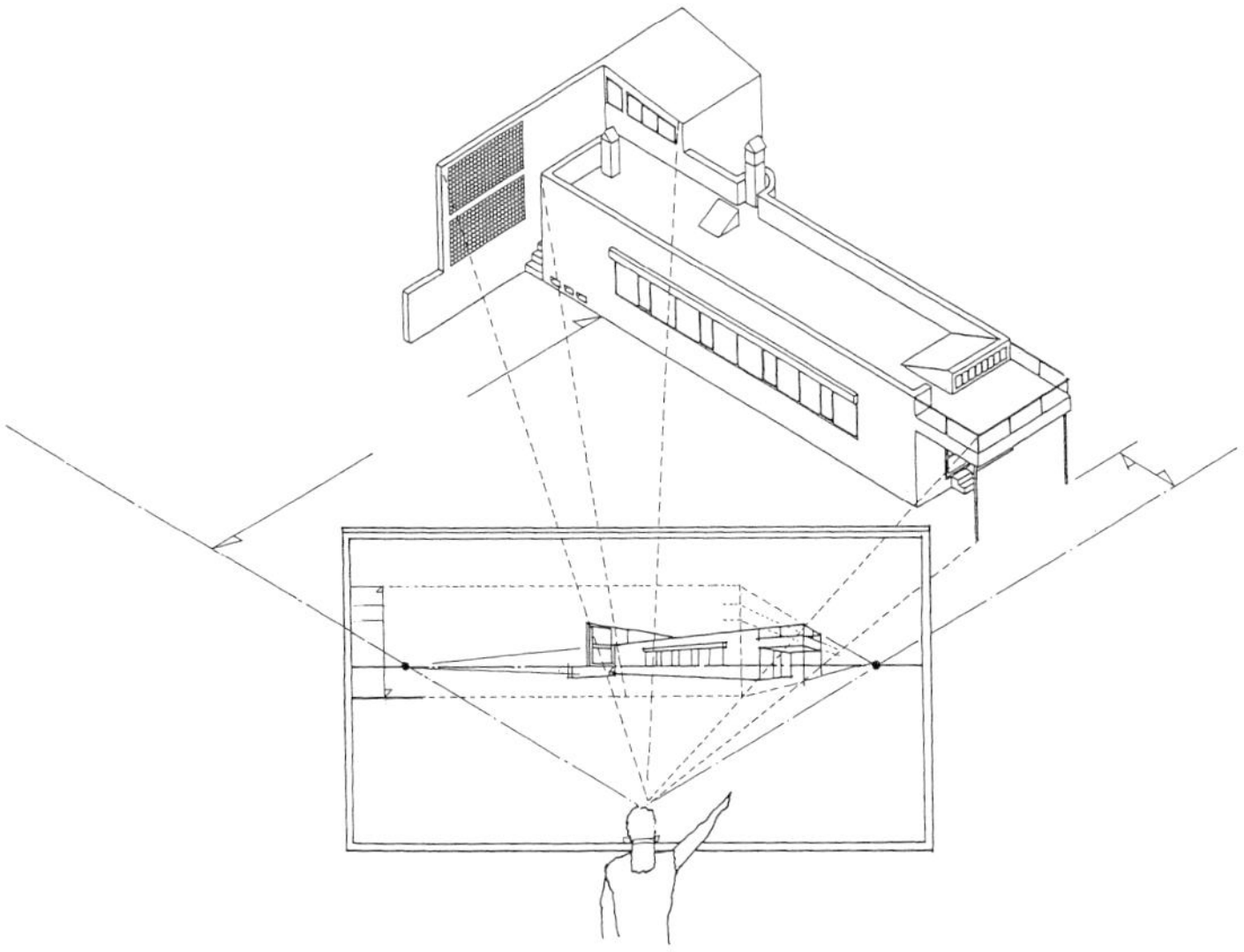

小さな家　二点透視図法を理解するための図　1/400

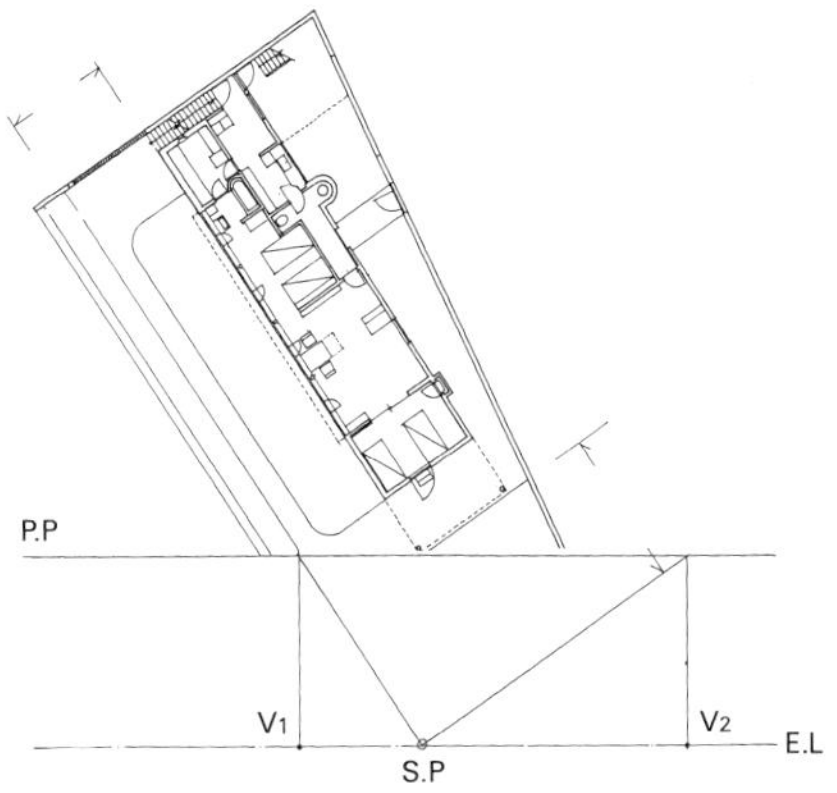

①まず、平面形（平面図または屋根伏図）を画面（P.P）に角度をつけてセットする。次に、立点（S.P）を決め、そこから建物の二辺に沿って平行に線を引き、画面との交点より視点の高さの線（E.L）へ垂線を下ろし、焦点 V_1、V_2 を求める。

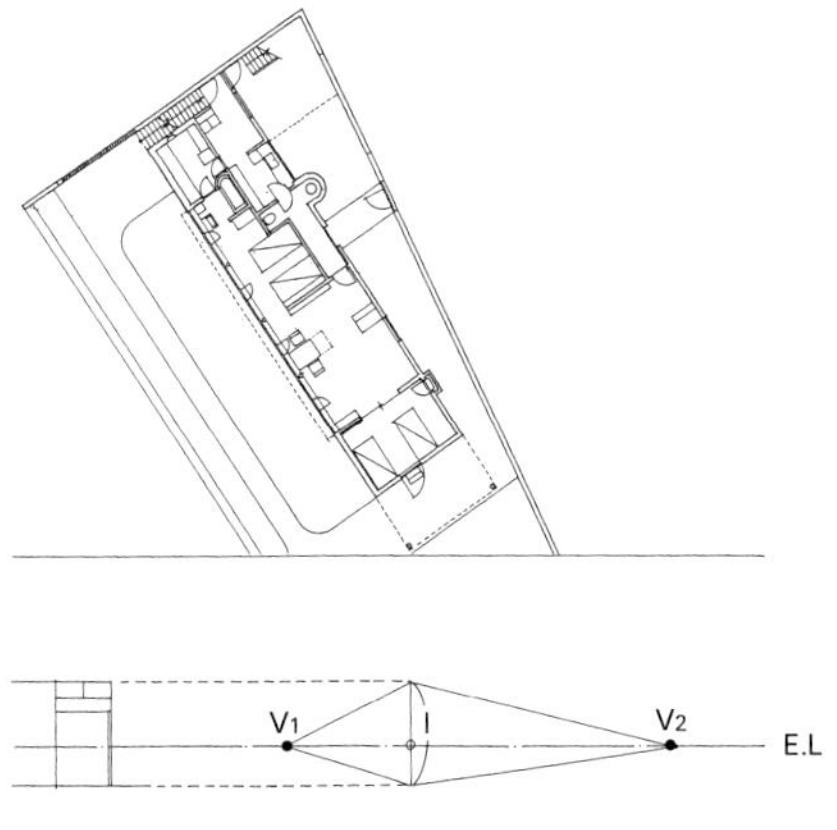

②建物の高さを示す立面または断面を側面に描き、高さの実長（I）を決める。実長の上下の点と焦点（V_1、V_2）を結ぶ。

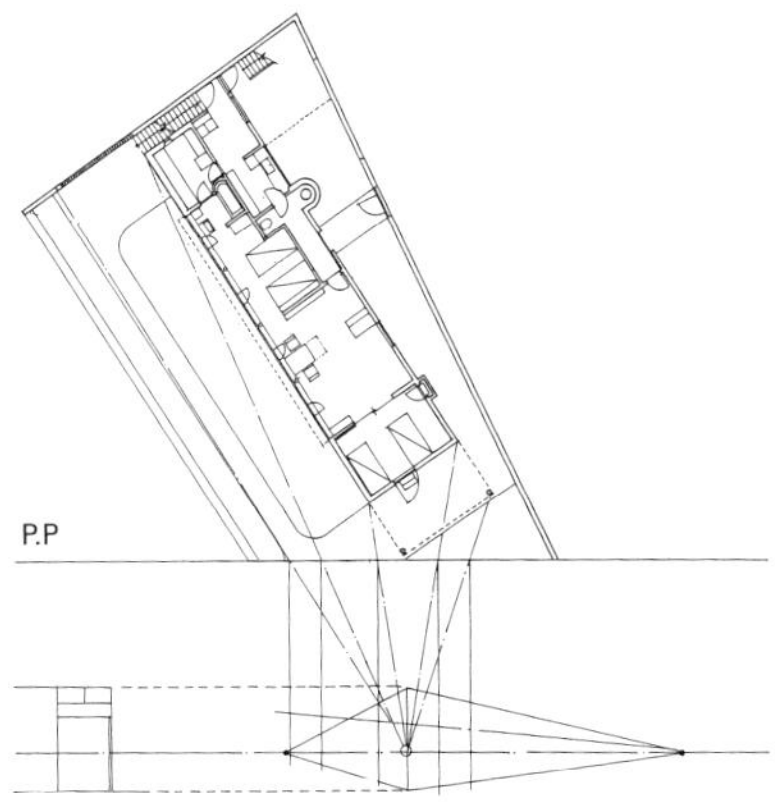

③立点（S.P）と主要な箇所を結び、画面（P.P）との交点より垂線を下ろす。稜線と②で求めた垂直線との交点から、建物の輪郭を求める。

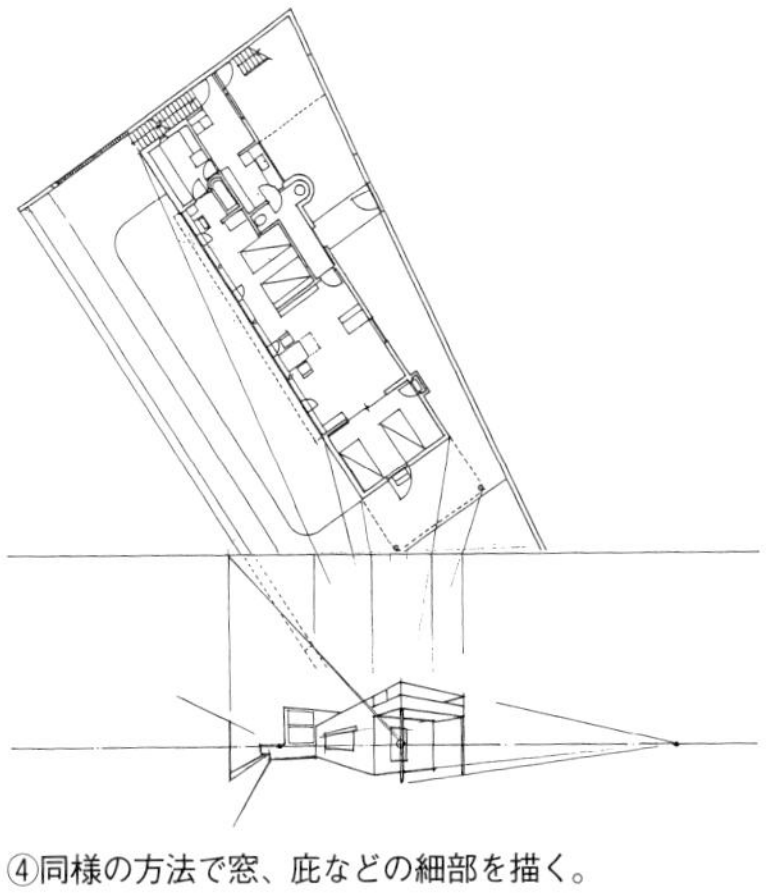

④同様の方法で窓、庇などの細部を描く。

小さな家　二点透視図作図法　1/600

各種の模型

模型を作ろう

設計は決して難しいことではない。図面が描けなければ設計ができないと、あきらめる必要はない。それは建築を表現する手段は図面だけに限らないからである。例えば、実際に模型を作ってプレゼンテーションするということも可能だし、事実模型を見せた方が図面を見せるよりも効果を発揮することが多いのである。

◉模型を作る目的は大きく二つに分けられる

ひとつは、「見せるための模型」である。これは第三者に建築をわかりやすく説明、理解してもらうために作るもの。すなわち、プレゼンテーションのためのものである。だれにでも理解できるようリアルな出来栄えでなくてはならない。設計の依頼主（クライアント）をがっかりさせるような粗末な模型ではまったく意味を成さない。また、最終的に決定した建物や周囲の環境を説明するための模型を「完成模型」、また、実際に竣工した建物の模型を「竣工模型」などと呼んでいる。

もうひとつは、「考えていくための模型」である。これはスタディ模型、またはエスキース模型と言われるものである。

設計をスタートした段階では、まだ建物の細部についてははっきりしていない。とりあえずラフなものを作って、大まかに建物のボリュームなどを検討することから始める。さらにそれ

模型のいろいろ

段ボールの利用

棟組

バルサー

断面模型（松川ボックス）

を基に、建物のプロポーション、空間の大きさ、構造の安定性、日照、採光などを検討していく。当然それと並行して、その模型に手直しをし、また検討する内容に応じて何度も作り直すわけである。

そして通常、こうした模型の制作は、設計に沿って縮尺の小さいものから、徐々に大きい模型を作っていく。また、ラフな模型から、段階を踏んで精度の高い模型に仕上げていくのが順序である。すなわち、模型も設計の進み具合に応じてスケールアップしながら、精度もアップしていくわけである。

模型を撮ろう

プレゼンテーションの際、模型写真の効果は絶大である。せっかく模型が良く出来ても、写真の出来が悪くてはクライアントに良い印象を与えることができない。まさにお見合い写真の効果と同じであると思えばわかりやすい。したがって、写真を上手に撮る技術はプレゼンテーションする上でおろそかにできないのである。

◉どのようなカメラ、レンズがよいか

カメラの機種は「一眼レフ」方式がよい。このカメラはファインダーから見た像とフィルムに写る映像とが同一という優れた特性がある。いわゆる視野誤差（パララックス）がないということである。これは模型撮影のように極めて

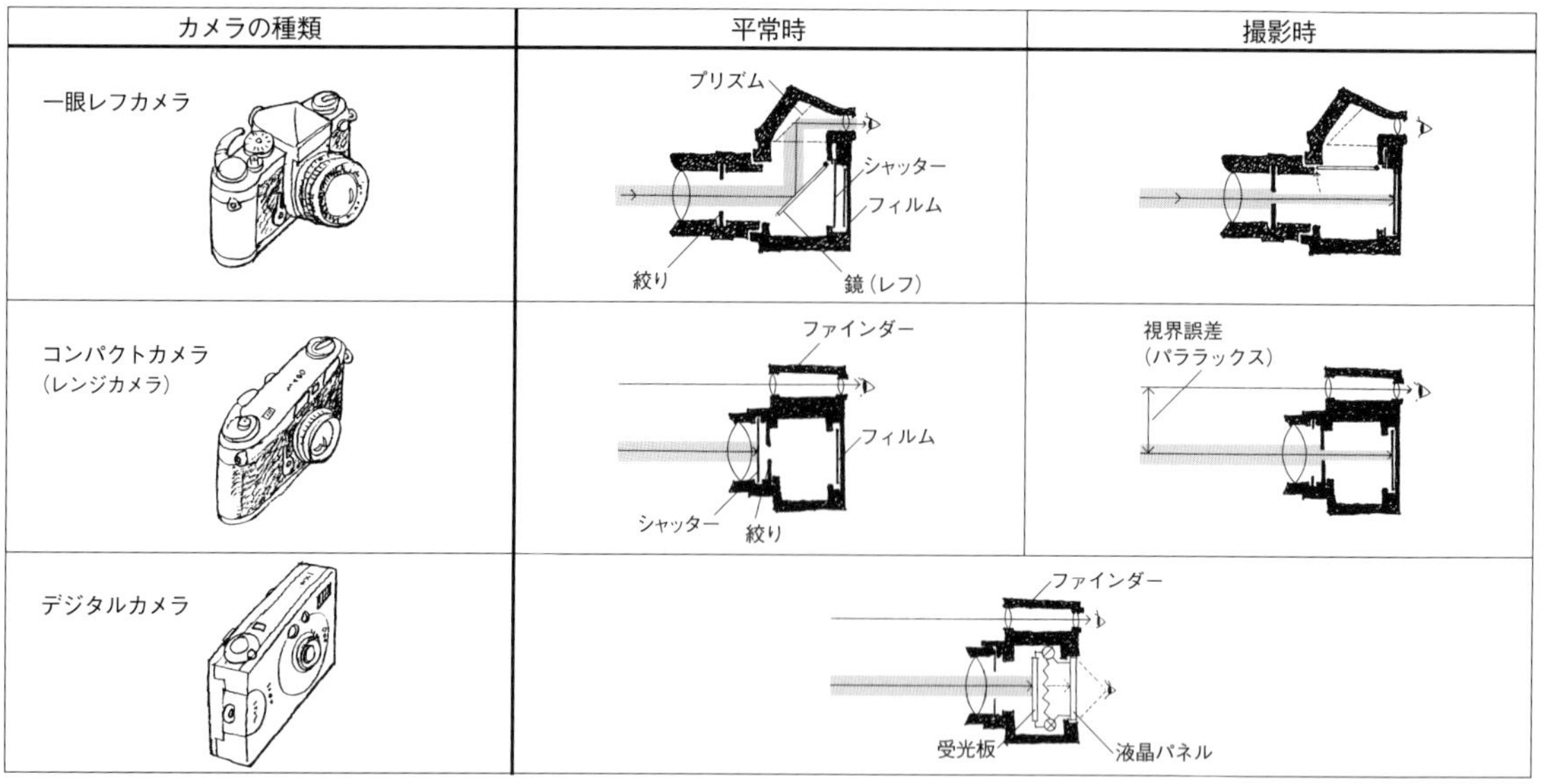

カメラの種類と仕組み

逆光のライティング

反逆光のライティング

順光のライティング

接近して写す場合、フレームの中に模型の映像が正確に入っているかどうかを確認するための重要な機能なのである。もうひとつ一眼レフは焦点距離の違ったレンズが交換でき、表現意図によってレンズを使い分けられることである。

そして一眼レフの中でも、できるなら「絞り込み機構」のついた機種が望ましい。絞り込みのレバーかボタンを押すと、実際にフィルムに投影される映像のピントが合っている範囲（被写界深度）を確認できるからである。これは奥行きを持った空間を写す場合には、極めて重要な機能である。

レンズについては模型を写すことに限れば、「接写レンズ」が最も適している。小さい模型でも近づいて写すことができるからである。またはズームレンズは便利なレンズだが、これにマイクロ（接写）機能を備えているものが望ましい。

参考までに「レンジファインダー」方式のカメラはファインダーを通して見ている像と、写る映像が異なり、実際に映る映像を確認できない。そのため、ピントが合っていなかったり、視野誤差が大きかったりして失敗することが多い。最近ではデジタル式のカメラも同様な機能を備えているので、使ってみるのもよいだろう。

◉ライティング

写真は光がなければ映らないし、私たちも見ることができない。また、光の当たり具合によって人の表情が美しくも、また醜くもなってしまうことも知ってのとおりである。

模型写真も例外ではない。ライティングの良し悪しによって写真の出来が左右されるのである。ここで基本的なライティングの方法について述べてみよう。

前頁の写真のように、被写体にカメラを向け、背中の方から入って来る光を順光、逆に反対からカメラに向かって入って来る光を逆光、その中間を半逆光と呼んでいる。

模型は単なるひとつの物体として見るのではなく、建築空間の表現体として見なければならない。ただピントと露出が合っていればよいというわけにはいかない。形だけでなく空間の快適性、奥行き感、明かりや闇を写さなければならない。写真の基本のライティングは順光だが、逆光、半逆光でのライティングもぜひ試みてほしい。建築模型の場合、陰影がはっきりして立体感のある写真が撮れるはずである。

自然の空を背景に写した模型写真

◉写し方のポイント

①フラッシュは使わない

フラッシュを使って顔を写すと、平面的で表情の乏しい顔に写ってしまったという経験はだれでもあるだろう。同じように、模型も立体であるからフラッシュを使うと、平面的で単調な写真になってしまう。

②蛍光灯では写さない

これは光源の問題である。通常のフィルムは太陽光で写したとき、適切に発色するようにできている。そのため、蛍光灯では緑色が強く、白熱灯では赤味がかって写る傾向がある。

③逆光、半逆光で写してみる

④三枚の写真で説明する

一枚の写真で全体を説明する写真も必要だが、ぜひ見せたいと思う部分を強調してアップで撮ってみる。

⑤夕日や朝日の光で撮ってみる

夕日や朝日はいつ見ても美しい。人間もそうだが、模型にも美しい表情を与えてくれるから、チャンスを待って一度は試してみるとよいだろう。

夕日を受けた模型（学生課題）

照明を使った模型撮影

第五章

住宅を内部から考える

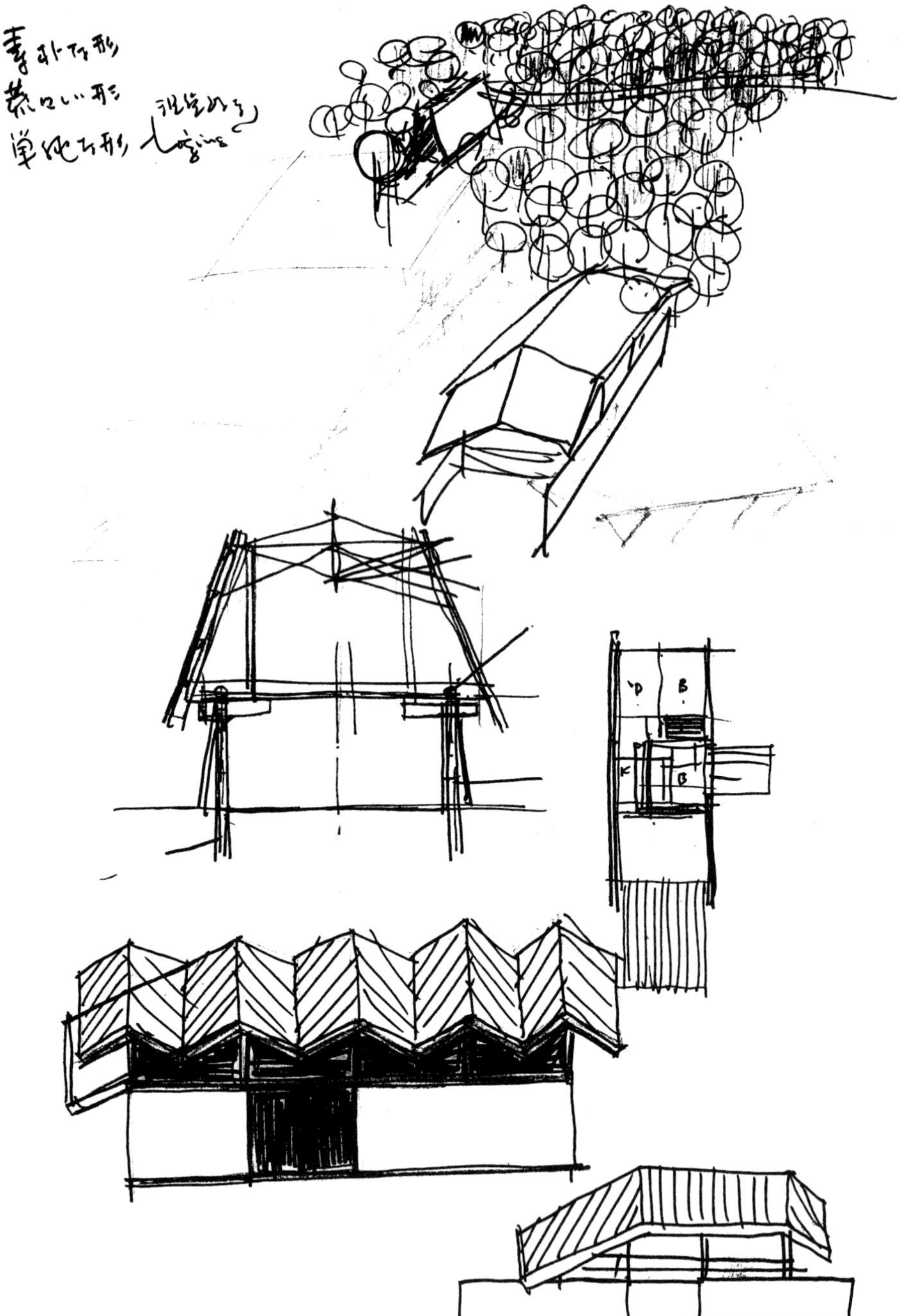

屋根の形状が実現案とかなり違う、もうびぃでぃっく初期スケッチ*（p.24～25参照）

多様化、個性化が叫ばれるようになって久しいが、その影響は住宅も例外ではない。住宅、インテリアに興味を持つ一般の方は多いし、雑誌も数多く出版されている。

しかし、それらの多くは残念ながら表面的なデザインの違いだけで住宅の多様化を語ろうとしているように見える。スペイン風、カリフォルニア風がなぜ極東のこの日本になくてはならないかわからないのだが、その他数寄屋風、御殿風等々。しかし表面的な○○風の違いはあっても、平面図（すなわち機能的な問題）はほとんど同じようなものでしかない。このような建物の外観やインテリアだけを変えて見せる着せ替え人形的な変化を、「多様化」「個性化」と考えるのはあまりに表層的すぎて本質に迫っていない。本質をとらえたデザインというのは○○風といった借りてきた知識、雑誌の切抜きのパッチワークではないことはもうおわかりいただけるだろう。

住宅を設計するに当たって、「プランニングは生活の鏡、生活の母胎」、また「イメージはモノを操作して、最後にはディテールという形をとる。ディテールを語ればコンセプトから形態の操作、それを支える人への凝視などを語ることができると思っている」と宮脇塾長は言う。土地や周辺の環境を読み取る。施主の要望、好みを反映させよう。予算的な制約、交通や騒音の状態。数限りない条件の中から、これから設計を始めるその土地、人に最高の住宅のあるべき姿をイメージしていく。イメージを具現化させるために具体的な工法や材料、細かい納まりが決まっていく。そして、もちろんその根底には住宅が生活の中でどのような役割を担っていくべきなのかという重要な問題も含まれている。そんな途方もない課題をこの二言が語っている。

ということで、リビングルームはこうしましょう、ダイニングとキッチンの関係はこうであるべきだ、というようなノウハウ書のように簡潔に結論を出すこともできない。最良の解答を求め、やっと一つの具体的な住宅の姿となっていくのだ。そのイメージは「遠い山に目をやり、ゆったりと身を風に洗わせながら自然体としての自分を感じる空間」であったり、「周辺の醜悪な環境から守られた空間を確保しつつ、絶望的な陽光を何とかしたい」であったりする。一見、相反するように見える住宅も、実は同じ快適さと開放感を求めた結果であるのが、住宅の設計の複雑さ、難しさ、そして楽しさだ。住宅のイメージづくりはリビングや収納などの部屋から始まることもあれば、風や光、風景など人間の五感に直接関係するモノから始まることもある。

この章ではどのようなイメージの中からリビング、ダイニング、キッチン、そして収納などが発想され住宅が完成するのか、そのプロセスを検証しながら、住宅を設計するためのイメージから実際に図面を描き、竣工するまでの過程、方法を一緒に見ていきたいと思う。

部屋のプロポーションはプランニングの第一歩

左頁の平面図から、このインテリアが想像できるか？　菅野ボックス　食堂回り＊

名作と言われる住宅に共通していることは各部屋のプロポーションが見事にバランスが取れているということだ。広い家には広いなりの、狭い家には狭いなりの部屋の大きさというものがある。狭い家なのに異常に寝室だけが大きかったりするのはプロポーションが悪い家と言える。いきなりプロポーションなどと言われてもぴんとこない人が多いと思うが、これは平面図をじっくりと見て感覚を養っていくしかないように思う。多くの名作と言われる住宅の平面図を見たり分析研究の結果、宮脇はその術を身につけたという。五十から六十坪もあるような家で部屋を細かく分け、一部屋が六畳程度しかない家に三人家族で住むのは広さの割りに窮屈な家になろう。逆に二十坪の家で子供部屋が八畳ではバランスが悪いと言える。しかし難しいのは、一概にそのようなプランがだめでないときもあることだ。住み方は千差万別。要求も住宅の数ほどあると言ってよい。

大学に入って最初に行う課題はたいがいが小規模な住宅や別荘であるが、初めはみな、とんでもないプロポーションの案を持ってくる。

ダイニングキッチンを大きくしたかったという夢だけが前面に出てきているもの、大きな風呂がほしかったといって馬の入れそうなバスタブの図面を持ってくるもの等々。しかし半年も経たないうちにセンスの良い学生は確実にプロポーションの技を身につける。センスと言うよりは、前述したように陰で密かに平面の分析を行った結果だと思う。

この何とも説明のし難いプロポーションという言葉であるが、これは各部屋の縦横のプロポーション、住宅全体を外から見たときの縦横のプロポーション、建物と庭とのプロポーション、とこれから幾度となく遭遇することになると思う。今はすぐに理解しようとしても無理。

右にある宮脇の設計した住宅をじっくりと見ながら、時にはトレーシングペーパーを、図面の上に当て、なぞってみながら指の先でその感覚を身につけてほしい。このとき大事なことは、縮尺を同じにしてなぞること。

百分の一が良いと思う。平面図には描いていないが、吹抜けや天井の低いところなど縦方向のことを考えたり、窓の先には何が見えるのかを想像したり、明るい部屋なのか暗い部屋なのかも考えながらいろいろな家を訪問してみよう。

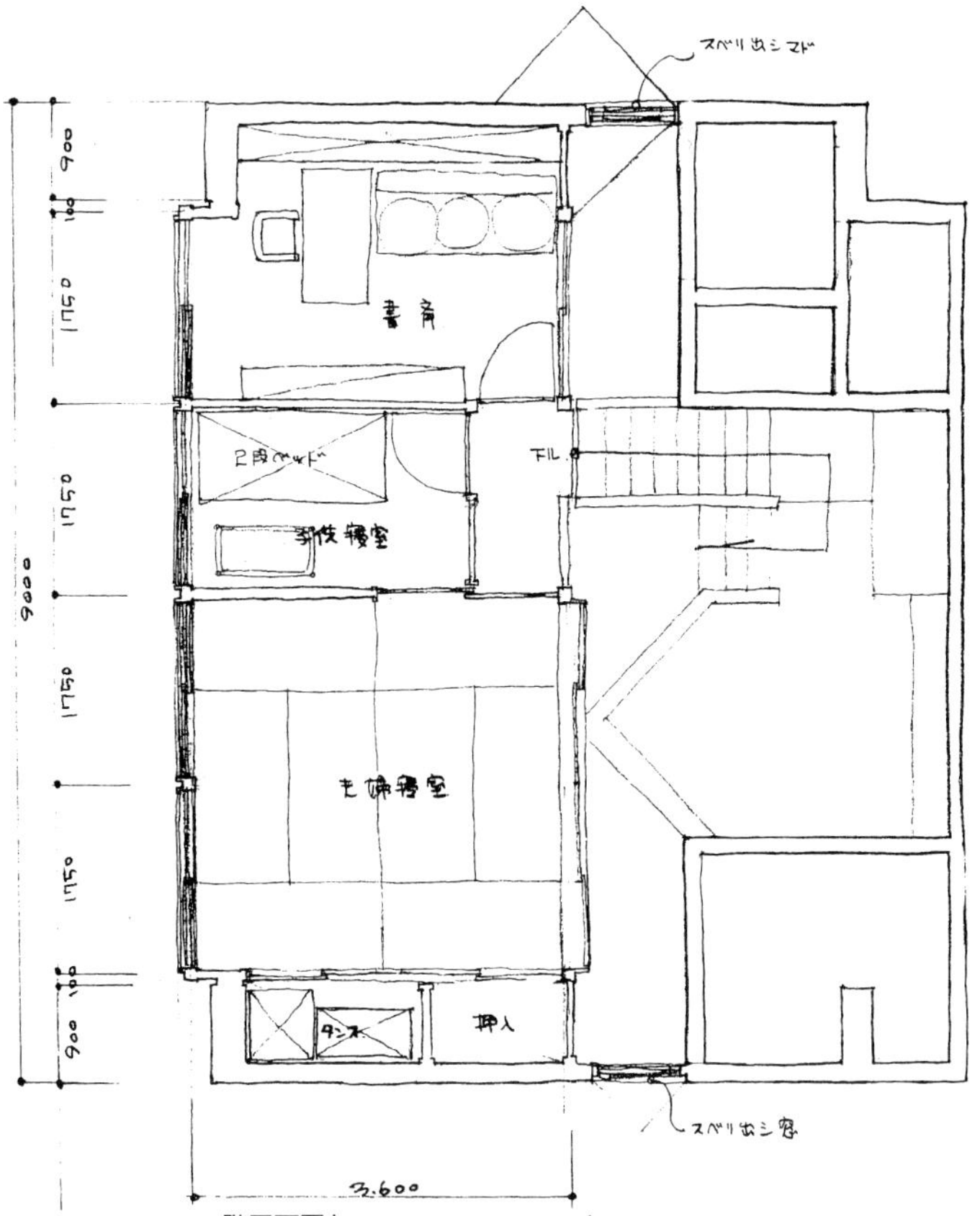

2階平面図*

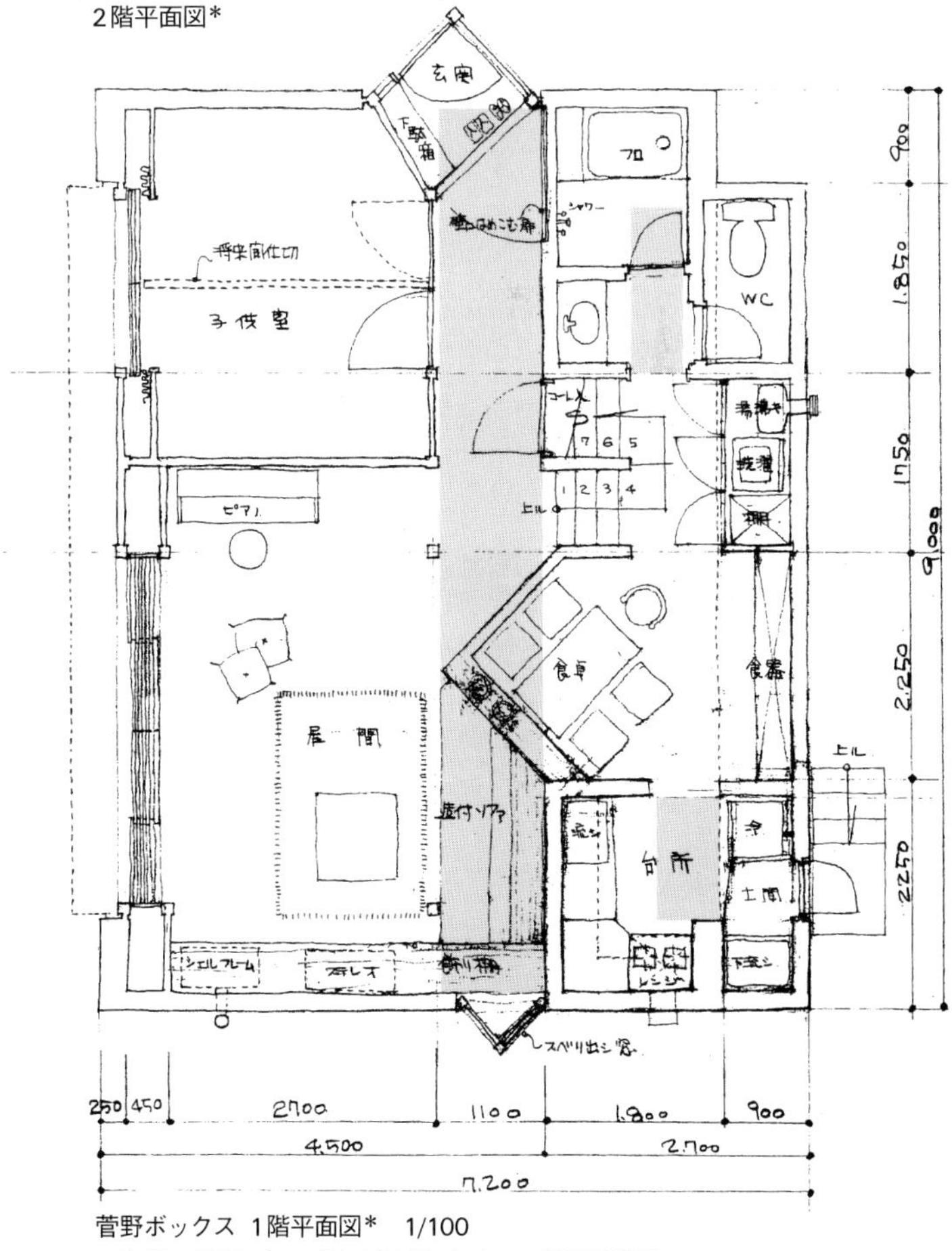

菅野ボックス　1階平面図*　1/100
アミ伏せ部分にトップライトがある（p.114 断面図参照）

イメージ具体化のための知識と技術

植村邸を設計するとき最初に考えたのは次のようなことだと宮脇は言う。

「敷地は湘南の海に面する松林のはずれにある。施主のヨット仲間が集まったりゴムサンダルの子供が外から走り込んで来るという光景から、開放的なリビング、小学校の体育館のような木造の架構と床を持つ住宅のイメージが始まった。」

基本設計のスケッチに見られるよう、この住宅のリビングは南北両方に大きく開放され、湘南の気候を住宅の中いっぱいに取り込もうという考えが明快だ。リビングの左右には和室、ダイニングがあるが、より開放感を出すために天井は一枚の大きな天井で構成され、視覚的に一体感を持つような工夫がされている。和室も壁で囲まれることなく、建具を開け放てばリビングと一体の空間となる。

ここで注目したいのはリビングの大きさが四・五メートル×六・三メートル、十七・五畳取れていること。木造の二階建てでここまで大きな空間をとるのは普通は難しい。鉄骨やコンクリートにすることが多いのだが、「昔の小学校のように衒いのない、単純で、同時に湘南らしい伸びやかさを持った住宅」と宮脇自身が言っているように、木造住宅のイメージがこの敷地にはあったのだろう。技術的な話から言えば、鉄骨造は木造に比べはるかに大きな空間を造るのに適してはいるものの、海のそばなので錆のことを考えると避けたい。鉄筋コンクリートは重厚すぎるし、開放的な空間にはあまり馴染まない。予算の問題も考えると、鉄骨やコンクリートは木造より二から三割は高くなってしまうなど、総合的に考えて木造の架構が選択されたのだと思う。構造とか材料学などと言うと尻込みしてしまうが、自分のイメージを具現化させるために必要な簡単な知識と考え、これから住宅の設計を行っていこうと考えている人には、ぜひ修得していただきたい。

リビングに続くテラス部分はパーゴラがかかる。植村邸*

街並みとの調和を意識した外観スケッチ。植村邸*

リビングからテラスを望む。植村邸*

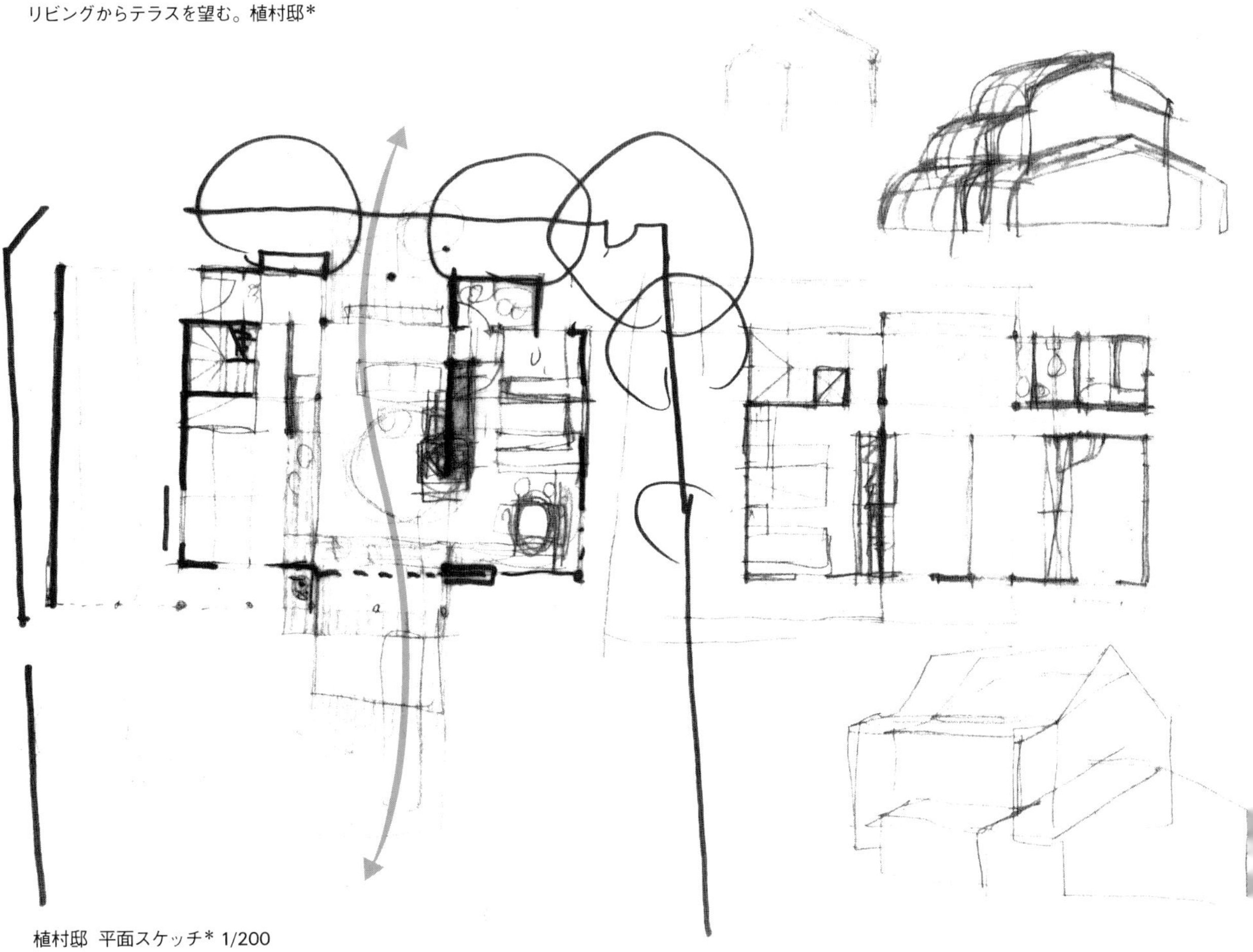

植村邸 平面スケッチ* 1/200
南北に開放されたリビングは外部へとつながる。

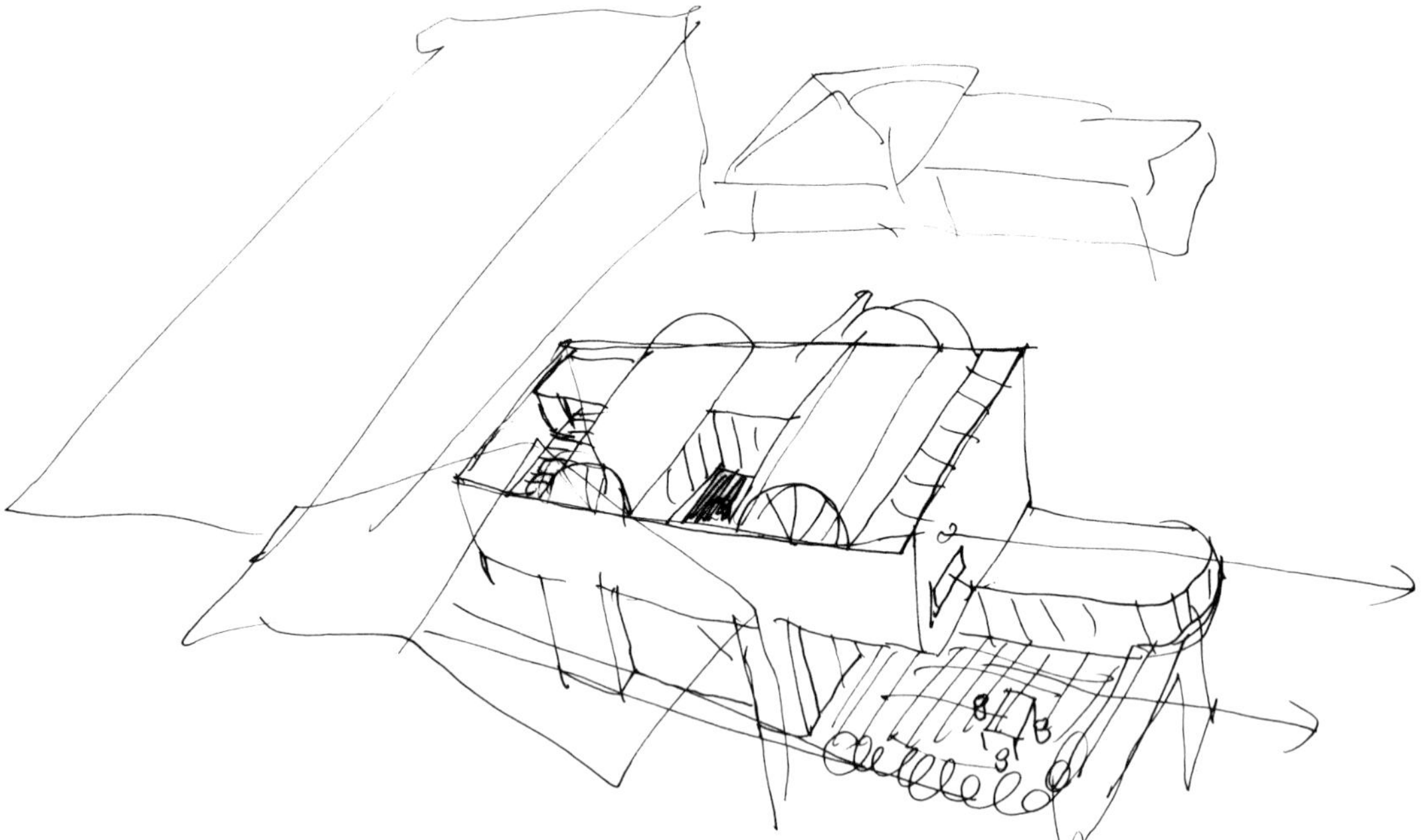

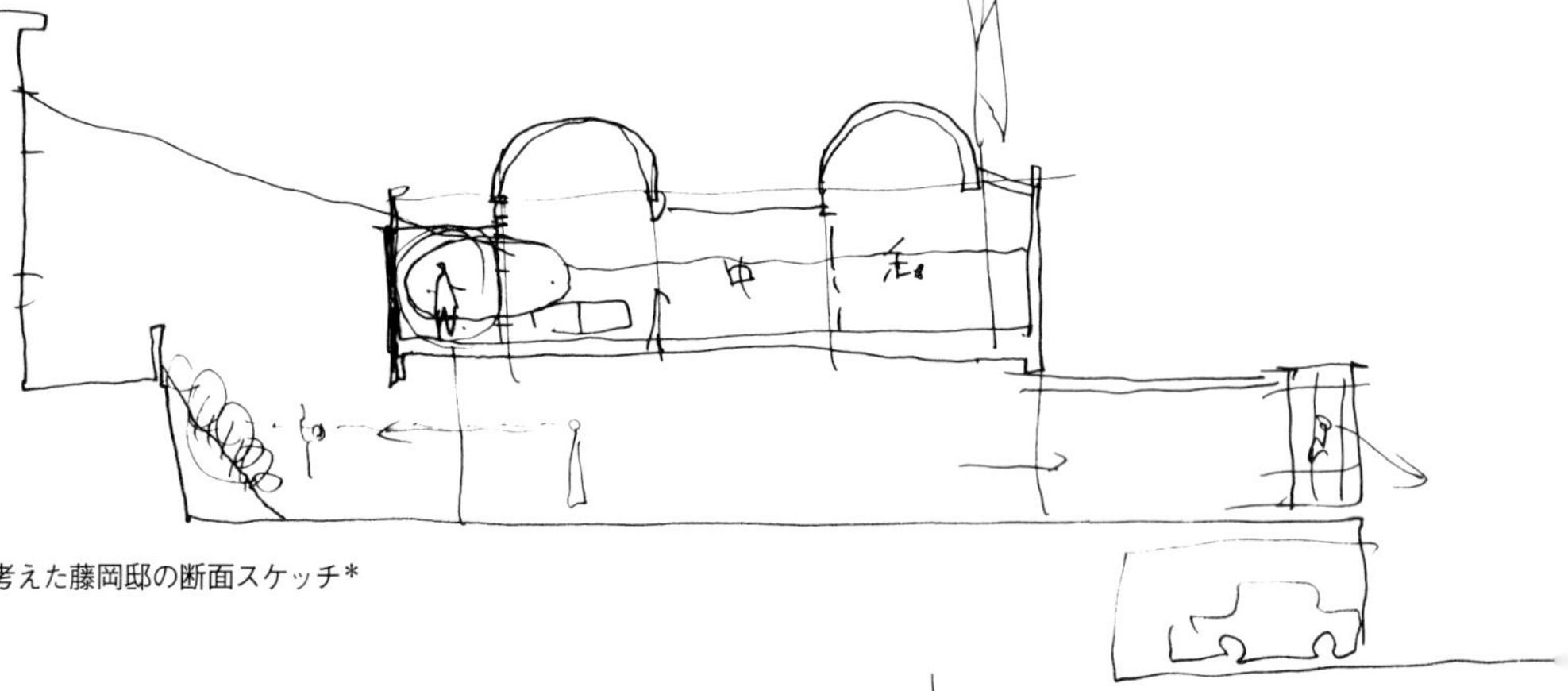

周りの環境との関係を考えた藤岡邸の断面スケッチ*

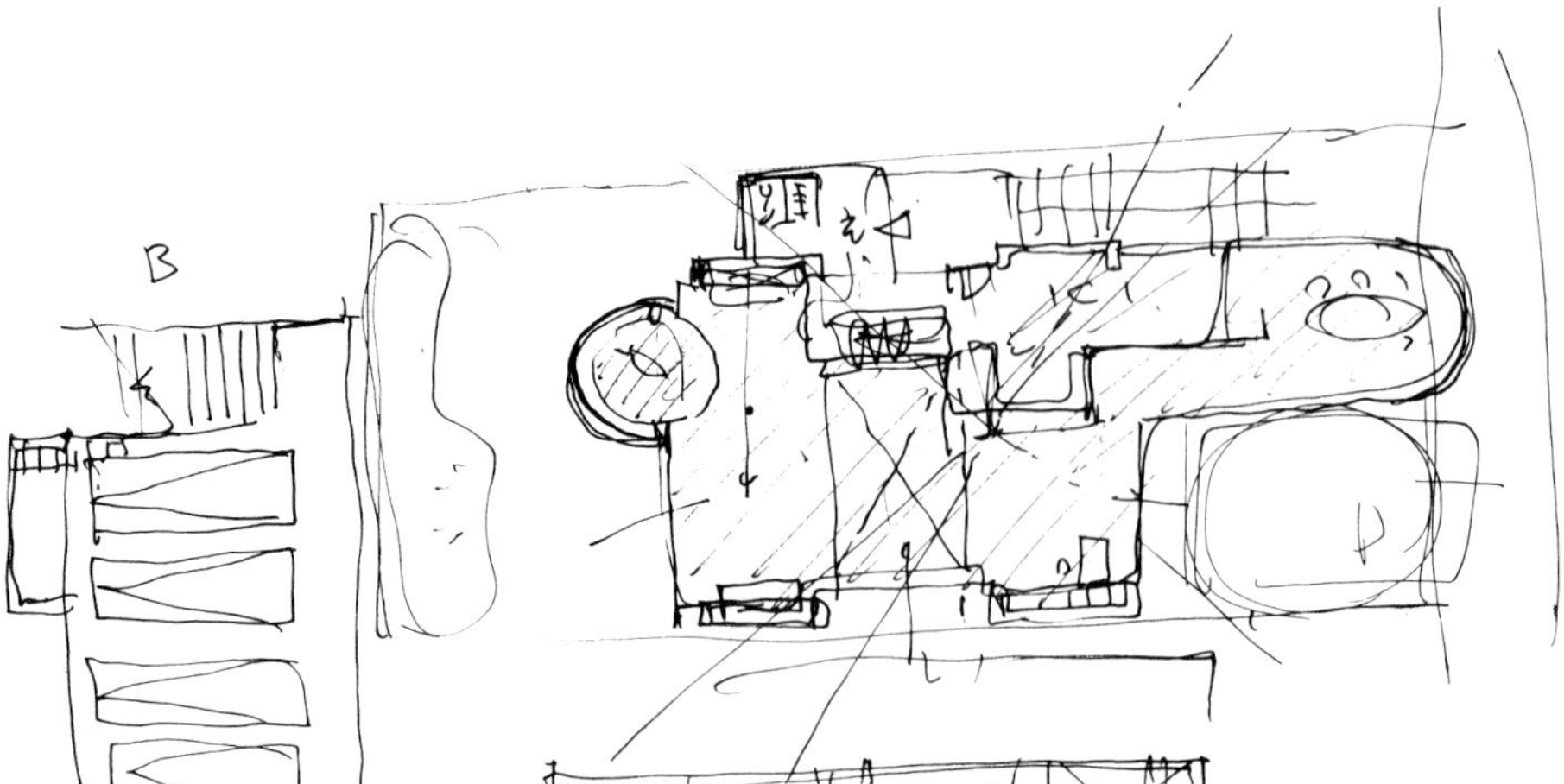

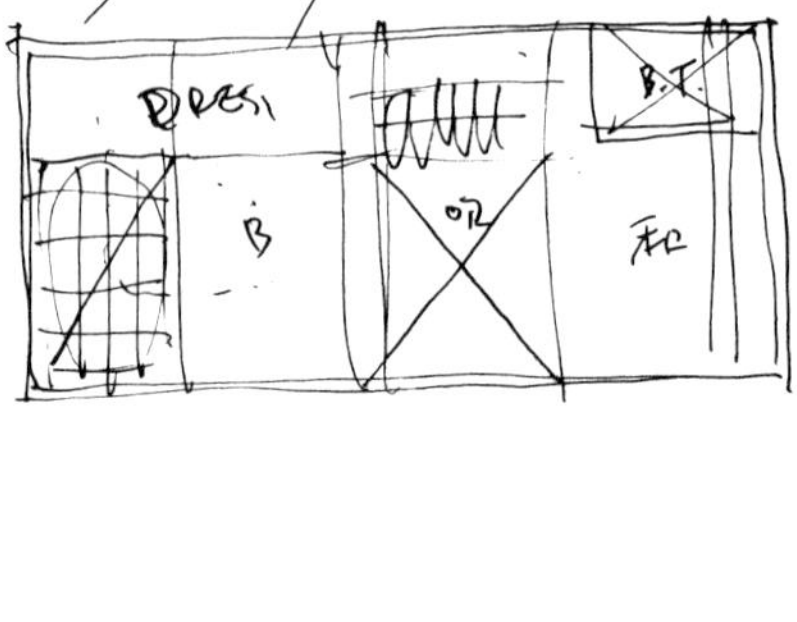

デコボコなリビングの広がりに注目。
藤岡邸 平面スケッチ*

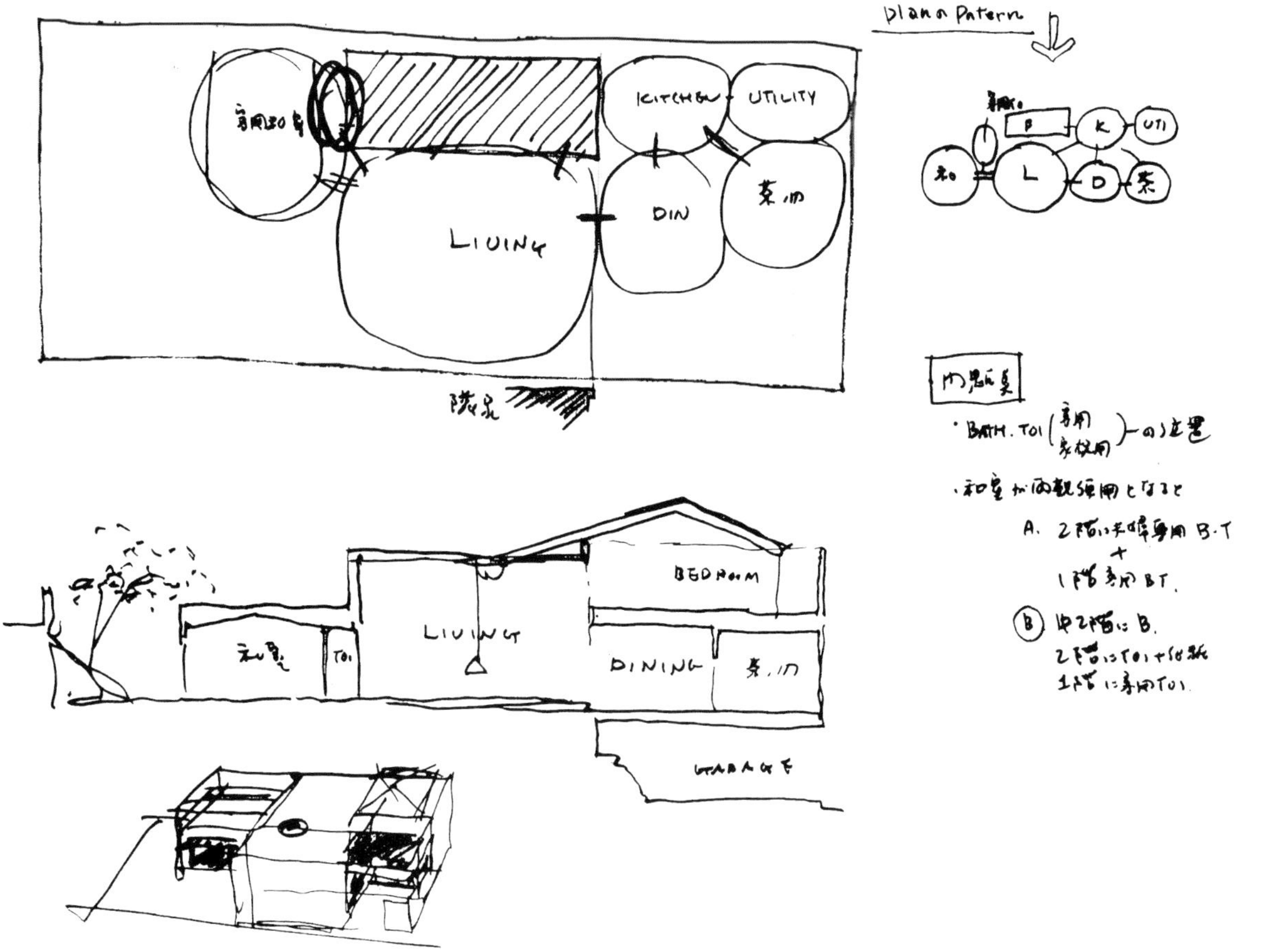

リビングを中心に各部屋とのつながりを縦横方向で検証。藤岡邸*（p.115 パース参照）

普段、居るところを考える……広い居間、数ある機能

居間について語り始めたら、それは今日の日本の住宅において居間の役割が何なのかを語らなければならないし、そのことは家族像についてどう考えるか、どうあるべきかを考えていかなくてはならない。そのことは個室も同様、個とその最小集団である家族の在り方は個室と居間の関係にも置き換えられるからだ。現在の都会で特に言えることだが、家族というものの価値観が多様化し、地域との密着が昔ほどなくなり、その新しい在り方が問われている。

一般に居間、リビングルームはどんな使われ方をし、宮脇は一体どのように居間を考えたのだろうか。ここで振り返ってみようと思う。

応接間という客専用の洋室は、この頃流行《はや》らない。と言うより、狭い住宅の中で普段あまり使わない部屋をわざわざ用意する必要があるのかという素朴な疑問からなくなったように思う。同じく座敷と呼ばれる客専用の特別な部屋も避けられつつある。その代わりに客も招けるリビ

最終段階パースでのイメージ確認。藤岡邸インテリアスケッチ*

ングルームとダイニングルームとなるのだが、気を付けないと家族の普段集まっている場所はダイニングルームとなり、リビングルームがいつの間にか応接間、座敷と同じ普段使わない特別な部屋になっていることがある。宮脇は家にあるありとあらゆる楽しいものをリビングに集め、家の中の広場のようにすることで単なる客間ではないリビングを創ろうというアイデアを様々な住宅で試みた。そのためには広いスペースが必要になる。子供室はできる限り小さくし、その余ったスペースをリビングに回す。広いスペースが確保できたら、ちょっとした工夫をしながらリビングを構成する。

藤岡邸の原案では、必要なスペースを膨らませたり絞ったりながら次々と結んでいって大ワンルームを創り上げていく工夫が見られる。その空間の楽しさは宮脇の「港から港へと立ち寄る旅のように、コーナーからコーナーへ渡り歩いて使う居間は楽しい生活を約束してくれそうだ」という説明以上、なにも付け足すことはないだろう。

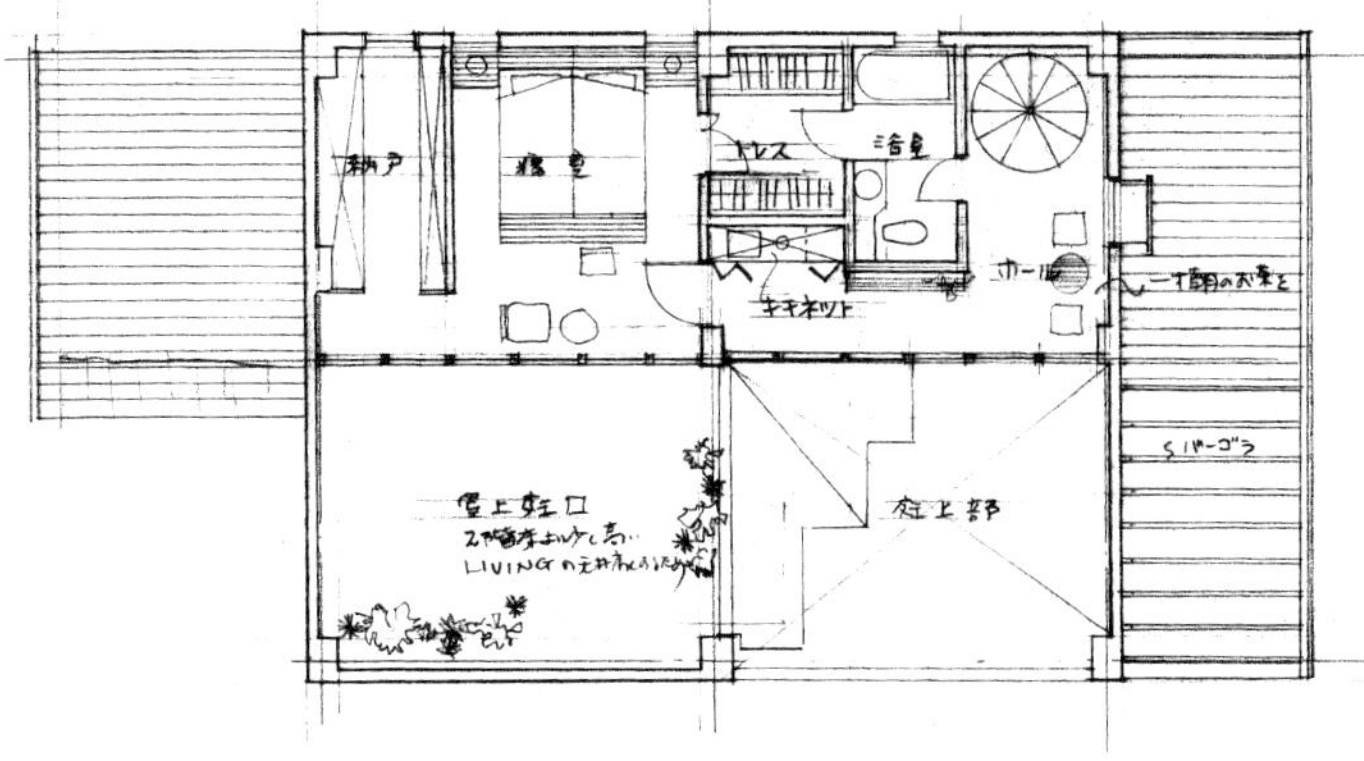

2階平面図*

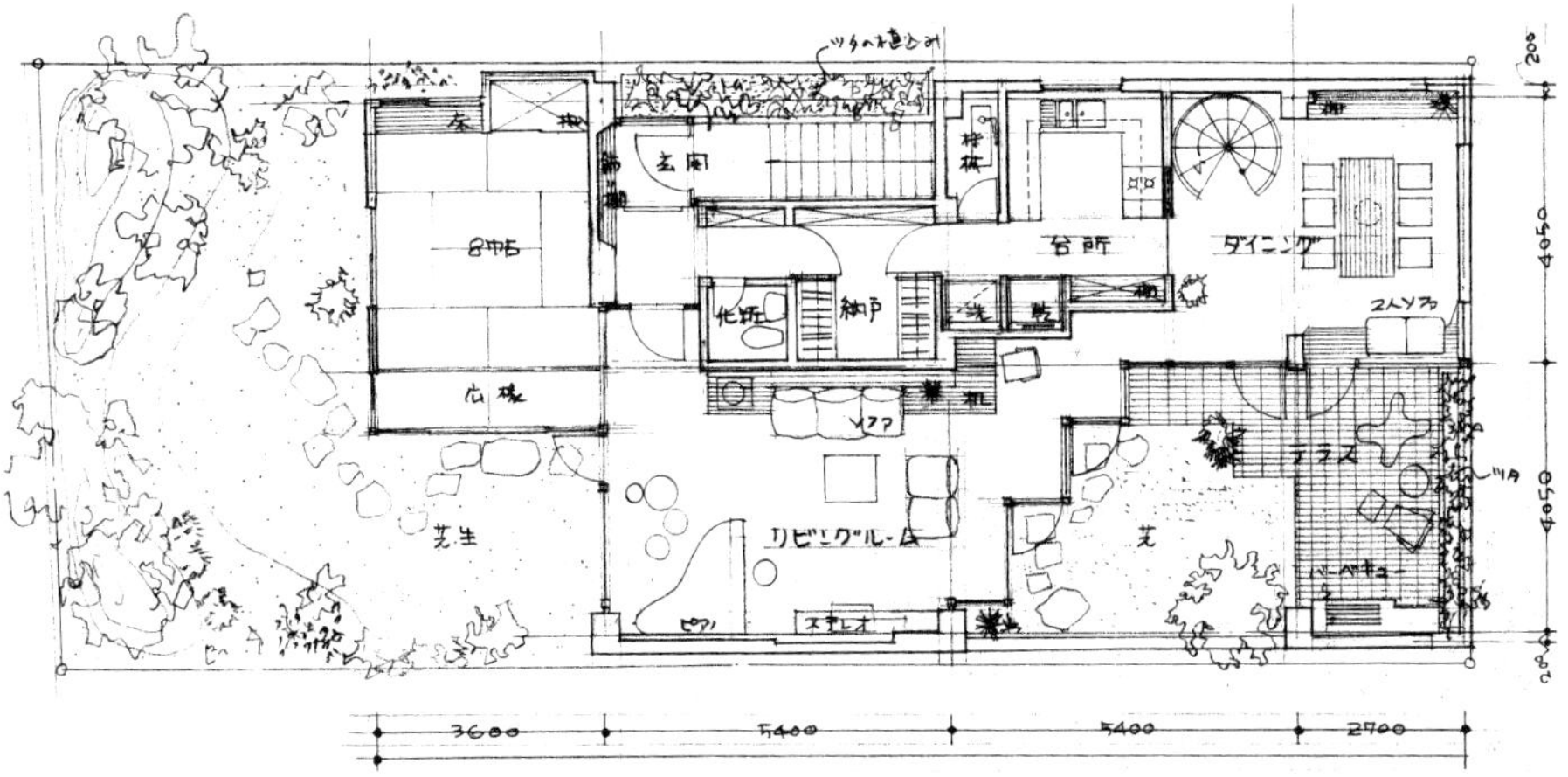

1階平面図*

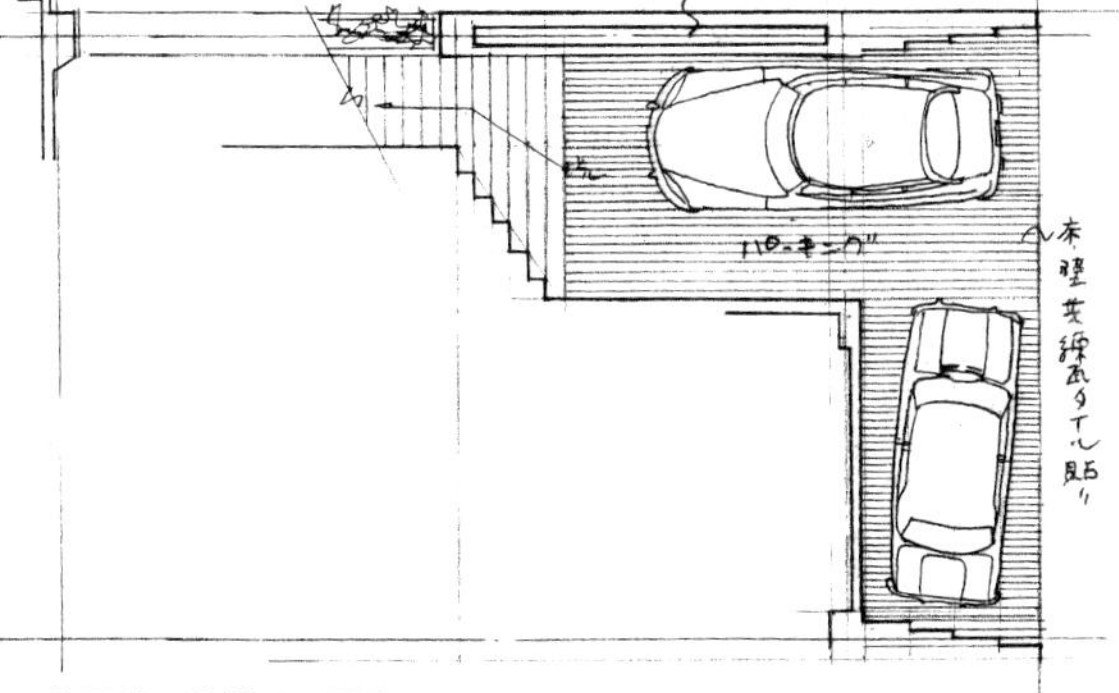

藤岡邸　地階平面図*　1/200
最終的にこのように平面がまとまる。

食べるところを考える

朝日の入るダイニングキッチン。森邸*

中庭から間接的に朝日を
採り入れる。中山邸*

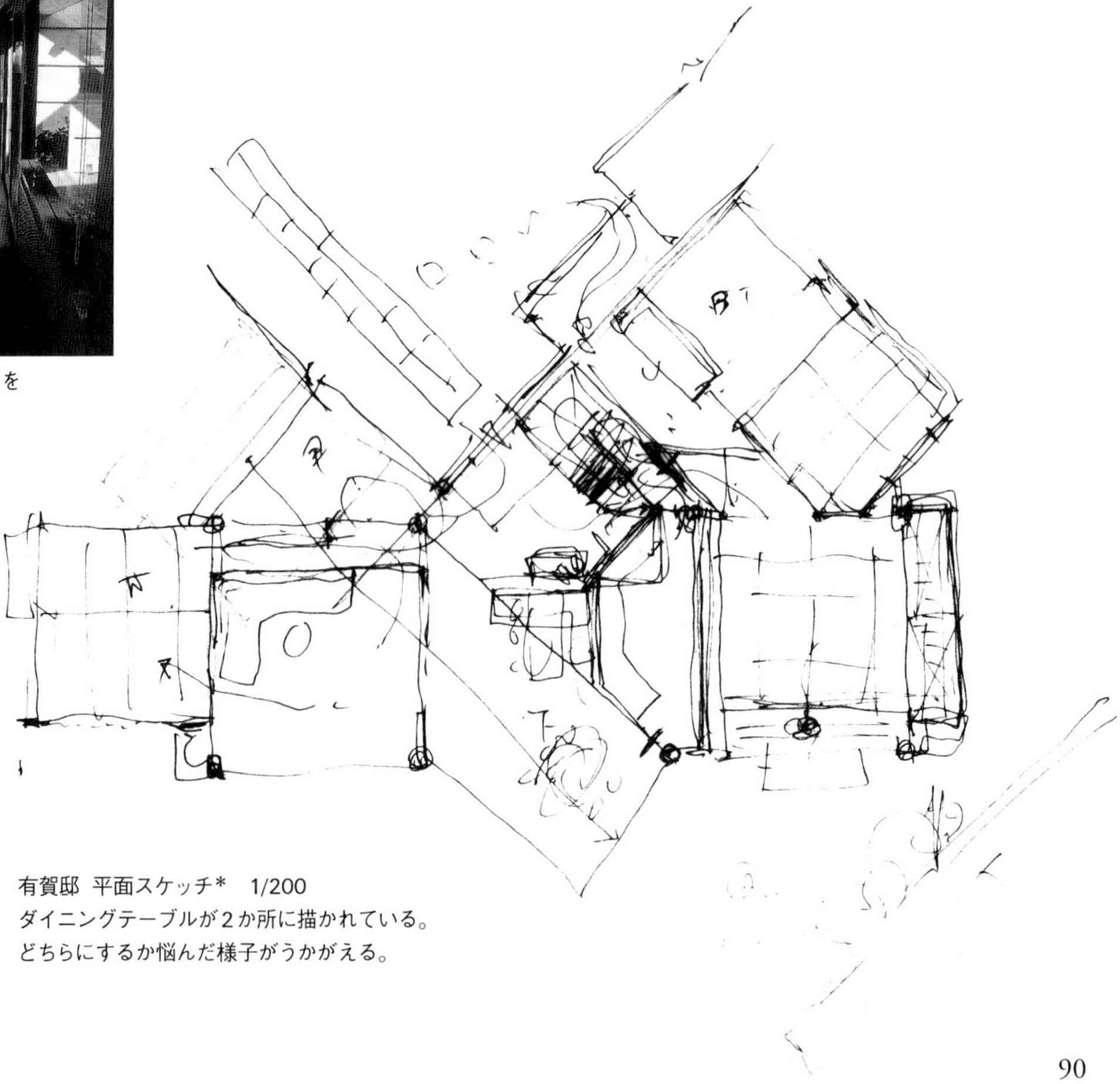

有賀邸　平面スケッチ*　1/200
ダイニングテーブルが2か所に描かれている。
どちらにするか悩んだ様子がうかがえる。

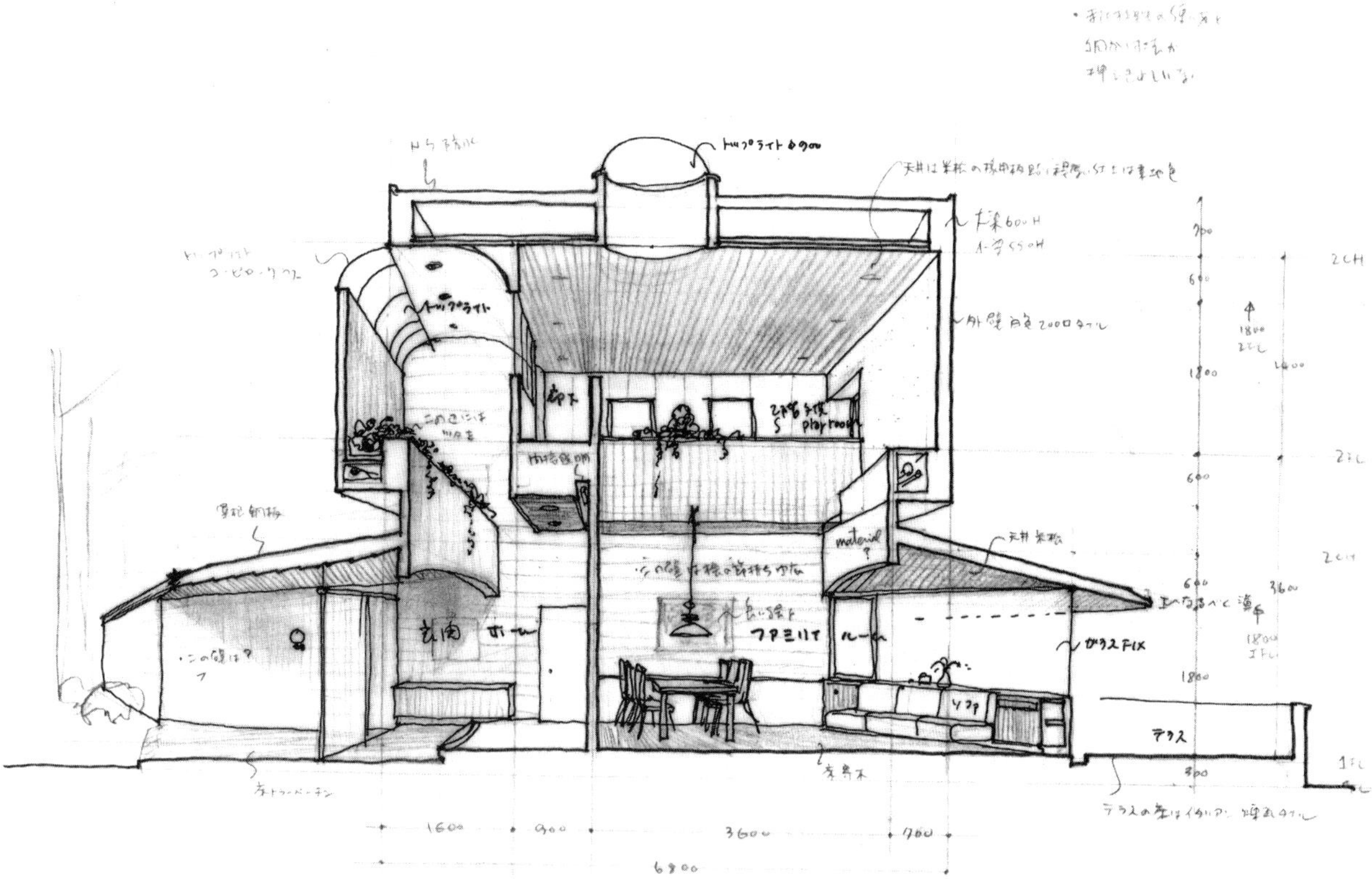

有賀邸矩計パース＊　1/100
断面上にトップライト、ハイサイドライトなどを設け、ダイニングに光を入れる。

◉ダイニングルームで朝日を感じる

普段朝食をあまりしっかりと摂らない人も、出張で出掛けたホテルのダイニングルームで朝日に当たりながら気持ち良く一日を始められた経験のある人は多いと思う。観察するまでもなく、朝、食堂に現れたビジネスマンは若い者、年取った者関係なく、窓辺の朝日が気持ち良く射し込む席へと足を運ぶ。宮脇の言うように、また私の個人的な経験からも、朝日のあふれるダイニングは一日の始まりにふさわしいと思う。

宮脇の師、吉村順三は良い空間や良い平面計画をされているものを「気持ちが良い」という表現を使った。簡単な言葉なのだが実に奥深い言葉で、見て気持ちの良いもの、さわって気持ちの良いものなど、その対象は様々である。宮脇自身もかなり気になる言葉だったようで、『吉村順三のディテール――住宅で矩計を考える』（彰国社）の中の吉村順三との対談で真っ先に話題にしている。この朝日の当たるところにダイニングをつくる、ということもまさに「気持ちの良い」空間づくりにほかならないと思う。読者のみなさんもいろいろな経験をして心地良く感じたり気持ち良く感じることがあるはず。設計を志すようになったらその経験を一度自分自身の言葉で翻訳し、気持ちの良い住宅づくりに生かしていくようにすると良いと思う。

ダイニングルームに朝日が当たるように設計するのは宮脇事務所のマニュアルでもあった。しかし、無理にダイニングを東に持っていった

茶の間のようなファミリールーム。Choi Box 食堂・台所回り

ために家の構成、プロポーションがバラバラになってしまったのでは本末転倒。そのようなときは、直接朝日が当たらなくとも朝日を感じたり、意識できるように工夫したり計画する柔軟性も必要だ。

◉家族の原点は食事にあり

広い居間、の項で前述したことと相反するようだが、この住宅では広いリビングをとらずにファミリールームとしている。ダイニングルームにリビングの機能を併せ持たせた部屋をここではファミリールームと呼び、かつて茶の間と呼ばれていた部屋のように多目的に使用している。欧米のようにダイニングが単に食事をするだけの場所で、食事の後、場所を変えリビングに移るという使い方は私たちにはあまり馴染まないようだ。自分の家を顧みるまでもなく、日本では食卓の周りで食事、新聞、会話、テレビなどすべての団らんが行われる家が多い。茶の間の復活は、狭い住宅にかなり有効な方法と思う。

キッチンの形式としてオープンキッチンが流行である。流行というより、家事の間キッチンの中に閉じこもっているより、みなと顔を合わせ、話をしながら食事を作りたいという要望から着実に定着してきた。母親が仕事を持っていたり、ディンクスでお互いに顔を合わせる時間がなかなか取りづらいといった家族構成、生活様式の変化がもたらした要求と言えよう。

ここでオープンキッチンの模範解と宮脇自

らが言うChoi Boxを検証してみよう。オープンキッチンの多くは対面するカウンター側に流し、後ろの壁側にレンジを持ってくる。これはレンジの後方をオープンにすると煙が逃げやすい、また逃げないようにするには難しいしお金も掛かる、といった技術的なことから選択された。しかし本来の使い勝手から言うと、流しは下ごしらえと洗い物、調理はレンジに向かって行われるので、レンジが対面に配置されるべきだと思う。このChoi Boxでは、キッチンは開放されていながら、煩雑になりがちな手元や流しはうまく隠され、適度な閉鎖性を保っている。テーブルも、椅子に坐った子供たちと食事を用意する母親の会話が聞こえてきそうな絶妙な配置である。

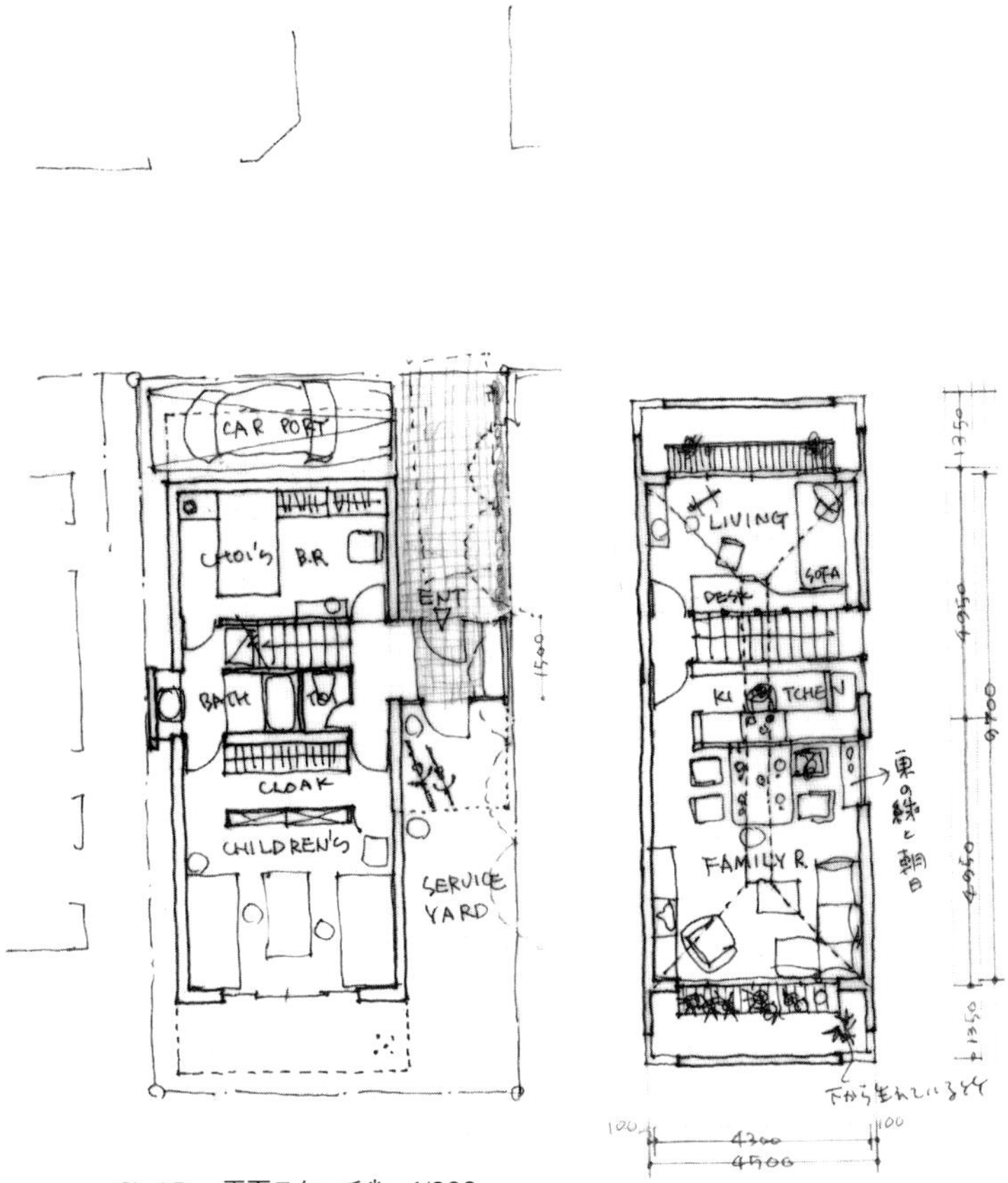

Choi Box 平面スケッチ＊　1/200
初期の平面スケッチでは、ファミリールームのほかにリビングも設けられていた。

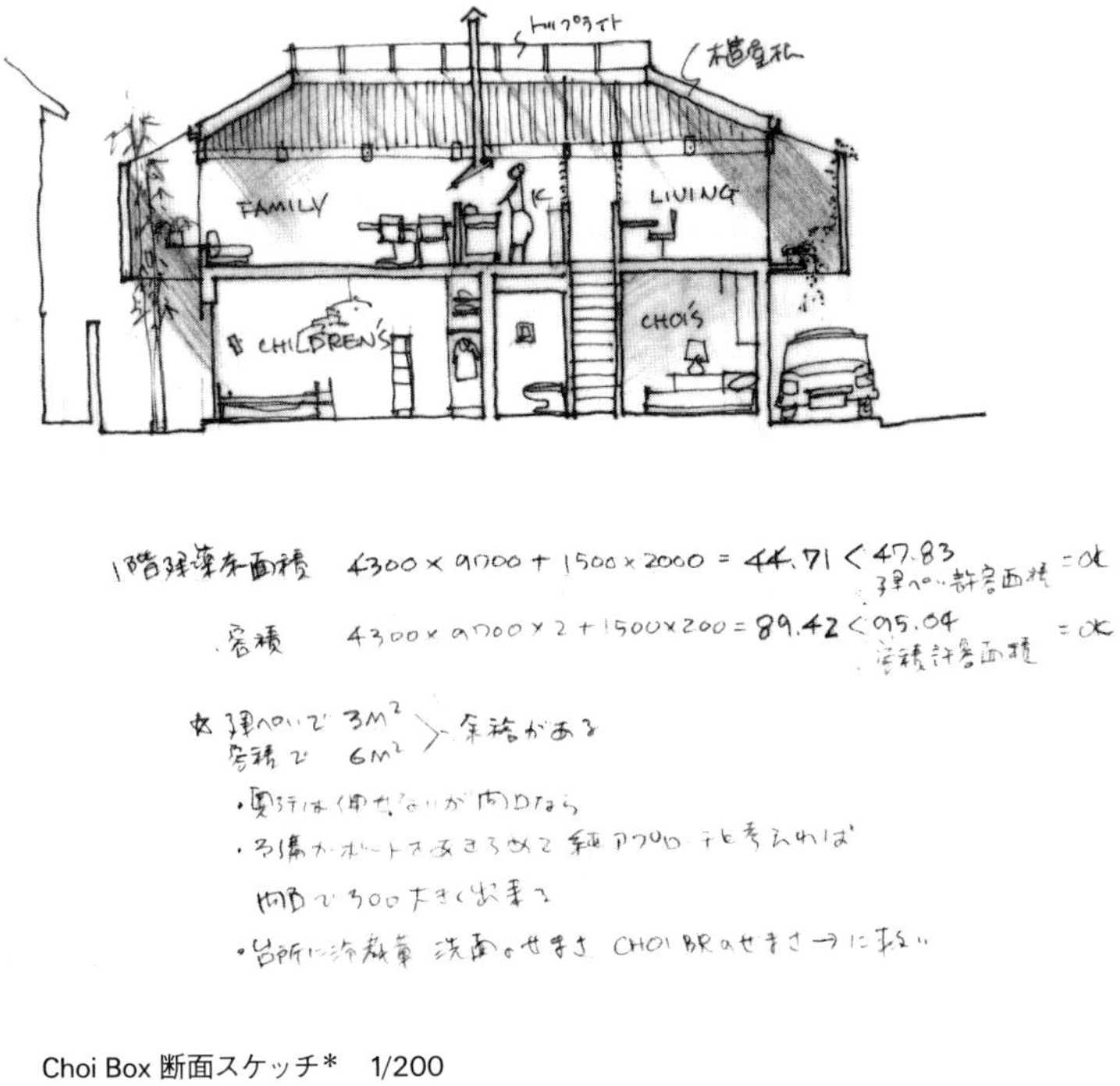

Choi Box 断面スケッチ＊　1/200

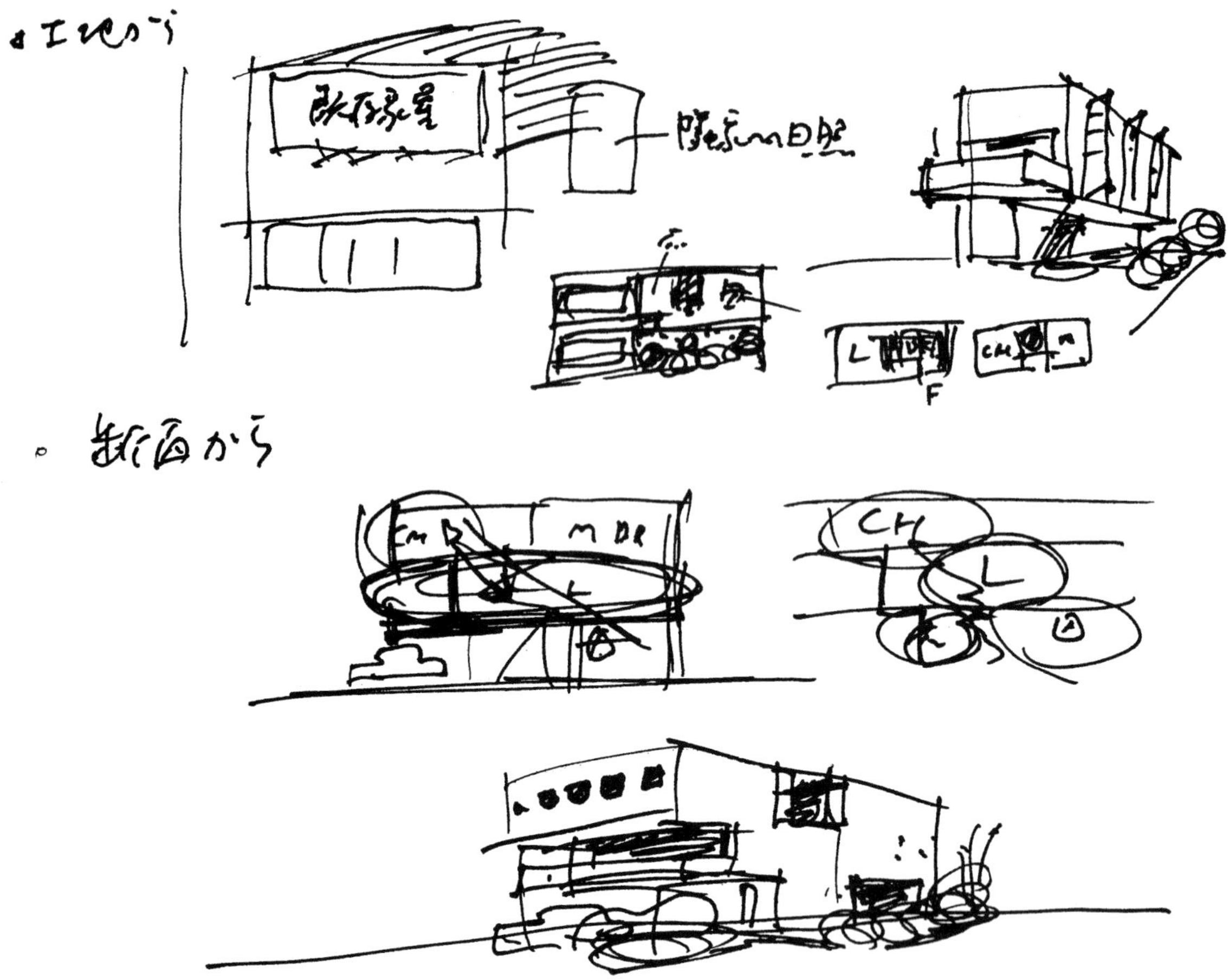

リビングを挟んで上下に寝室を取り、プライバシーを図る。朝倉邸スケッチ*

寝るところを考える

◉寝室の広さ――夫婦寝室と子供室

子供室に十分の広さを取り子供のプライバシーと生活の質を保つ、というのもひとつの考え方だろう。しかし、扶養されて食べさせてもらっている以上、いや親から教育を受けさせてもらっている以上、子供は親の監視化に置かれ、そこには子供のプライバシーなどはない、というのも多くの建築家が考える住宅像である。宮脇は当然そのように考えた。プライバシーを与え自由を与えるという、子供への教育としつけを放棄してきた親たちへの警鐘でもある。このように、住宅の設計が単に部屋割とデザインだけで済まないところに難しさ、面白さがあると言われる所以であろう。宮脇の取った方法は、子供室を不十分な大きさ、機能にしながらも最低限のプライバシーを与えるという方法である。

不十分になった部分はリビング、ファミリールームで補い、そこで家族との交流を図るという手法である。金属バット事件に代表されるように近頃不気味で不可解な家庭内の事件が頻発しているが、検証してみると多くの子供室が過度なプライバシーで守られた密室になっていることに気が付く。ここで教育問題まで論じるスペースもないが、これから設計に携わろうという人は、少なくともクライアントから言われた

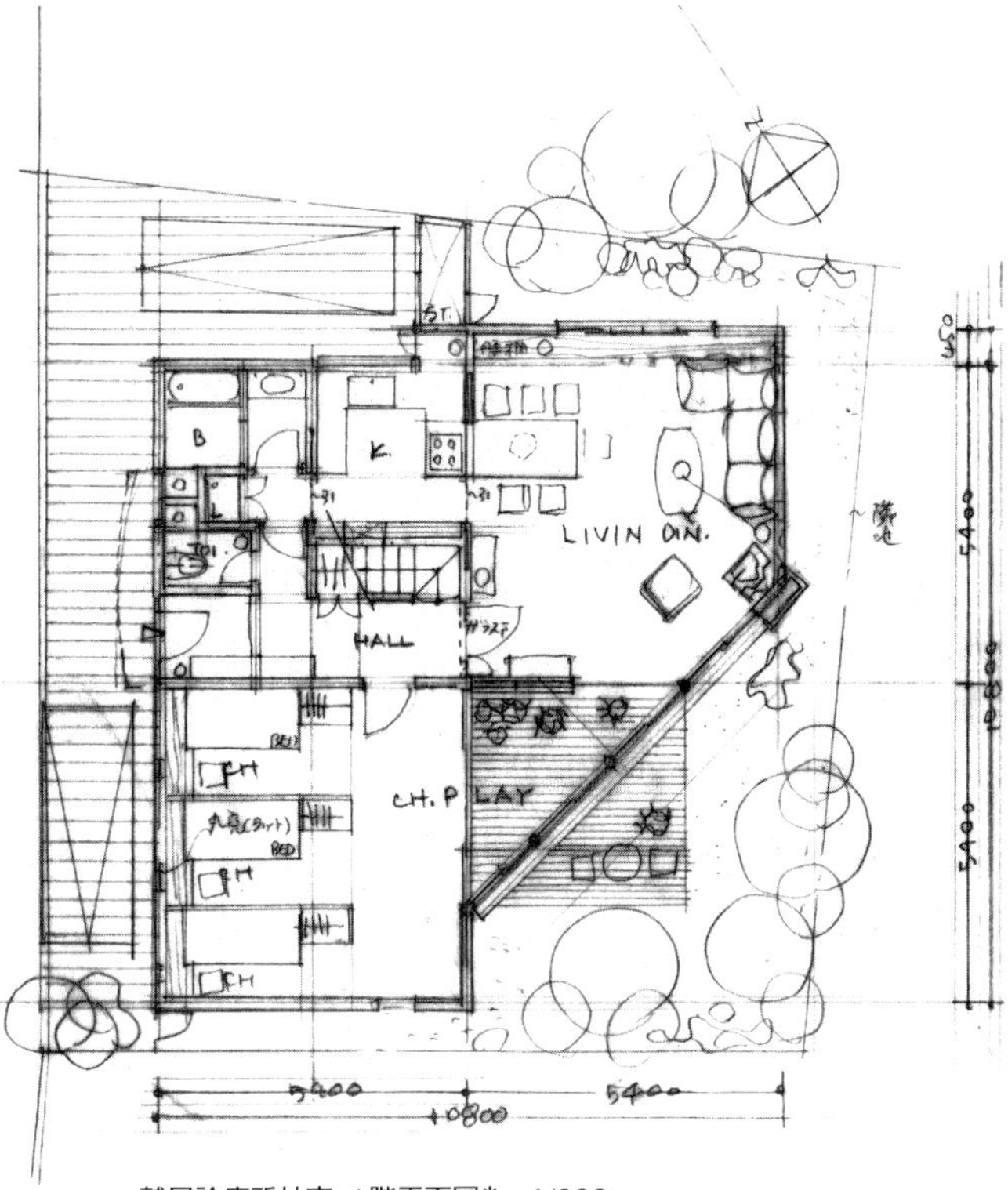

鷲尾診療所社宅　1階平面図*　1/200
子供室は最低限の大きさとし、プレイルームをほかに取る。

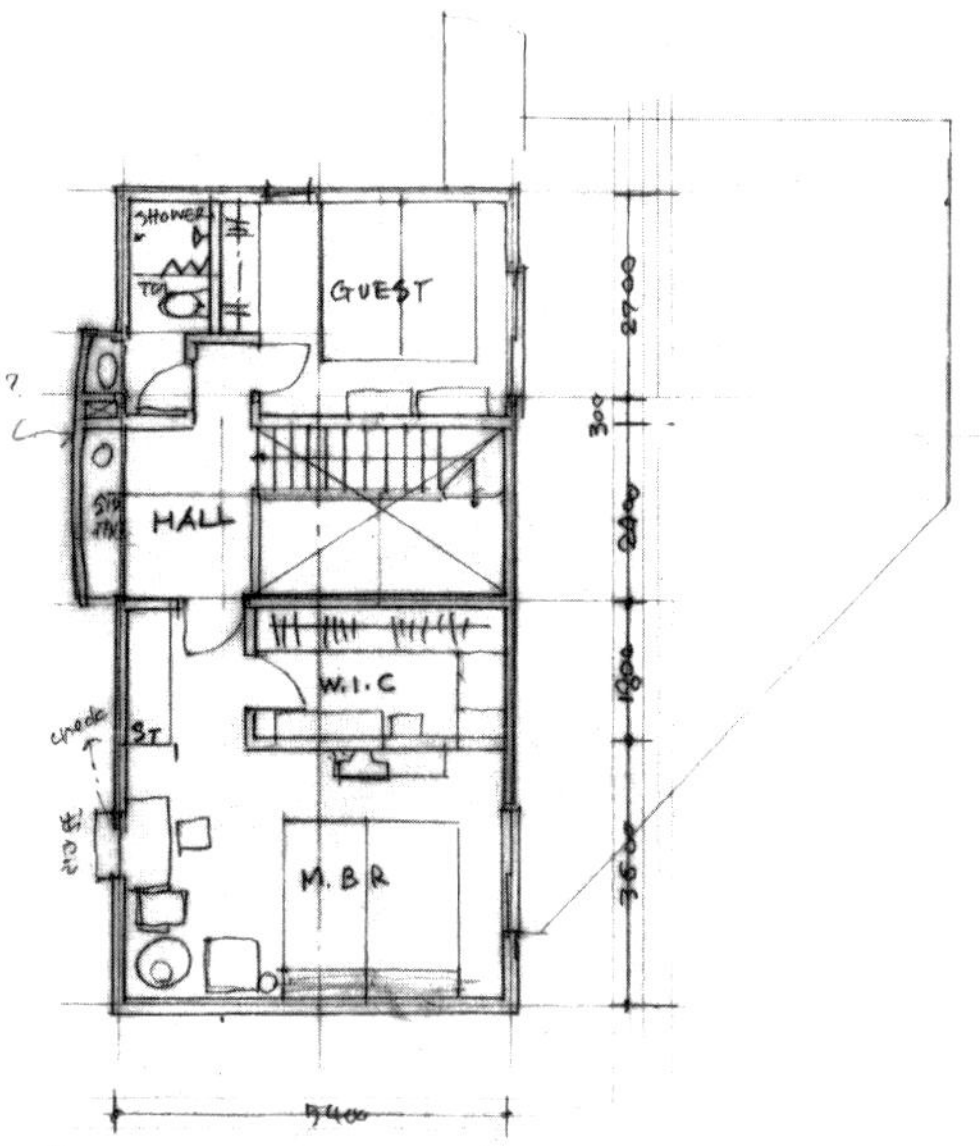

2階平面図*

ままの要求をこなしていくだけでは、このような問題はいつまで経っても解決しないことを肝に銘じておいた方がよいと思う。

　夫婦の寝室であるが、これはそれこそ自由に計画したい。一家の主のプライベートな空間である。なかなかスペースが確保できないものだが、ときには子供に聞かせたくない話や、二人ゆっくりと過ごしたいときもあるはず。欧米ではかつての日本の座敷のように決して子供が立ち入ってはならない聖域として扱われることが多いようである。また日本の狭い住宅の中、できる限り子供室との間にプライバシーは取りたい。宮脇の住宅設計ではなるべく両室の間は距離を取るように、取れないときは壁一枚ではなく収納を挟むとか工夫をしてプライバシーの確保に努力している。一度、一軒の住宅の中の本来あるべき主寝室と子供室の在り方を検討してみてはいかがなものだろうか。

オブジェのように扱われた収納家具。伊藤明邸*

収納するところを考える

◉モノを消して暮らす

収納の問題もなかなか奥が深い。住宅の設計を依頼してくるほとんどのクライアントが口にするのは「収納をたくさん取って下さい」である。いまだにワンルームマンション、安普請のマンションでは収納のスペースがまったくない。また、あったとしてもほんの申し訳程度という住宅事情が、たっぷりとした収納へのあこがれを呼んでしまうのも仕方がないと思う。しかし、そのうちの多くの人の家は、他人から見ると実に下らないモノが整理整頓されないままであったりすることが多いのが問題である。

『地球家族──世界三十カ国のふつうの暮らし』（TOTO出版）という本がある。世界中の住宅を訪問し、その中にある持ち物をすべて外に出して写真で紹介している。日本、欧米はもとより、アフリカ、東南アジア、モンゴルなど、ありとあらゆる地域で撮られた写真集であるが、住宅の広さに比べ圧倒的な持ち物の量を誇っていたのが日本。最も少なかったのは遊牧民族であるモンゴルの草原に住む人々であった。彼らは移動をしながらの生活であるため、必然的に最小限の持ち物しかない。収納のスペースとは

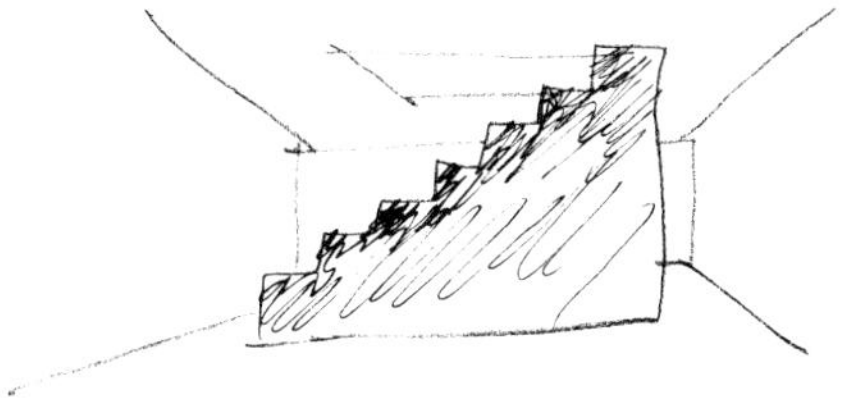

初期の段階では階段状のオブジェで考えられていた。
伊藤明邸　スケッチ*

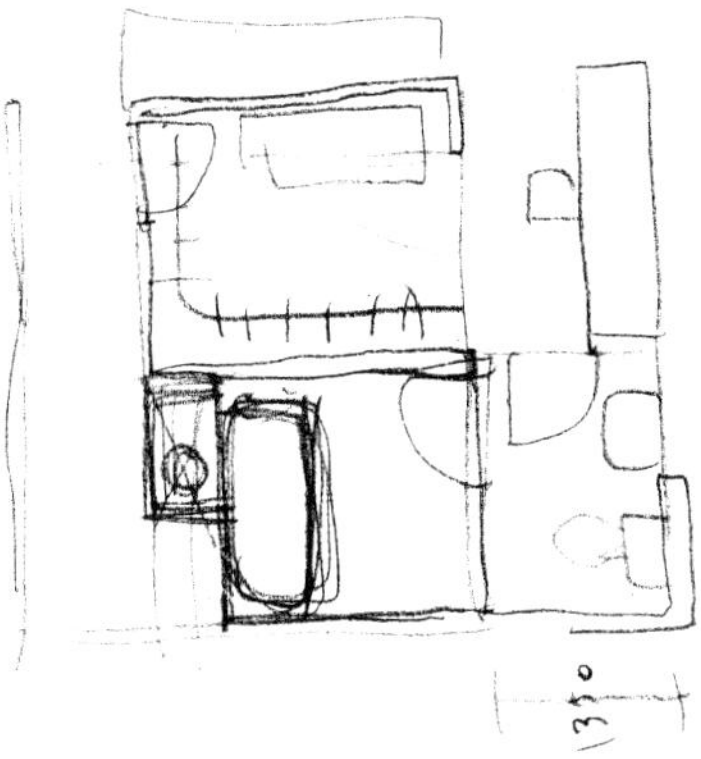

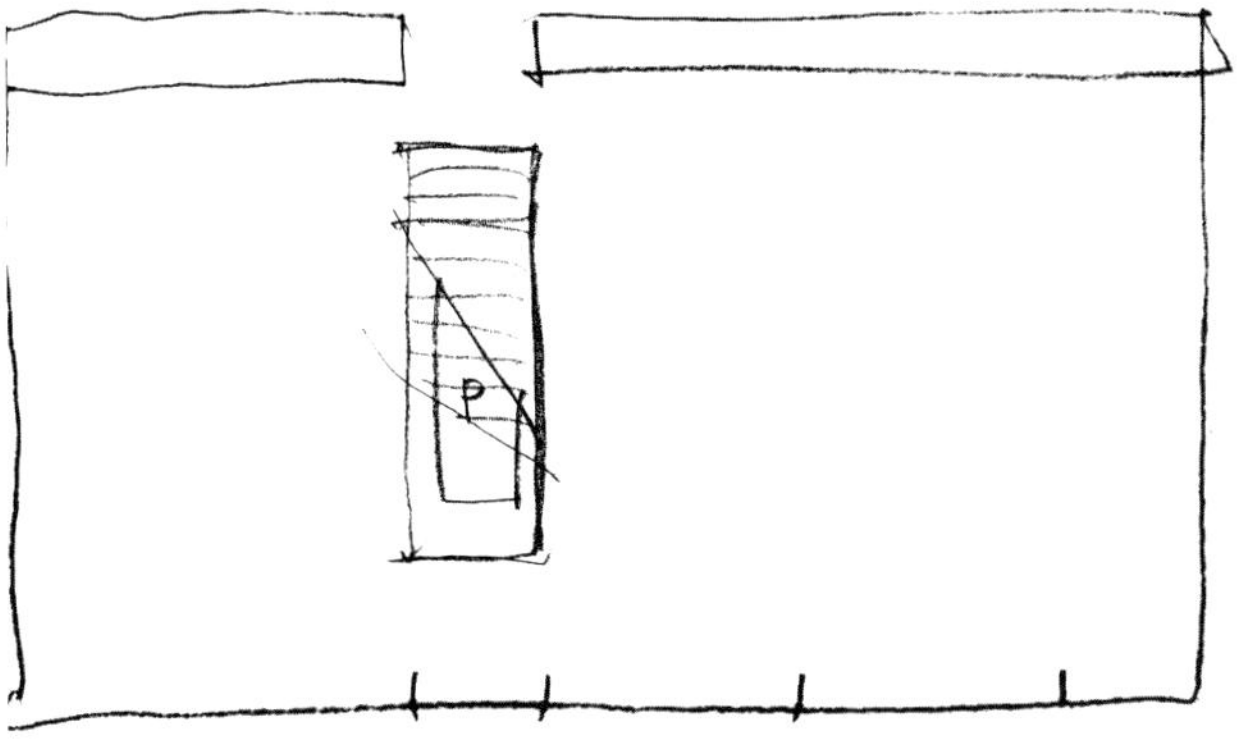

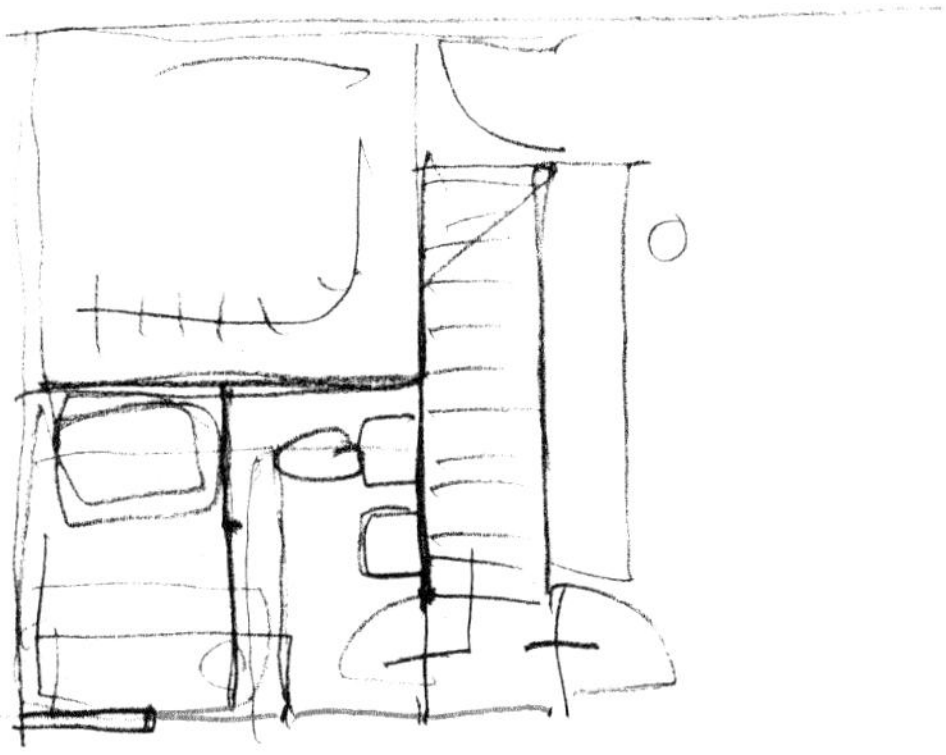

伊藤明邸 平面スケッチ*　1/100

風船のようなもので、大きければそれなりにガラクタが増え、少なければそれなりに済んでしまう。他人にとっては単なるガラクタであっても個人にとっては命の次に大事なものもあるし、自分が死んでしまうまでは何としてもそばに置いておきたい資料や写真もあるだろう。

　一軒の住宅に必要な収納の適切な量を一概に決めつけられないのは、そんなところに難しさがあるからだ。

　事例は、ごみごみした大都会の中で、そこだけモノのないシンプルな生活をしたいと考えた人の住宅。住宅の中のモノをどのように扱うかがテーマになっている。どこまでモノを消しシンプルな生活ができるかを考えながら行った設計、と宮脇が言うように、結果として室内にはほとんどモノがない、空間だけが主張する住宅が完成した。収納もただ壁面にとるだけでなく、オブジェのような収納家具がダイニングとリビングの間に置かれる。煩雑になりがちな食事室回りのいろいろなモノ、テレビをはじめ食器、薬、電話、文房具などが、そのオブジェの中に収納される。

収納に隠されたテレビ。
伊藤明邸*

家の構成を考える

●家の善し悪しは断面計画、矩計図に現れる

「平面図は機能を表す」のと同じように、「断面図は空間の連続性を表す」と言われている。家の使い勝手をチェックするための多くの作業が平面図でできる。平面図だけでもどのような家にするのか、ある程度は決めることができる。しかし空間的な広がりや光の採り入れ方、風の抜き方など様々な工夫は平面図より断面図で決まることの方が多い。良い家と言われている住宅は、必ず断面計画が魅力的である。空間的に広がりのある家は一階、二階と単に部屋を重ねているだけではないため、平面図からその空間を想像するのは少々難しい場合が多い。窓のない部屋だと思っていたら天窓から採光や通風をとっていたり、狭い空間だと思ったら吹抜けに面して上方に広がりを持つ部屋であったり、等々。

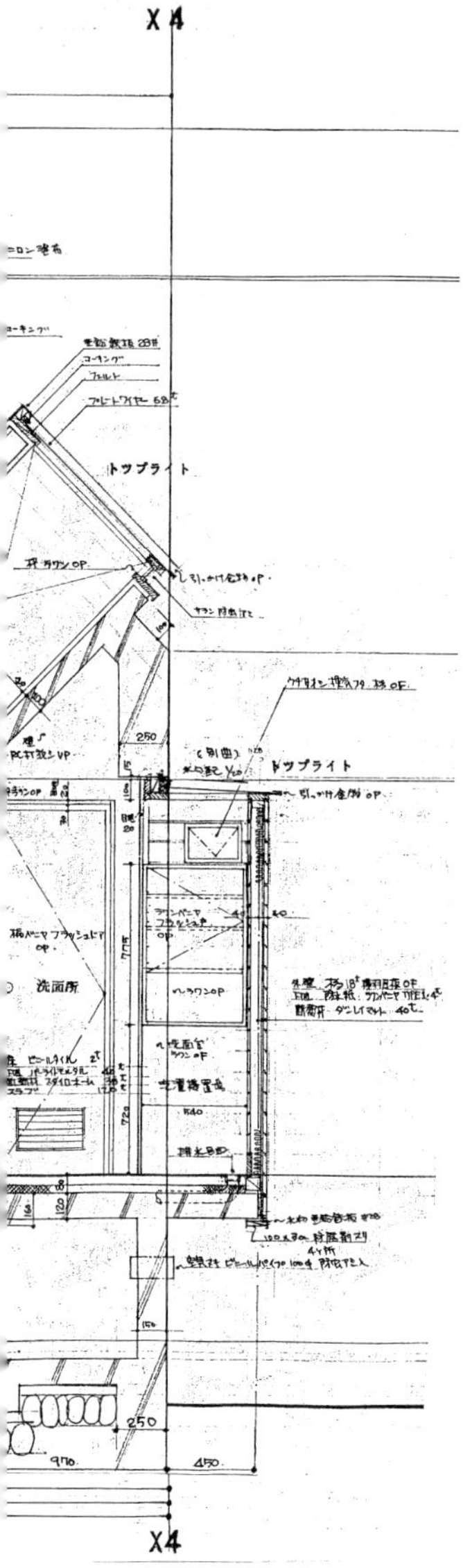

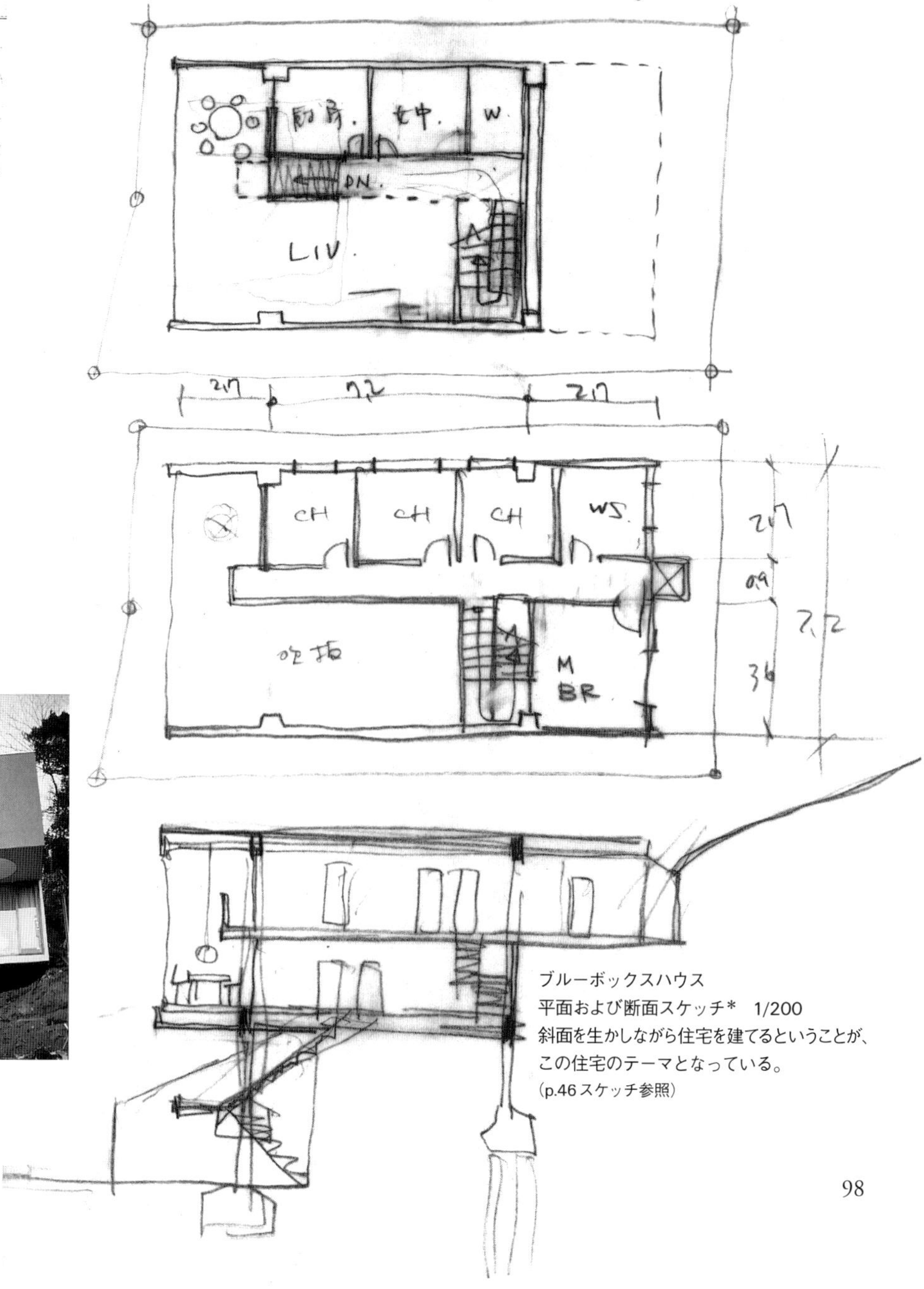

ブルーボックスハウス
平面および断面スケッチ* 1/200
斜面を生かしながら住宅を建てるということが、この住宅のテーマとなっている。
（p.46スケッチ参照）

ブルーボックスハウス*

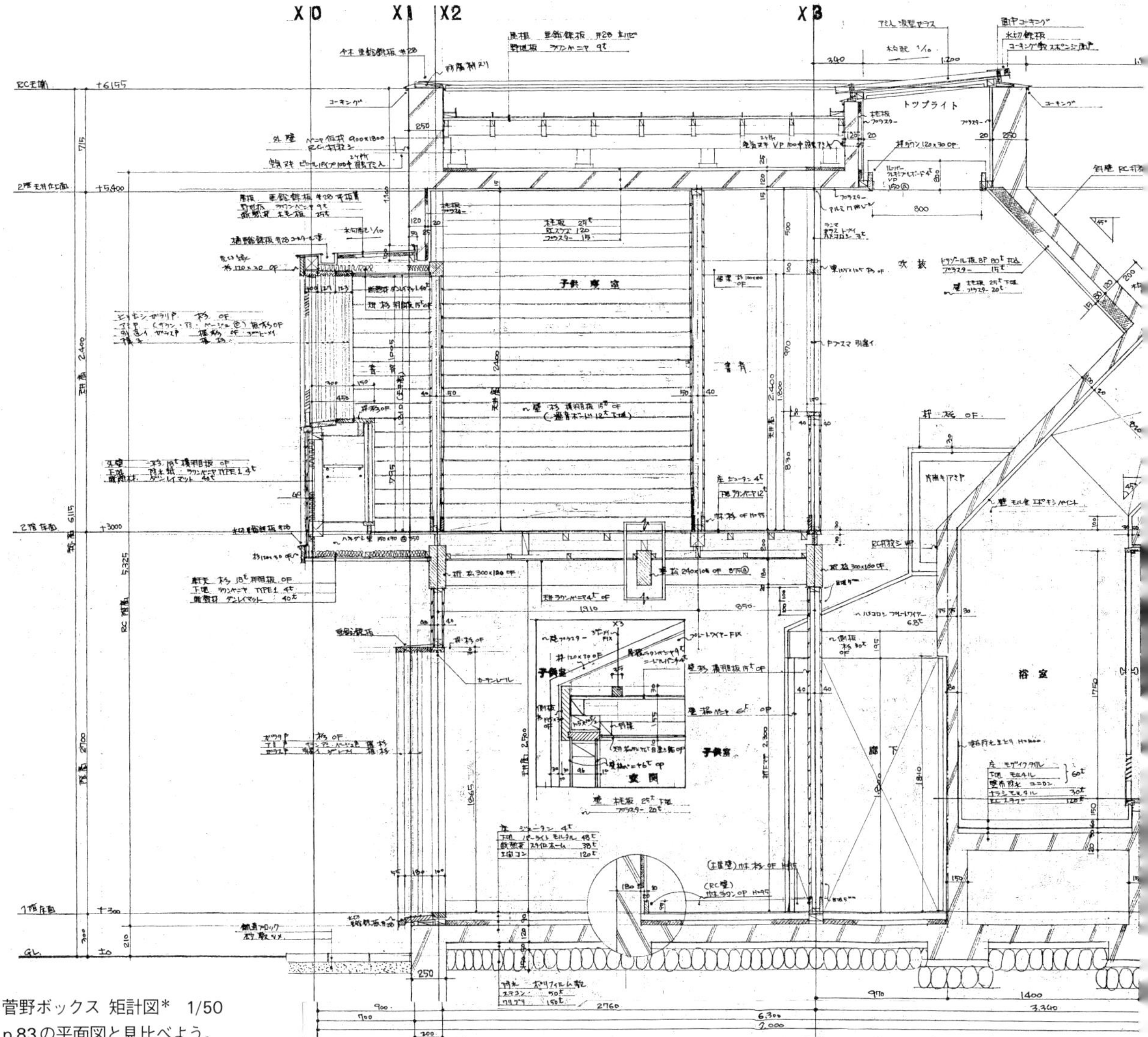

菅野ボックス 矩計図* 1/50
p.83の平面図と見比べよう。
立体的に光の導入が
考えられている。

その断面図の少々詳しい図面が矩計《かなばかり》と言われる図面だ。矩計図には空間の連続性や家全体の構成、プロポーションはもちろんのこと、床、壁、天井の詳しい仕上げや寸法が書き込まれる。

宮脇自身が、

「家のあらゆる構成を決定する重要な図面だから、ずいぶん長い間、これだけはスタッフに描かせなかった」と言うほど重みのある図面だ。

建築やインテリアの勉強を始めたばかりの人は吹抜けやトップライトの多い住宅の平面図だけを見ながらある程度どのような空間になっているのかを想像してみるのが良い勉強になる。そのあと、断面図を見てもう一度空間をイメージし、それから初めて写真を見るようにする。図面が読めるようになってくると、写真を見なくてもある程度空間のイメージがつかめるようになる。贅沢を言うと、最後の仕上げに現地へ訪れ、自分の目で再確認したい。特に名作と言われる住宅ほど、図面では読み切れない、アッと思わず叫んでしまうような発見があるはずだ。

梅原邸外観スケッチ*

そのほか大切な工夫あれこれ

ここで述べるいくつかの工夫は今まで書いてきた基本的なことに加え、住宅に面白さを付加するものである。どちらの方が重要というものではなく、より住みやすく、楽しく美しくなるための手法と言ってよい。このほかにもまだたくさんの工夫や考え方があると思う。住宅は車や洋服と違って多くの時間をその中で過ごし、長い間付き合っていかなくてはならない。しかも一度作ってしまうとなかなか簡単には取り替えるわけにはいかない。少しの遊び心と工夫で、退屈で凡庸な箱になってしまわないよう心掛けながら私たちも住宅設計に関わっているつもりである。

◉広がりを呼ぶ回遊性

入口からある部屋まで一方通行の住宅は窮屈で退屈なものだ。家の中をぐるりと回れる動線があると、ぐっと広がりが増す。宮脇事務所では回遊性を持たせることは絶対条件になっていたと聞く。回遊性は平面的なものだけでなく、断面の上でも取れるようにするのがより楽しさを増す。例えばマンション。多くのマンションは、玄関しかないが勝手口があったり、メゾネットタイプの上下両方の階から出入りができるようになれば、より広がりと楽しさが増すと思うのだが、いかがなものであろうか。

梅原邸 2階リビングスケッチ*

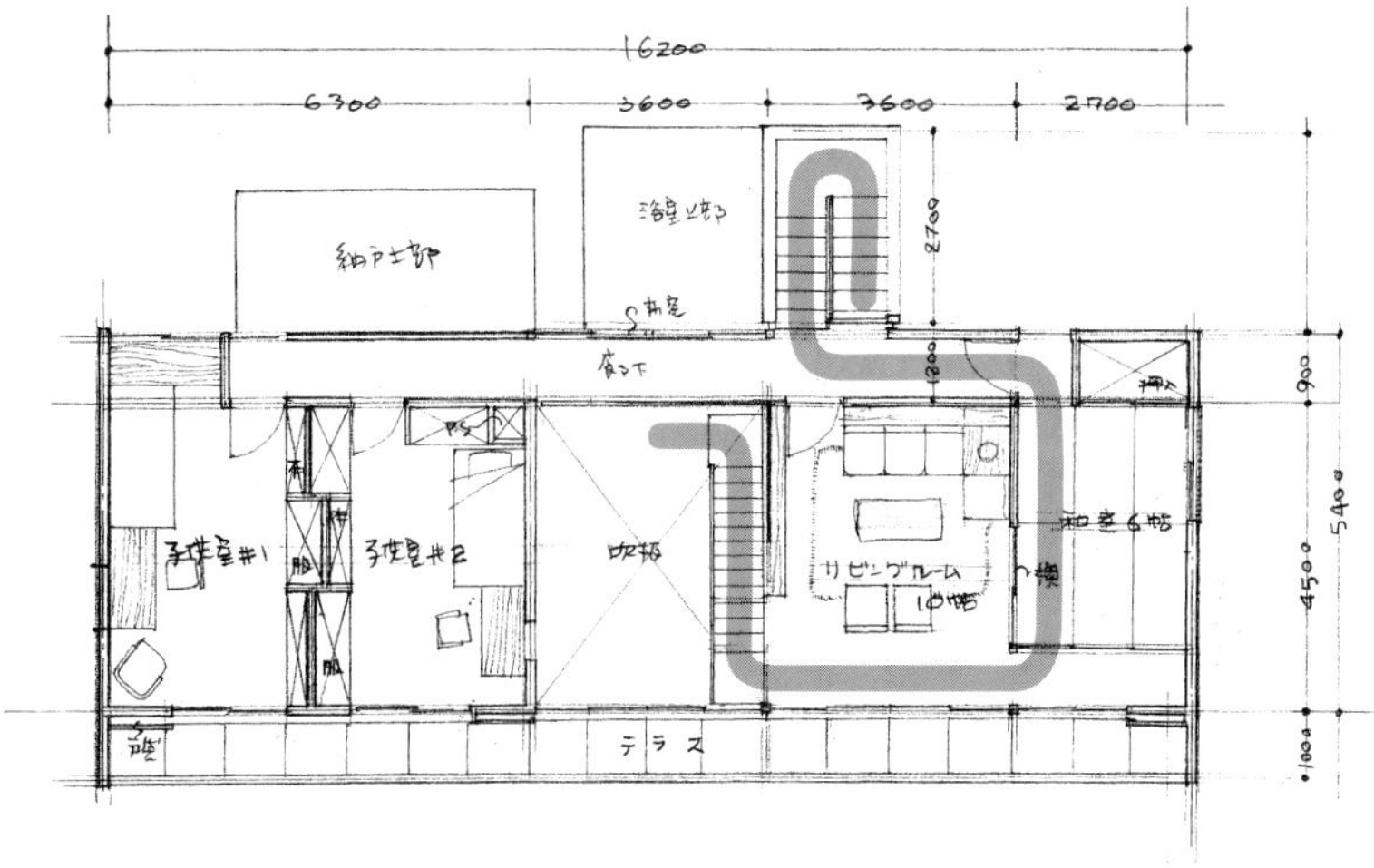

2階平面図*

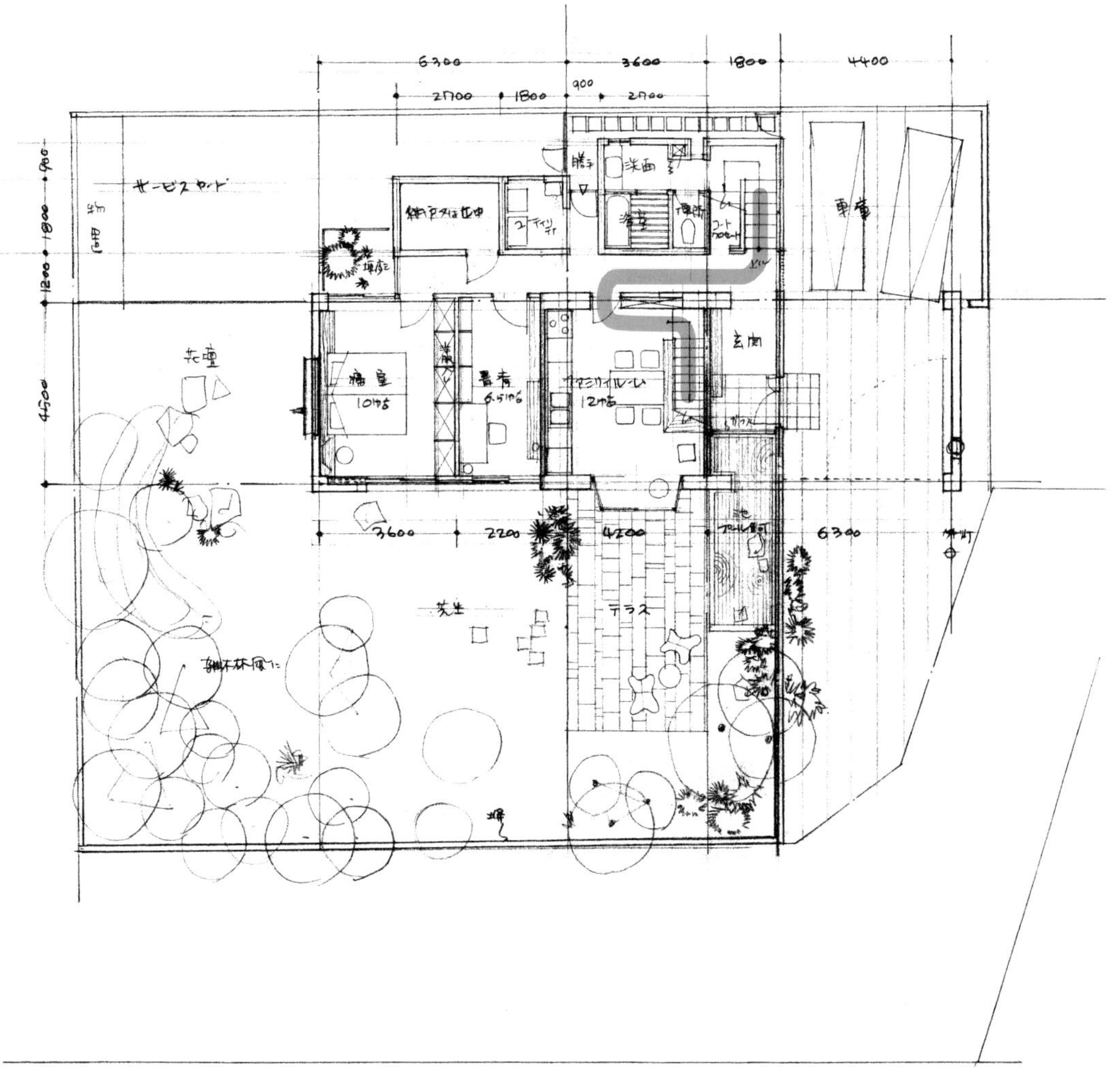

縦方向で回遊性を持たせた住宅の例。梅原邸 1階平面図* 1/200

◉自分の家を見る

L字型に配置したり、雁行型に家を配置（中山邸）、また中庭を挟み両側に建物を配置（松川ボックス）することによって自分の家から自分の家が見えるようになる。各部屋での生活感や動きが見えるということは重要な家族間のコミュニケーションに大いに役立つ。各部屋にインターフォンを取り付けるばかりがコミュニケーションではない。

中庭に面する。松川ボックス＃1＊

雁行する平面形。中山邸＊

中庭デッキ部分を中心にL型に配置される。Plaza House＊
（p.49 パース参照）

◉緑と建築は一緒に考える

「正直なところ、緑は最も優れた仕上材料である」と宮脇は書いている。玄関正面に切り取られた窓から、計算し尽くされた木などが植えられていると思わずうなってしまう。その木は季節によって姿を変え、春先には新芽、秋には紅葉を見せてくれるとなおさらのこと、何回もそのお宅に伺ってみたくなってしまう。緑のことについては「第八章　街並みと家周り」でも詳しく書かれているので簡単にしておくが、住宅と造園計画はやはり切っても切り離せないものだ。

植栽が施された玄関窓。中山邸*

植栽前の玄関窓。中山邸*

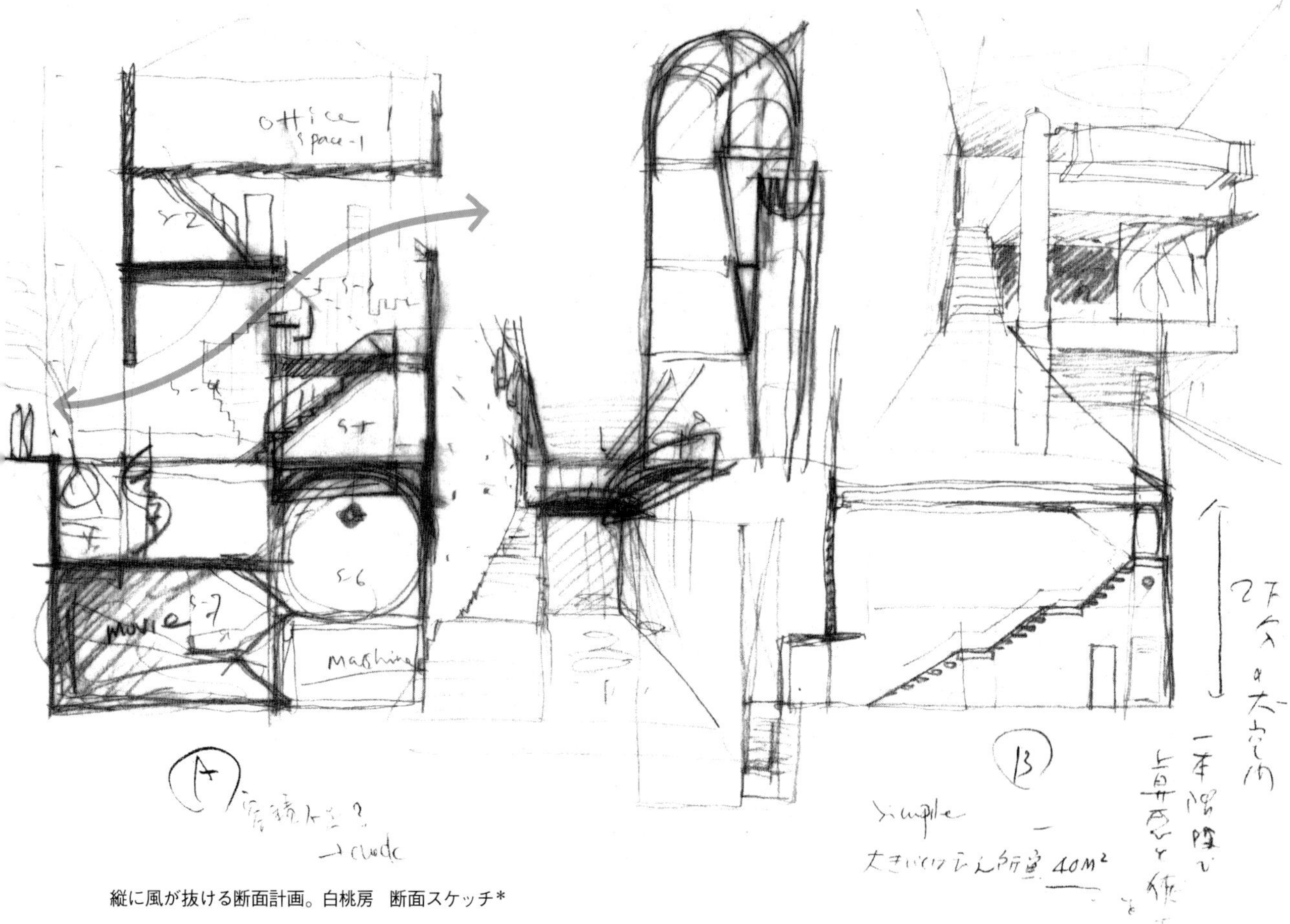

縦に風が抜ける断面計画。白桃房　断面スケッチ*

眺望を重視したはめ殺し窓の下に設けられた通気用窓。中山邸*

●南北通風の採り方いろいろ

兼好法師の、家は夏を旨とすべし、という言葉が物語るよう、日本の住宅は夏に通風を十分に採れるようにしたい。できればエアコンなどに頼ることなく暑さを凌ぎたい。平面的に南北の通風を採りにくい場合でも縦方向での通風を考えると意外にうまくいく。元来、暑い空気は上に行く性質があるから、そこをうまく利用するとよい。通風とは違うが、暖炉の煙突など上下の温度差と気圧差でうまく排気し、煙が逆流しないようにしていることからもわかるように、縦方向の通風は風のない日にも有効な手段となりうる。

◉呼吸する内装材

結露、アトピーやアレルギーなどの多くの原因が内装材に起因する。疑問を持つことなく壁にビニルクロスを貼っている建売り住宅が多いが、建築家の手掛ける住宅には昔からビニルクロスはあまり登場しない。ビニルなど吸湿性のない壁では呼吸することがないため、多少の温度変化、湿度変化で結露しやすくなる。風が通り抜け、光の降り注ぐ家自体を生き物と考えれば、壁や天井も呼吸するべきであろう。呼吸する材料として紙、木、布、土などの自然材料が考えられる。それは性能的に優れているばかりでなく、見た目にも優しさを与えてくれる。

なお、92頁のChoi Boxファミリールームの内装は、韓紙張りである。

天然の木材で構成されたリビングルーム。白萩荘（大井町山荘）＊
（p.39 配置スケッチ参照）

椙合板を敷目張りとした玄関。
白萩荘（大井町山荘）＊

第六章

家具を学ぶこと、

「眼を養い、手を練れ」という言葉があることを私に教えてくれたのは亡くなった宮脇檀である。

名門の誉れ高いライプツィッヒ工芸高等師範学校が校訓として掲げた言葉だったという。簡単に言えば「良いものをたくさん見て、実際に手を使って体験的に学ぼう」という意味であり、ものごとを観念的に考え過ぎて単なる「頭でっかち」の人間になることを戒めた言葉でもあろう。

モノ作りを教える学校にはまたとない滋味のある校訓だと私は思う。

十一年前、宮脇が主任教授となって開講した日本大学の住宅設計を教える少人数の特設コースは「住宅設計塾」を目指しており、その「眼を養い、手を練れ」の標語をそのまま拝借してモットーにしていた。

初年度は講師陣といっても教授の宮脇と非常勤講師の私の二人だけで、そこには「塾」と言うよりどこか浮世離れした「寺子屋」的な雰囲気があった。そして、コース開設に当たって私たちが真っ先にしたことは、その寺子屋の「ホームルーム」のために世界の名作椅子を買いそろえることだった。

住宅を学ぶ者にとって家具の分野は避けて通ることのできないものだし、「眼を養い、手を練れ」という言葉どおり、それを教えるのは何よりも本物の名作家具を身近に置いて実際に使わせるのが最良の方法に違いない、というのが宮脇と私の暗黙のうちの共通の意見であり、基本方針だったからである。宮脇は、家庭はもちろんのこと、職場であろうと教室であろうと自分を取り巻く生活環境は「絶対に美しくあらねばならない」「何がなんでもカッコ良くなければならない」という強固な信念と独特の美学を持っており、その信念が当時の学部長の心を動かして、教室の環境整備（つまり椅子などの購入資金）のための特別予算を首尾よく引き出すことができたのである。

家具から学ぶこと

骨董屋の小僧を教育する方法は、ただひたすら本物、それも名品だけを見せることだと言うが、それと同様に良い家具を自分の側に置いて日常的に使うことは、家具を学ぶための最初で、最良のステップではないかと思う。

そして、家具を学ぼうとするなら、まずは体に一番近い「椅子」から始めてみるのが順序であろうと私は考える。椅子に限って言えば、これはもう、身近に置いて坐り続け、坐り心地や使い勝手を尻と背中に「坐り心地」として直接記憶させるのが最も手っ取り早く学ぶ方法なのである。たくさんの椅子の坐り心地の感覚を、頭ではなく体の感覚として覚えていることが、デザインの判断基準を持つ上で、何よりも大切なことである。この判断基準が、いずれ自分自身が椅子を選んだりデザインしたりする際の、その人独自の揺るぎない尺度と確信になるからである。

改装工事のための中山邸スケッチ＊

では、どんな椅子を？そしてその素材は

「どんな椅子がお奨めですか。どんな椅子を買ったらよいですか。」と聞かれることがある。

そう言われても、その人の好みも予算もあることだから、コレコレこの椅子と特定することはできないが、あえて言えば、最初はモダンデザインの名作と呼ばれる椅子を手に入れることからスタートするのがよいと思う（このとき、少しでも安い物を買おうなどというケチな了見を起こしてはいけない。高い物が必ずしも良い物ではないが、安物で良い椅子はまずない、ということを肝に銘じておいていただきたい）。それらの名作には名作と呼ばれる所以があるからである。それが何か？　それはなぜか？　使いながら自問自答を繰り返すうち、おのずから、あるいは何となくその理由らしきものが浮かび上がって来て、腑に落ちるはずである。

浮かび上がって来なかったら、腑に落ちなかったら？……、それはそれでよい。ものごとにいつも気の利いた結論が必要というわけではない。大事なのはその椅子を身近に置き、来る日も来る日も使い続けるそのことである。

そんなわけで、私たちのホームルームの椅子も名作の椅子として由緒正しいこと、そしてそれ自身が美しい実用品として日常的に使えることを基準として選び買いそろえた。

参考までにその名作椅子コレクションの名前を挙げると、ジオ・ポンティの「スーパー・レジェーラ」、チャールズ・イームズの「デスクチェア」、ハンス・ウェグナーの「ザ・チェア」、マリオ・ベッリーニの「キャブ」、マルセル・ブロイヤーの「チェスカ・チェア」と「スポーレット・チェア」、ジョージ・ナカシマの「ミラ・チェア」、アルネ・ヤコブセンの「セブンチェア」、アルヴァ・アアルトの「バー・ストゥール」、トーネットの「曲げ木椅子」、アルフレックスのソファー「マレンコ」などがそれである。

教室のために選んだ椅子の素材は木製も金属製も混在しているが、私の場合、自宅で使う家具は（椅子もテーブルも箱物も）木製に限ってきた。

その最大の理由はごく簡単で、素材として「木が好きだから」ということになるが、ほかにも、木という素材の持つ特性を知り尽くした上ではじめて成立するそのデザインに、デザイナーや職人の苦心や工夫の息遣いがはっきりと見て取れることに大きな興味と共感をおぼえるからである。

わかりやすく言えば、木材というものが生きて動いている素材で、乾燥によって、捻れたり、

PLAZA HOUSE インテリアパース*

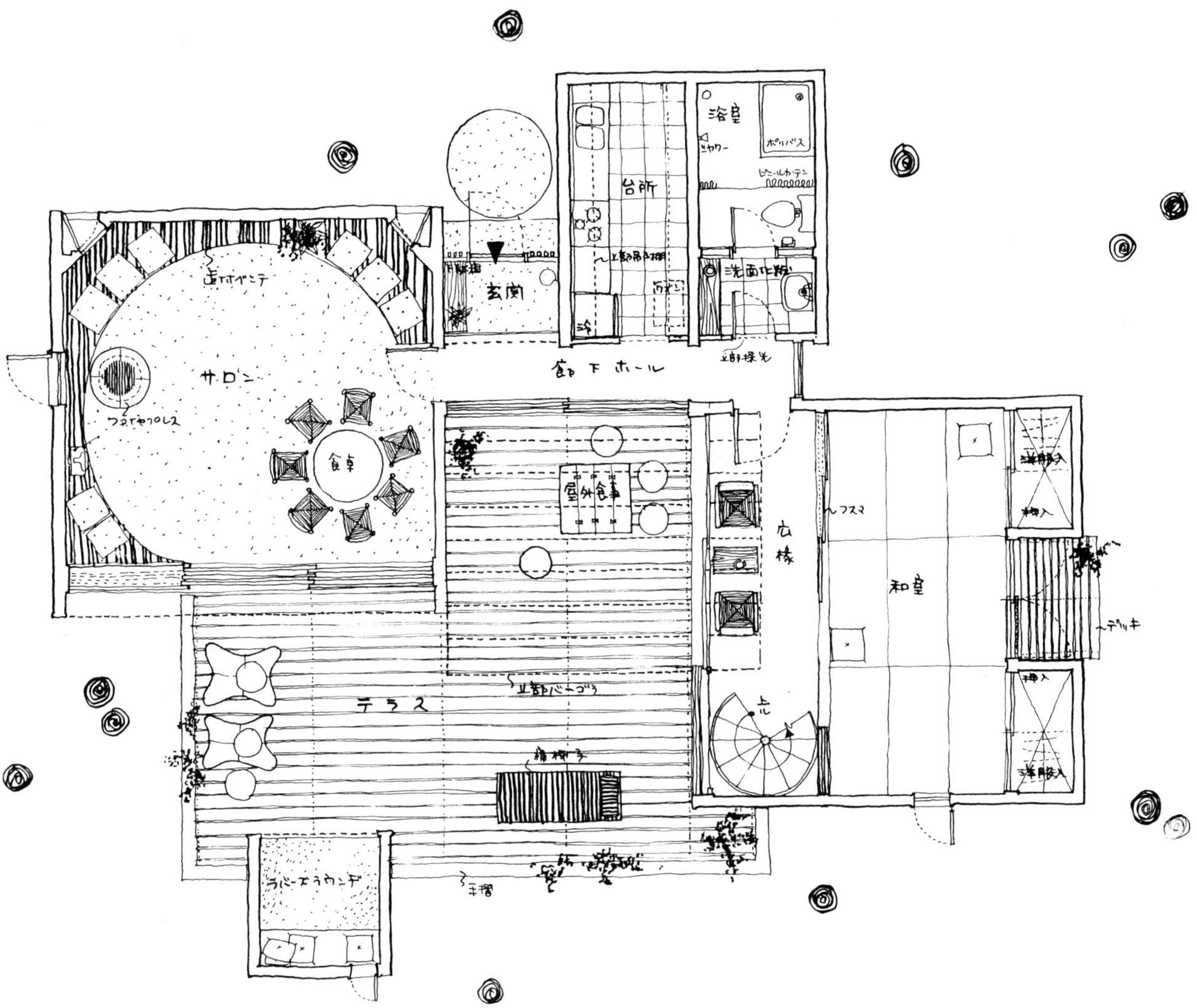

PLAZA HOUSE　1階平面*　1/100

縮んだり、ときには割れたりするものだということや、材種によってその強度（固いけれども折れやすい木があるかと思えば、靭性に富み、しなやかにして強靱という木もある）も違い、また木目の方向などの使い方にも暗黙のルールがあったりするそのことに、一筋縄ではいかないデザインの奥深さを感じるからである。デザインというものが、単なるセンスや思いつきの産物ではなく、素材との深い関わりの上でなければ成り立つものではないという当たり前のことを、木製の家具は徹頭徹尾教えてくれる素晴らしい教材である。

　木という素材は、ときにはやんちゃで、ときには気むずかしく、また、素直で優しく、頼りがいがある。その上たっぷり面倒を見てやる必要があり、面倒の見甲斐がある素材である。

　だから木に魅力を感じ、だから木が面白いのである。

実測してみること、ときには三面図を描いてみること

　さて、お気に入りの椅子を手に入れたら、飾っておいたりせず、今度はそれを惜しげなく使い

込むことが大切である。ともかく撫でさすり愛用すること。この場合の「撫でさすり」は単なる比喩ではなく、本当に指先や手のひらで撫で回すことである。触覚からその椅子を正しく感じておくべきだからである。椅子ほど触覚という繊細な感覚と切り離して考えることのできない（そして頭で考えてはいけない）家具はない。家具の世界にその身を置くための資格は、まずは優れた触覚の持ち主であることだと私は思う。

　そして、時間のたっぷりあるときに、この愛用椅子を手近な道具を駆使して可能な限り正確に実測しておこう。総高、総幅、総奥行き、座面の幅と奥行き、座面の高さと傾斜、背中の傾斜、脚部の開き角度、脚や貫の寸法等々。正確な実測は正確な観察を意味し、正確な観察はその椅子がどのように考えられた上でデザインされ、またどのように製作されたかの洞察へと心を誘うだろう。

　次に、その寸法をもとに、縮尺は、そう五分の一ぐらいで、三面図（平面図、正面・背面図、側面図）を描いてみたら良いと思う。大切な寸法の測り忘れは、たいがいこのときに気付かされるものである。

　三面図の重要性は椅子のコレクターとして有名な織田憲嗣氏も書いておられるが、立体を平面に定着させる作業から、必ず新しい発見があるに違いない。また、家具をデザインし、それを製作することは、その作業のちょうど逆の手続きを経て行われるものだということを思い併せれば、そのことの重要性は、たちまち納得できるはずである。

自分に合った教材の発見

　私は先ほど、木製の家具へのこだわりについて述べたが、ここで、こだわりのないことがらも書いておこう。

　モダンデザインの名作椅子をお奨めしながら、今度はその逆のことを書くことになるのだが、実を言うと、私自身はそのモダンデザインにあまりこだわりがなかった。というより、私の場合、家具の興味の範囲が、よく言えばもう少し広範、有り体に言えば拡散していて、古い家具にも等分に眼を向け身近に愛用して来たからである。

　正直に書けば、私の家具の本当の師匠は、モダンデザイン以前の（古くは中世ぐらいから十九世紀末までの）家具だったと言えるかもしれない。学生の頃から足繁く通った民芸館では、収蔵品の家具をずいぶんスケッチさせてもらったり、実測させてもらったりして親しんでいたし、たまたま友人に坂田和実という目利きの古道具屋がいて、一時期よくヨーロッパの古い家具を扱っていたため、身近にその種の家具を撫で回しつつ眺めていた幸福な眼の修行時期、それこそ「眼を養う」時期があったのである。

　古道具「坂田」の店には坂田氏自身がヨーロッパから買い付けて来た、イギリス、フランス、スペインの選び抜かれた古い木製の家具がいつでも置いてあって、私はときには十九世紀のウィンザーチェアに坐り、ときにはスペインの教会で使われていた椅子に腰掛け、フランスロマネスクのチェストの上に出されたお茶を飲みながら、坂田氏の語る、古い家具の由来や、こぼれ話を聞くのだった。

　もちろん、その店でも私はスケッチさせてもらったり、実測をさせてもらったりしていたし、たまに出る掘出し物（手擦れで底光りするほど使い込まれた素晴らしく魅力のあるウィンザーチェアだが、残念ながら脚がグラグラで使い物にならない、といったたぐいの……）をさらに安く譲ってもらったりした。

　その「坂田」の具体的な学習（家具修行）について書けば、それは、修理の重ねられた古い家具から木製家具の壊れ方を注意して観察することだった、ということになるだろうか。古くは数百年前に作られ、使い続けられてきた家具に完全品はない。みな、どこかしら壊れ、どこかしら修理が重ねられて来ているのである。

　「この家具は、こういう風に傷むものなのか、この構造ではここに無理がかかり、ここがこんな形で壊れるものなのか」という視点から家具を見ていたことは、その後、自分自身が家具デザインに取り組む際にどれほど役立っているか計り知れないものがある。

また、長年にわたって、ときには何代も使い継がれる家具には「使い続けたくなる」「そうせずにはいられなくなる」ような、愛着を誘う姿かたちや、表情や、構成があることにも思い至るのである。その魅力をひとことで言えば「オーソドックスであること」ということになるだろうか。機能的であり、構造的にも素材の選択においても無理がなく無駄がないこと、そしてそこに人間の無垢で無意識の意匠心が感じられる家具だけが、時空を超えて生き残れることに気付かされるのである。つまり、そういう経験が私にとって何ものにも代え難い貴重な家具の教材であり学習だった。

　このように昔の工人の残した家具からでも、私たちは学ぶことができる。

　家具に残された無名の職人の小さな工夫や独創的なアイデアを発見して、ときには思わず微笑んでしまうこともあるし、入念な仕事ぶりから、その職人の息遣いまで感じられて、製作の一部始終を肩越しに見つめているような錯覚に陥ることもある。

　学ぼうという気持ちさえあれば教材はどこにでもある。自分らしい教材を発見することや、その教材によって自分らしい方法で学ぶことも、愉しく有意義な家具体験のひとつであろう。

菅野ボックス　インテリアパース*

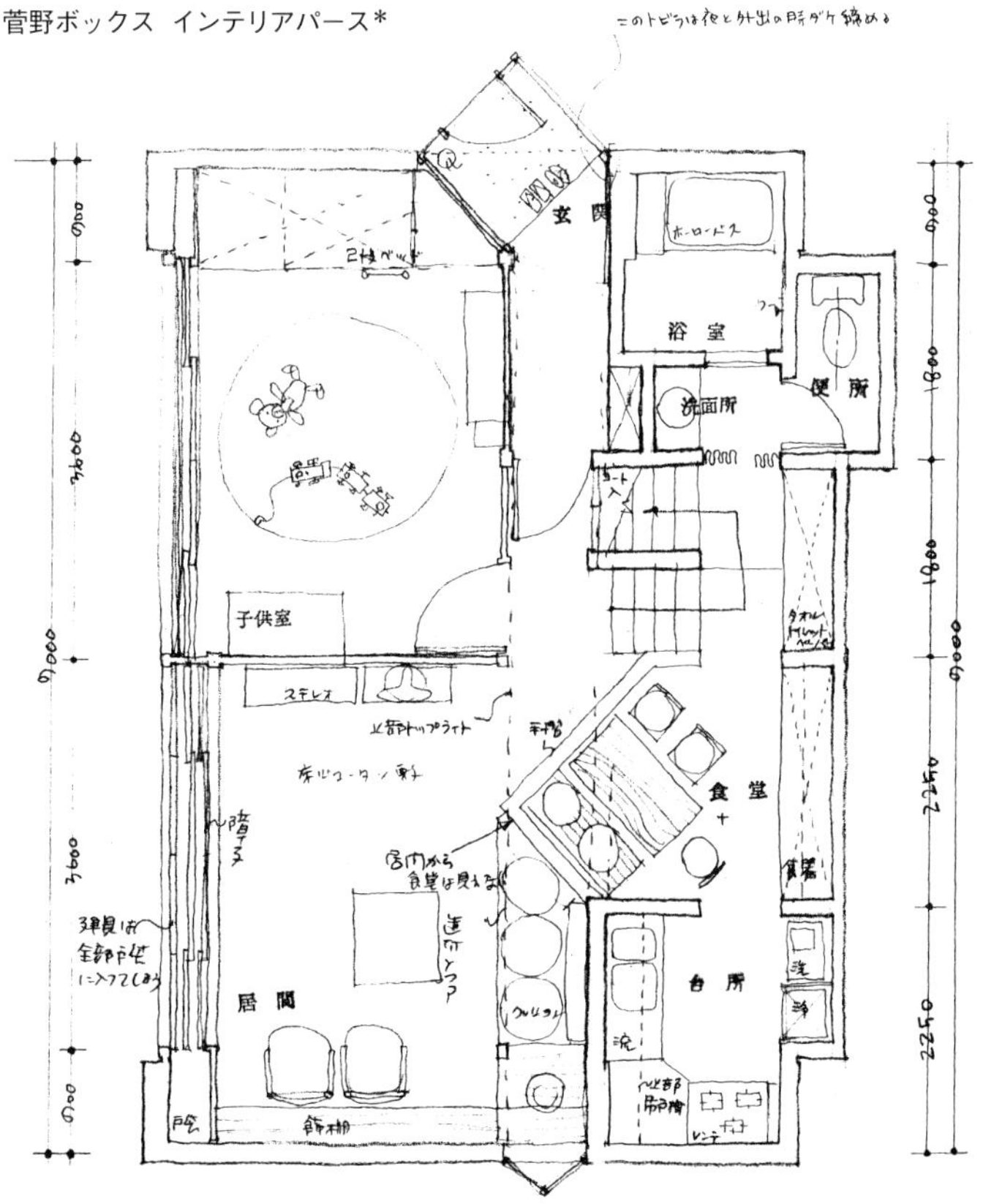

菅野ボックス　1階平面図*　1/100

第七章

●あかるい家庭の第一歩、暗い夜をつくること

キャンプに出かけると、夜の暗さと対照的な月や星の明るさ、想像以上にまぶしいランタンの光に驚いたことはないだろうか。暗さがあるから明るさがあるという単純なことに気付くと同時に、何か忘れていた光景を思い起こさせてくれる。

現代には暗がりがない。家庭もオフィスのように隅々まで明るく、どこでも新聞が読めるのが、日本の明るさの常識である。昔に比べ、豊かな電力事情と蛍光灯の普及を背景に、その明るさを競う風潮はとどまるところを知らない。電灯が家庭に普及し始めた頃、今よりずっと暗い電球を昔の人は「昼間のように明るい」と形容したそうだが、今ならどんな表現になるのだろうか。

明るさは、日本の高度成長期、豊かさの象徴であった。「豊かな暮らし＝明るい照明＝あかるい家庭」といったところだろうか。

日本では、帰宅前に飲食店に寄り道をするサラリーマンが多いのは、明るいオフィスと明るい家庭の間で、暗さのある安らぎ空間を求めているからだという説がある。また、日本の家庭がオフィスと同じように明るいのは、緊張状態を保たないと社会についていけないという脅迫観念のようなものが、日本人の心理にあるのだろうと言う人もいる。こんな状態が正常な社会を育むことができるであろうか。

昼と夜、二十四時間で繰り返す明と暗は、人間が人間でない時代から変わらない進化の条件のひとつである。日の出とともに働き、日が暮れると暗い安らぎの時間が訪れる、こんな環境で私たちは進化してきた。覚醒と安らぎが適切に繰り返すことにより、正常な精神が育まれてきたのだ。

現代人のように、夜も明るい生活を過ごすようになったのは、進化の時間の物差しからすれば、瞬きにも満たないわずかな時間である。現在人間が、進化の中で過去にない特別な状況に置かれているとしたら、そのひずみは必ず現れるような気がする。

まず、「明るい照明＝あかるい家庭」という考えを捨てること。家庭では、オフィスや学校と違う光環境を創ること。夜は安らげる暗い夜を用意することである。これこそ本当の意味での「あかるい家庭」への第一歩である。

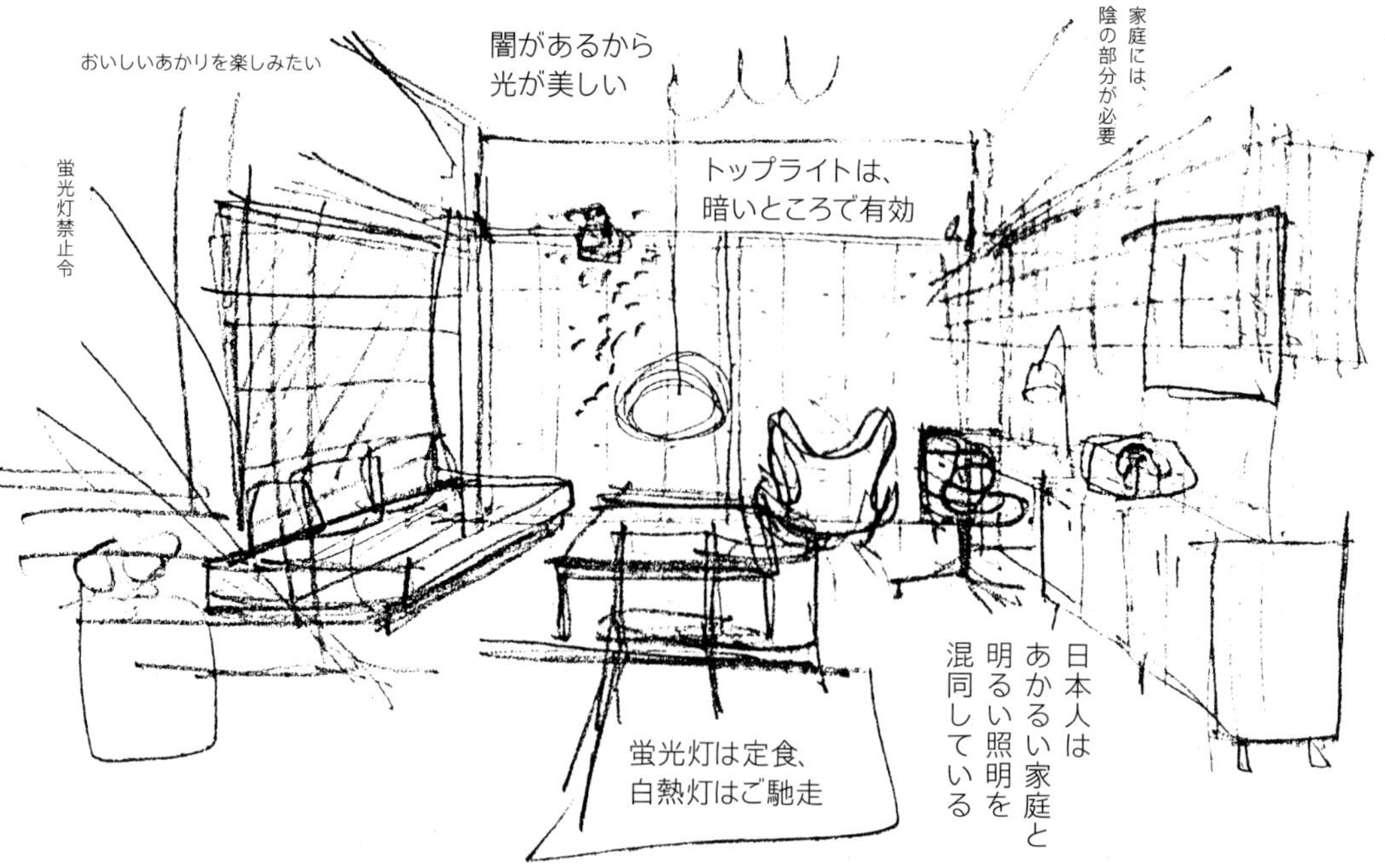
おいしいあかりを楽しみたい
闇があるから
光が美しい
家庭には、
陰の部分が必要
蛍光灯禁止令
トップライトは、
暗いところで有効
日本人は
あかるい家庭と
明るい照明を
混同している
蛍光灯は定食、
白熱灯はご馳走

展開図*に照明器具を描くと、光の効果がわかる（イラストのキャッチコピーは、宮脇塾長の言葉）

◉おいしいあかりを楽しむ方法

日本の住宅に必ず付いている、天井中央の照明器具取付具をご存知だろう。「引掛けシーリング」という。部屋の広さに合った規格の照明器具をこれに取り付ければ一定の照度を得ることができる。ほとんどの人は、何の疑問もなく、半ば義務のように器具を取り付けてしまう。その結果、どの部屋も天井照明、それも日本の家庭の多くは、蛍光灯の青白い光が上から降り注ぐ光環境となる。スイッチを入れればいつでも明るさを確保できる、一見便利なこのシステムが、日本人のあかりを楽しむという文化を阻害している。住宅を供給する側も、住人はそこに器具を付けるものと思い込んでいるから、必ず天井にこれを付けてしまう。まさにあかりの文化を産み出さない無限軌道のようである。

あかりの楽しみ方には、明るさ（量）だけでなく、光の拡散の仕方や配置、高さ、色味、照らしたり照らされたりする方向、などの様々な要素がある。それを一つずつ変えてみることにあかりの楽しさがある。

かえって蠟燭《ろうそく》やランプのようなパワーの少ない光の時代の方が、様々な工夫があったような気がする。燃焼だけの弱い光で、勇壮な祭りや華麗な舞踏会、家庭の安らぎのあかりまでを表現していたのだから。今は量に頼っているだけなのだ。

あかりを楽しむためには、勇気を出してこの「引掛けシーリング」を無視することから始めてみたらどうか。

スタンドをコンセントにつないで、部屋の隅にでも置いてみるとよい。学習スタンドのようなものならヘッドを回して、天井、壁、床と明るくする位置を変えるだけでも雰囲気が変わるはずである。セードタイプなら部屋の隅から中央へ移動しただけで違った雰囲気になる。明るさの感じも変わるが、意外に明るいことにも気付くだろう。こんな体験が、照明に対する既成概念を取り去り、「あかりっておもしろい。」という気持ちえを芽生させるのである。これこそ、あかり文化への入り口である。

明るければ良いというのは、お腹がふくれさえすれば良い食事と同じ。あかりをつけたら楽しいと思う気持ちが、おいしいものを食べたいという気持ちと同じなのである。様々なおいしい光を楽しむことこそ居住空間の光の在り方である。

ひかりとあかり

土地を読みながら光と陰を読む

本来、昼間、照明をつけなければならない住宅は、失敗である。日本の住宅は、隣地の建物の影響が自邸の光環境に大きく影響するという問題を抱えているから、土地を読みながら光も十分読んでトップライトや窓の配置を考えることが必要だ。

しかし、周囲環境やセキュリティ、プライバシー上の理由、あるいは季節や天候まで考慮すると、昼間も光を必要とする場所がどうしても出来てしまうことがあるだろう。こんなとき、最少のあかりで明るさの効果を得るためには、昼の光によって出来る空間の陰影を十分把握しておくことが大切である。

窓から入った光は、まず床や壁を照らし、そこから反射、拡散した光が、空間全体に回ってゆく。既存建築の光の入り方を観察しそれを参考にすると、これから建てようとする建築のどこが明るく、また逆に暗くなるかが想像できる。モデルを作って屋外に出し、内部を観察してみるともっとよくわかるだろう。特に暗くなる部分に注意しよう。昼間は、この部分に光を与えることが明るさ感を得るのに最も効果的だからだ。もちろん、住宅から陰の部分をすべて取り去ることがよいわけではない。陰を生かすことを同時に考えることを忘れないでほしい。

●人を知る、光の5W1H

良い照明計画をするための心構えとして、「適光、適所、適時」という言葉がある。適切な量と質の光を、必要な場所に、必要な時に配置するという意味で、「適材適所」をもじった言葉である。このために設計者は、住人の住宅における一日の行動や身体的条件を知ることが大切である。

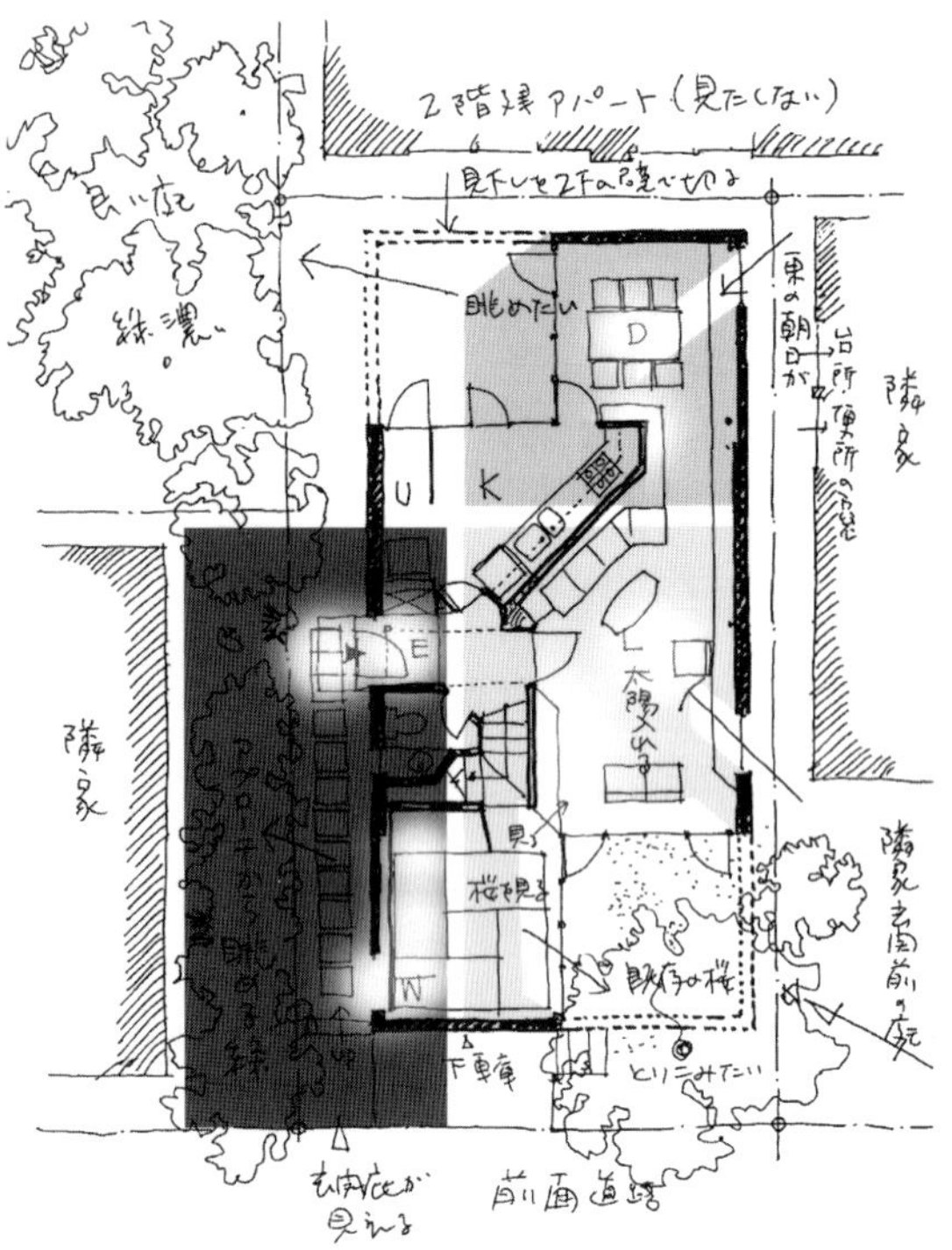

土地を読みながら光を読むメモ*
アプローチ部分は、夜の光の様子も想定している。

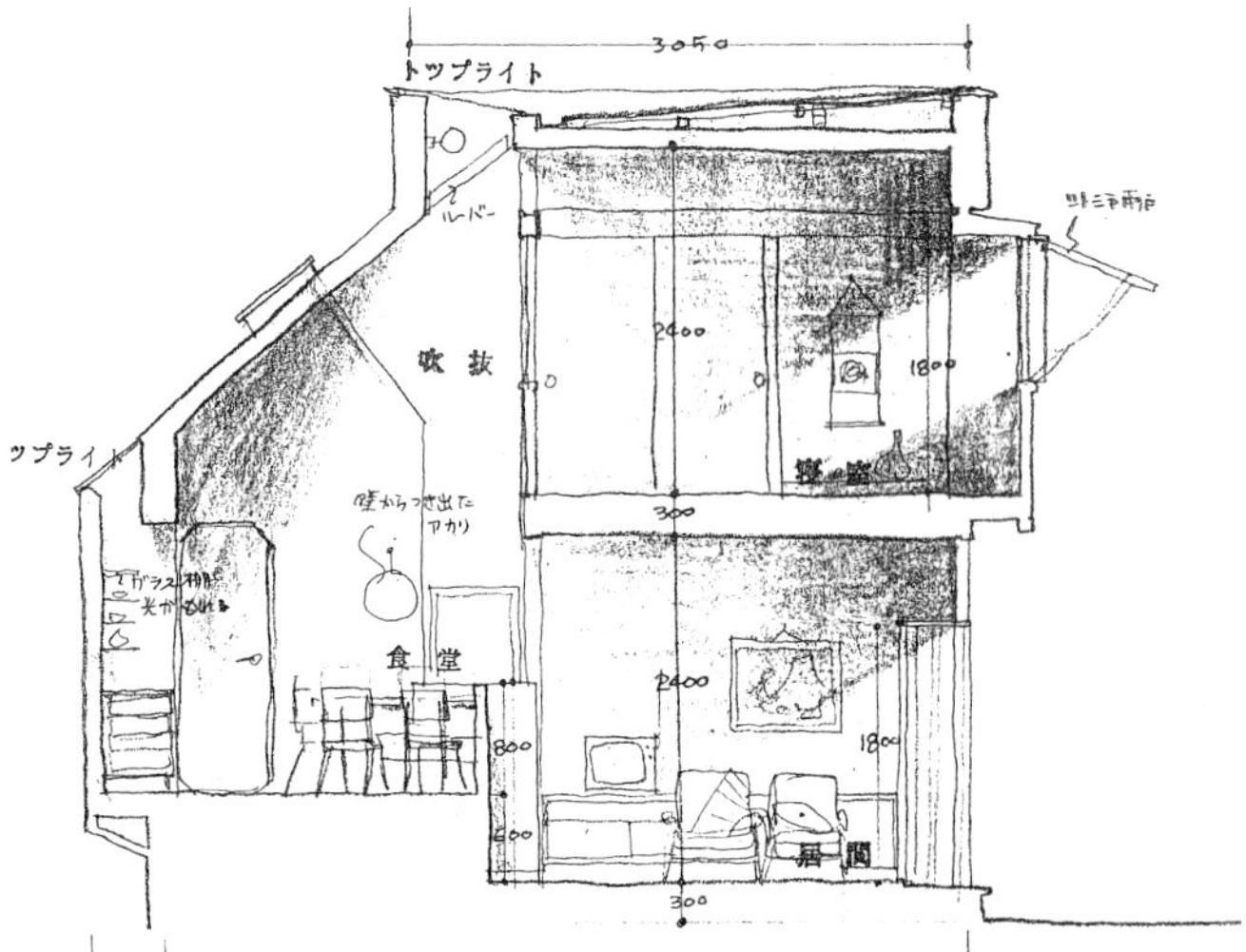

菅野ボックス断面*　1/100

土地を読みながら光を読む。
自然光を想像しながら光と陰を読む。

「だれが、いつ、どこで、何を、なぜ、どのように」何事にも共通するこの5W1H原則に基づき、計画の初めに住人をよく知っておこう。「だれが」は、その人の身体的条件のことである。例えば、お年寄りで目の機能が若い人に比べ衰えてきているとか、視覚の個人差などを中心に把握する。「いつ」は、そのときの自然光の状態や同じ空間の時間による利用方法の違いである。「どこ」は、光を配置する場所とその広さ、「何を、なぜ、どのように」は、そこでの行動の詳しい内容である。これらの情報が、個々に用意しなければならない光の量、質、位置を教えてくれる。ここでは、照明器具を選びたくなる気持ちを押さえ、条件把握に徹することが大切である。

●「見せる光」と「使う光」

次にこの結果を、目を使う作業（視作業）のための光「使う光」と、空間をつくるための光「見せる光」を分けて整理しよう。読書、新聞、裁縫、調理などは「使う光」、作業のしやすい適切な光の量や質が問題となる。一方、団らん、食事などの「見せる光」は、空間の印象を場に合った雰囲気に仕上げるための光の配置や質が問題となる。

飛行機の中の光を思い出していただきたい。少ない電力で照明をしなければならない機内では、天井や壁を明るく見せる間接の光＝「見せる光」と、読書をしたりするための手元灯＝「使う光」が明確に区別されてエネルギーの無駄を省いている。住空間では、少し区分があいまいな場合もあるが、重複する要素があっても分けて整理しておくと、空間に必要な光が見えてくる。

しっかりとした条件の把握は、目的を持った光環境創りの第一歩だ。

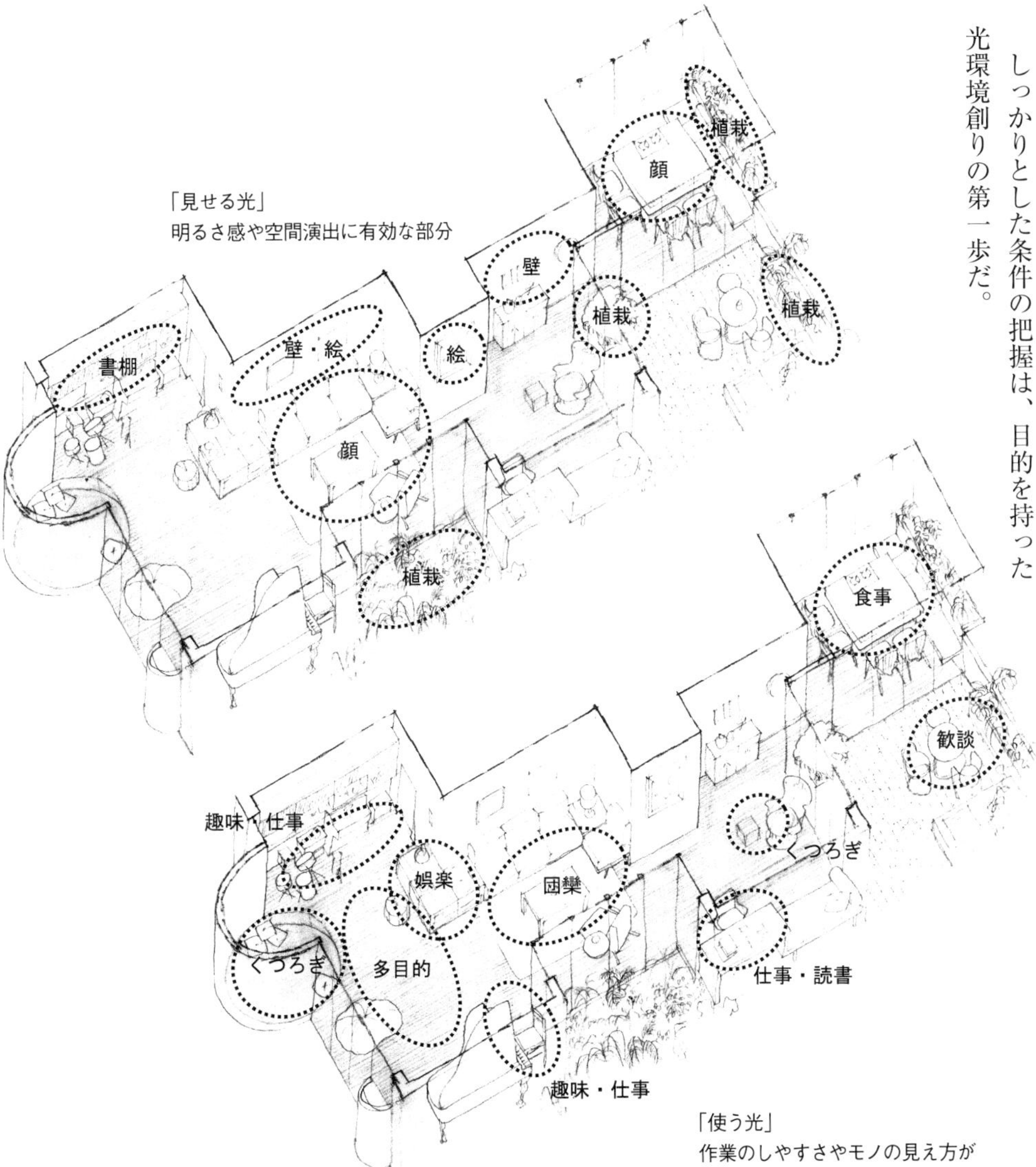

「見せる光」
明るさ感や空間演出に有効な部分

「使う光」
作業のしやすさやモノの見え方が重要となる部分。藤岡邸計画案*

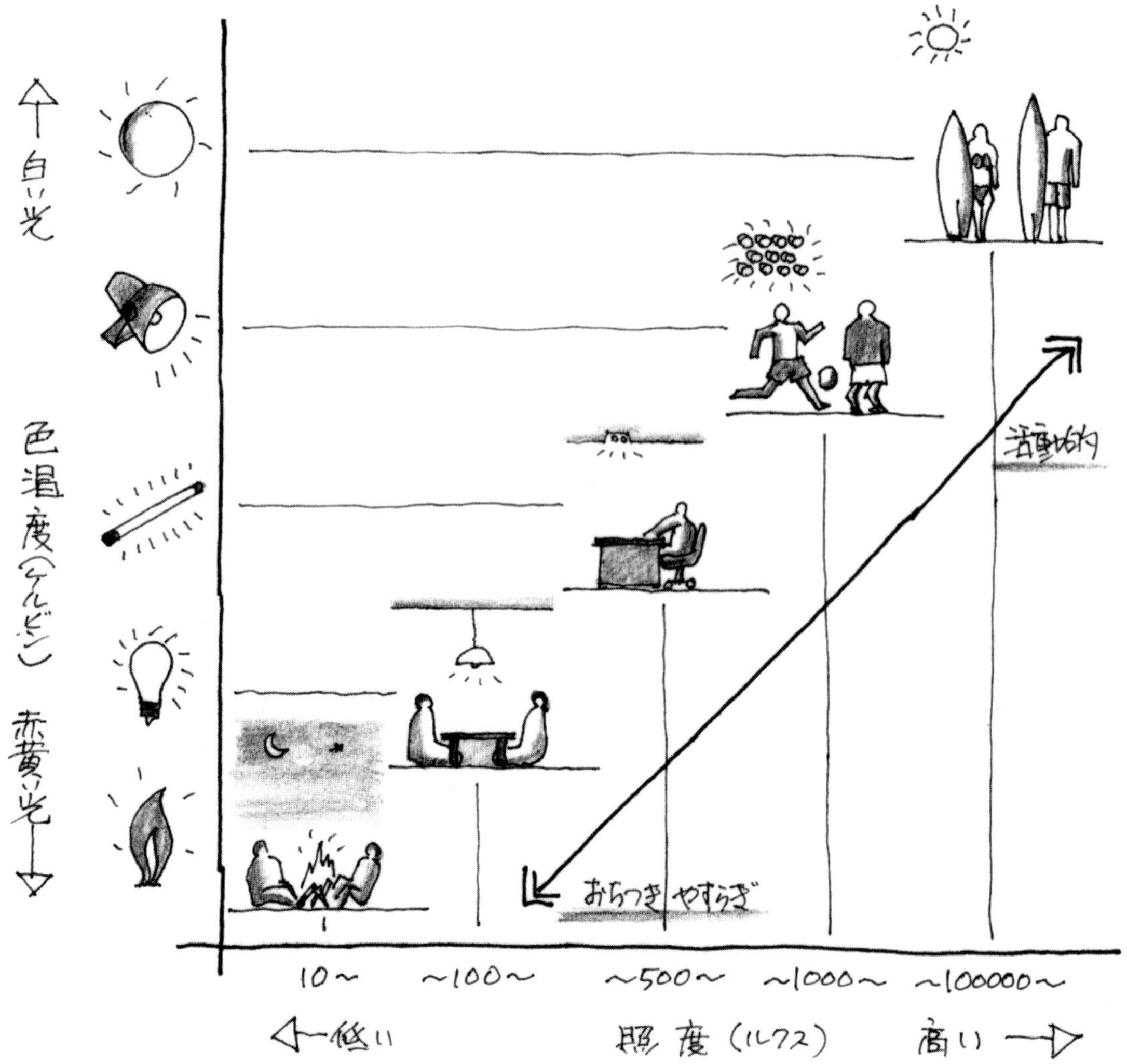

色温度と照度の関係
色温度と照度には適切関係がある。この関係のもとに私たちは、進化してきた。

安らぎの光は黄色い光

色温度（いろおんど）という言葉をご存知だろうか。写真の世界では「しきおんど」と読む。同じ意味である。最近、蛍光灯のテレビコマーシャルで「温か味のある温白色」とか「クールな昼光色」とか言っているあれである。温度を表す言葉で形容しているが、光自体が暖かいわけでも冷たいわけでもない。そういう印象を持つ光であるということである。やさしく言えば「黄色い光」「白い光」ということだ。

太陽の光は、朝の黄色い光から日中の白い光、そして夕方また黄色い光へと変化している。こんな繰り返しの中で、ずっと昔から人は昼間働き、夜休む生活を続けてきた。暗くモノが見えない夜より、明るい昼の方が活発に活動できることは言うまでもない。黄色い太陽が沈んだ後は、オレンジ色の焚き火や蠟燭、ランプなどモノを燃やす光でくつろぎの時を過ごしてきた。

これを裏付けるように生理学的に白い光は心拍数の上昇を伴い、心理学的には黄色い光の方が落ち着きを感じさせることがわかっている。だから人間にとって白い光は働く光で、黄色い光は休む光なのである。

オフィスのような蛍光灯の青白い光が多い日本の家庭は、本当に安らぎやくつろぎの居住空間なのだろうか。「癒《いや》し」が時の言葉となっている現在、最も身近な家庭の光の色味を見なおす必要があるようだ。

◉色は光で決まる

店で買った洋服を家で見たら違う色だったことはないだろうか。店と家の光の違いが原因である。専門的に言うと「光の演色性（えんしょくせい）が違う。」となる。

光は、無数の単色の光成分から出来ている。プリズム（三角柱のガラス）で虹を作ったことのある人はおわかりと思うが、虹は、赤、黄、緑、青、紫の光がグラデーションで現れる。これが、光の成分なのだ。空の虹も同じである。

私たちは、光がモノに当たり反射した成分の光を見ている。赤を反射するものは赤、青を反射するものは青、全部反射すれば白、吸収すれば黒といった具合である。だから光の成分量が異なれば色の見え方は違ってくる。昔、寿司屋で蛍光灯を使わなかったのは、蛍光灯の光の成分に赤い光が少なく、マグロの赤身がくすんで見えたりしたからである。

◉ナチュラルライトとデジタルライト

大学の授業の中で、十年近く継続して色の見え方の課題を出している。赤、青、緑の三色を自宅にある電球や蛍光灯の下での見え方をレポートする内容だ。厳密な実験ではないが、光によってモノの見え方が違うことを意識させる意図がある。最初の頃は、蛍光灯で見る赤について、半分以上の学生が「鈍く、くすんで見える」とレポートしたのに対し、最近ではそれがほとんどなくなってしまった。それどころか蛍光灯の方が良く見えるという意見が多くなった。調べてみるとやはり3波長型をはじめとする新しいタイプの蛍光灯の普及が原因であった。これは、色を認識させるために必要な光の三原色（赤、青、緑）の発光を強化し、その組合せで中間の色を見せるというテレビの発色原理に近い光である。言わば数字の1と0ですべてを表現するデジタルの世界に近い光源である。この光だと原色は電球より鮮やかに見えるから、マグロは鮮やかな赤身に見え、寿司屋こそ蛍光灯の時代になってしまうのだ。しかし色には、原色だけではなく、限りない数の中間色がある。それらに対してはまだ、蛍光灯の光は、太陽光や電球の光に及ばないということを知っておこう。

最近、食品でも主たる栄養素に対し、少量しか含まれないミネラル分が見直されているように、電球や太陽の光のようなすべての光の色成分を、自然なバランスで含んでいる光こそ、物の色をナチュラルに見せる良質の光であるということを理解しておく必要がある。

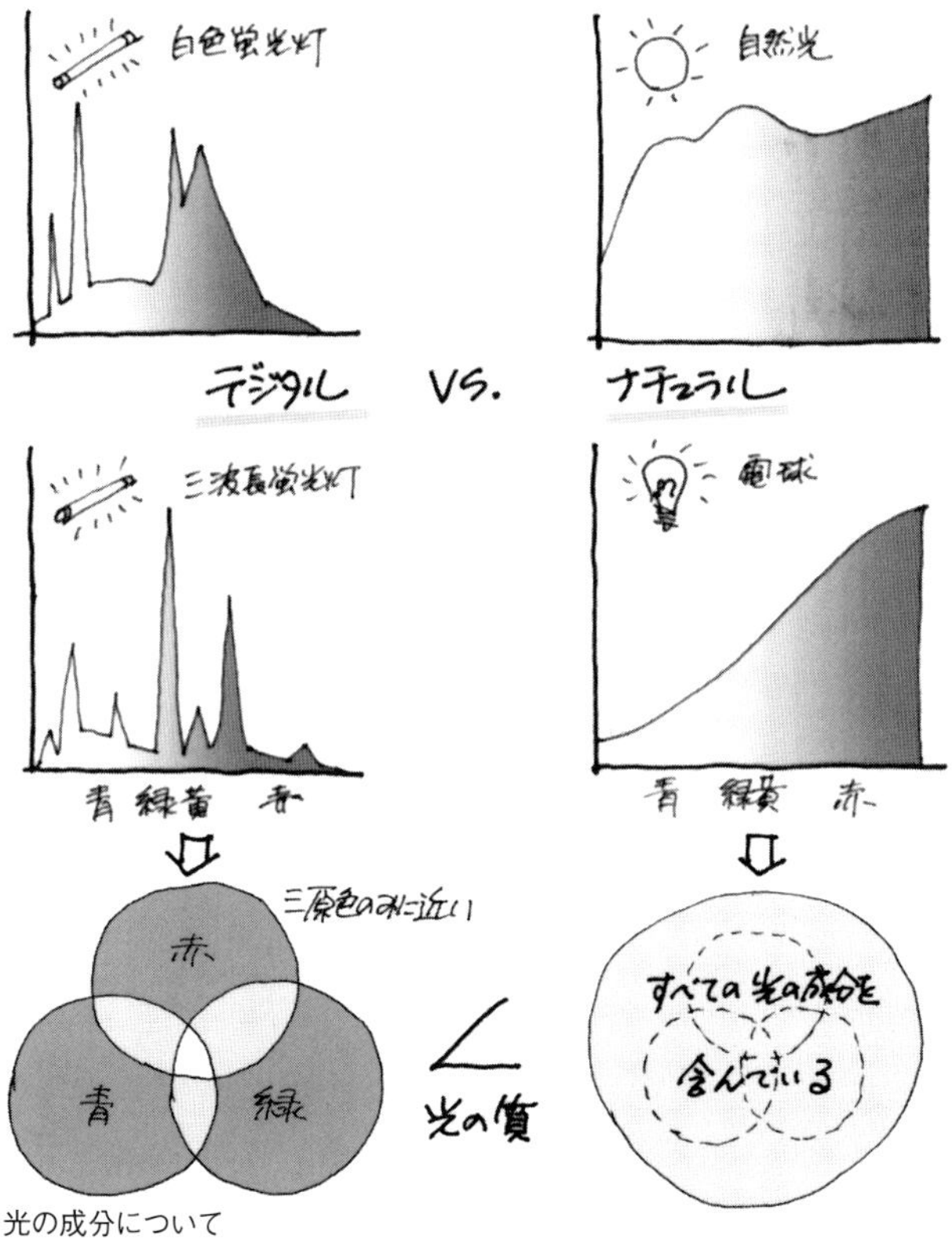

光の成分について
現代には、燃焼によるナチュラルな光と、人工的な光とが混在している。

光の重心

光にむろん重さがあるわけではない。
空間を眺めたとき、明るい部分あるいは輝いている部分の分布の中心が、空間のどの辺にあるかということを「光の重心」と呼ぶ。例えば、日本の住宅のように天井に輝く照明器具が付いている場合、空間の中でそれが最も明るく、そこから出た光が壁や床と順に明るくしている。この場合は光の重心が高いということになり、逆に、小さなスタンドが床に置かれているような場合は、光の重心が低いということになる。

この光の重心は、低い方が落ち着いた雰囲気を作り出してくれる。モノの形や重さでも、重心が低いモノの方が安定感や落着いた感じを与えるのと同じである。

小さなスタンドは、テーブル、棚、床と置く位置によって、スポットなら照らす高さを変えることで光の重心は変化する。ダウンライトは、器具自体の輝きの少ないグレアレスタイプ（ブラックコーン、ブラックバッフルなど）を使えば光の重心は低くすることができる。

椅子、ソファー、座といった生活スタイルの違いによって、それぞれにマッチした光の重心を選択しよう。基本的に、住宅の光の重心は、視線より低くすることを心がけると落ち着いた空間になる。

床に置いたスタンドは意外に空間を明るくする。光の重心の低い落ち着いたイメージ。松川ボックス ＃1

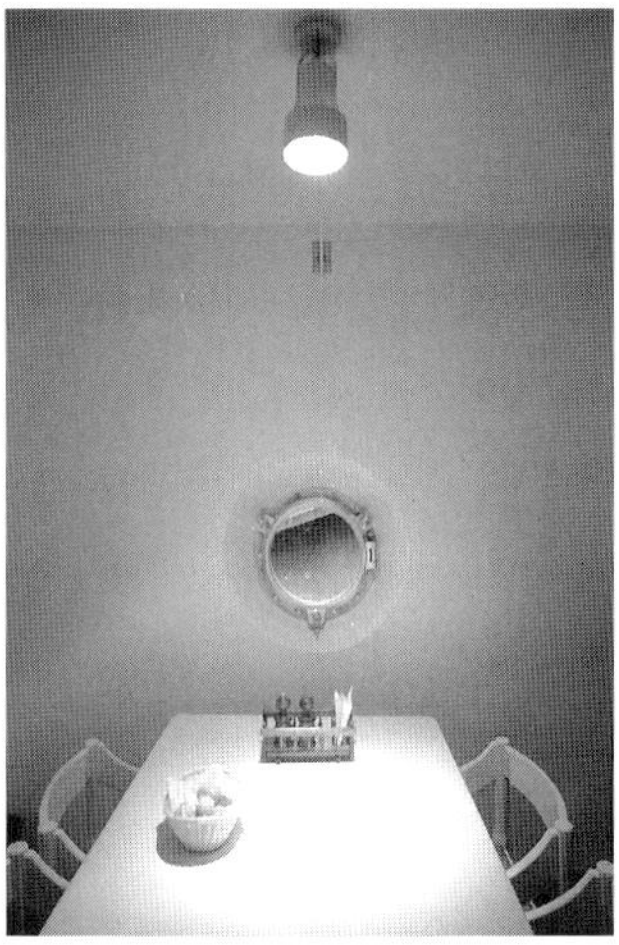

テーブルトップの反射光は、家庭の銀レフ。安岡邸*

●横や下からの光は魔法の光

映画や写真の撮影に使われる銀レフをご存知だろうか。太陽や照明の光を被写体の下で反射させる大きな板のことである。これは、顔の凹凸、あごや首筋にできる影を和らげ、より美しく見せる魔法の光をつくりだす。

重心の低い光環境も落ち着いた空間をつくるだけでなく、人の顔に対して横や下からの光を与えるので、銀レフと同じように家族の顔の見え方にも良い効果をつくり出すことのできる光環境だということを覚えておこう。

照明器具だけでなく、インテリア素材や家具の色彩にも気を使ってみよう。食卓の白いテーブルクロスや洗面台の白いトップは、適度な下からの反射光を作り出す。まさに家庭の銀レフである。

かつて日本家屋も、昼は障子を透過した横からの拡散光、夜は座の高さの行灯《あんどん》からの拡散光であったように、横や下からの光は、あかり文化の中で培われてきたのであるが、天井の引っ掛けシーリングのせいでいつの間にかなくなってしまった。

家族の顔が美しく見えることは、常に顔を付き合わせて生活する住宅において大切なことである。明るいだけの照明ではなく、「美しく見えるあかり」をテーマに「魔法の光」を探すことも楽しいことではないか。

●やわらかい光とかたい光

光には、やわらかい光とかたい光がある。間接照明のように光源が直接見えず、反射面で拡散した影のできにくい光をやわらかい光という。和紙のスタンドのように素材を透過してくる光が、拡散される場合も同じような効果が得られる。影を作りにくいから、やわらかい光は顔のしわを消す効果もある。

懐中電灯で顔を照らすと顔に影がきつくできるのは、かたい光である。やわらかい光は面の輝きから作られ、かたい光は点に近い輝きから作られる。

上からの光プラス下からの光は、作業性も高めてくれる。富士山邸*

天井は高いが、座の生活に合わせ、光の重心を低く考えている。龍神邸*

例えばスポットライトの光は、初めかたい光だが、壁に反射させるとやわらかい光に変化する。住空間には、やわらかい光が基本であることを覚えておこう。

照度と明るさを分けて考える

「○～○畳用」は、日本の照明器具によくある表示である。これは、それぞれの部屋の水平な面で、照度約75～100ルクスが確保できるように計算されている。規格化された日本住宅にはわかりやすい表示のように思われるが、しかし部屋のインテリアの違いは考慮されていない。

照度は、ある面に当たっている光の量である。私たちが見ているのは、そこから反射してくる光であるから、その面が白と黒ではどちらが明るく見えるだろうか。間違いなく反射率の高い白である。

要は、「照度＝明るさ」にならないということである。正しく言うなら「照度×インテリアの色彩＝明るさ」ということになる。照明に頼らなくとも、明るい空間をつくりたければ壁の色を明るい色に変える方法だってあるわけだ。照度は、前述の「使う光」の明るさの基準としては必要条件だが、「見せる光」にとってはそうでないことを理解しておこう。

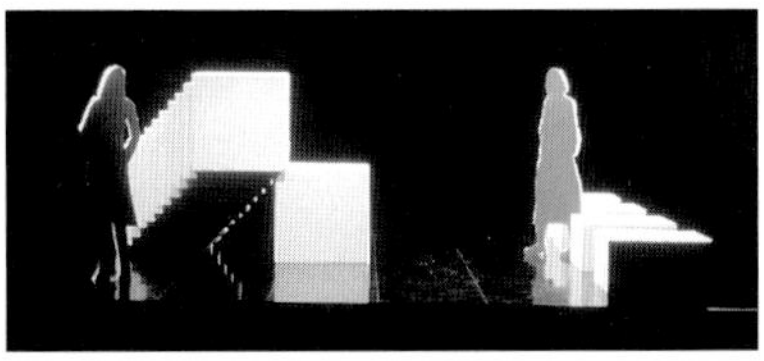

内装色の違いによる明るさ感の違い。
照度は同じでも、インテリアの色彩で空間の明るさ感が違う。
（ヤマギワ アプリケーマニュアル）

◉明るさは、壁で考える

部屋に立って通常の視線（水平）で周りを見回してみよう。天井、壁、床のうち視野の中に占める面積は、どこが一番多いだろう。部屋の大きさにもよるが、一般的には壁である。平面図では、線でしか現れない壁が、実は「見せる光」には一番重要なのだ。壁に限らず空間に垂直な面はすべて同じである。例えば、テーブルに向かい合うお互いの顔もこれに含まれる。

これらのどこに、どのくらいの、どんな光を与えるかを考えることが、その空間の光のデザインであり、明るさ感もこれで決まるのである。「明るさ」と言われたときに「壁」を連想できることが、デザインをする感性に欠かせない要素である。

モデルによる光環境体験課題。ボックスの穴の位置を変え、「おちつき」や「ひろがり」の空間をつくる。
（居住コース学生提出物より）

◉使う光は、方向一番、照度二番

「使う光」は、勉強部屋や書斎の机、キッチン、ユーティリティスペースなど、視作業をする作業面の光である。これらのスペースでは、その作業の中心となる場所にタスクライト（作業用照明）を用意するのがよい。部屋中を作業の明るさにするのは無駄が多すぎるからだ。

作業に必要な明るさは、どのくらい細かい作業なのかによって必要な明るさが決まる。さらに作業する人の年齢が高くなるほど明るくする必要がある。例えば、二十代に必要な明るさを一・〇とすると四十代では一・八倍、六十代では三・二倍もの明るさが必要と言われている。

しかし、十分な明るさを確保したとしても、その明るさが有効に活用されなければ意味がない。左利きの人が左からのスタンドの光で書き物をしたとき、手の影で手暗がりになってしまうことはよくある。手だけでなく、頭や体が影を作っていることもある。これでは、照度が十分でもそれをすべて生かしたことにはならない。だから、光の方向や影を作らない光の工夫をすることが、照度確保と同時に必要なのである。

意外と知られていないのが、光幕反射グレアという現象である。これは、主に紙面を見るときに起こる弊害で、紙が光っていて見えづらくなる現象のことを言う。光源が作業面の正面にあるときに起こりやすい現象である。「使う光」は、正面でなく、利き手反対側の横に置くことを原則として考えよう。

ダイニング。橋爪邸*

洗面、ユーティリティ。
菅野ボックス*

書斎。大高邸*

トイレ。和久井邸*

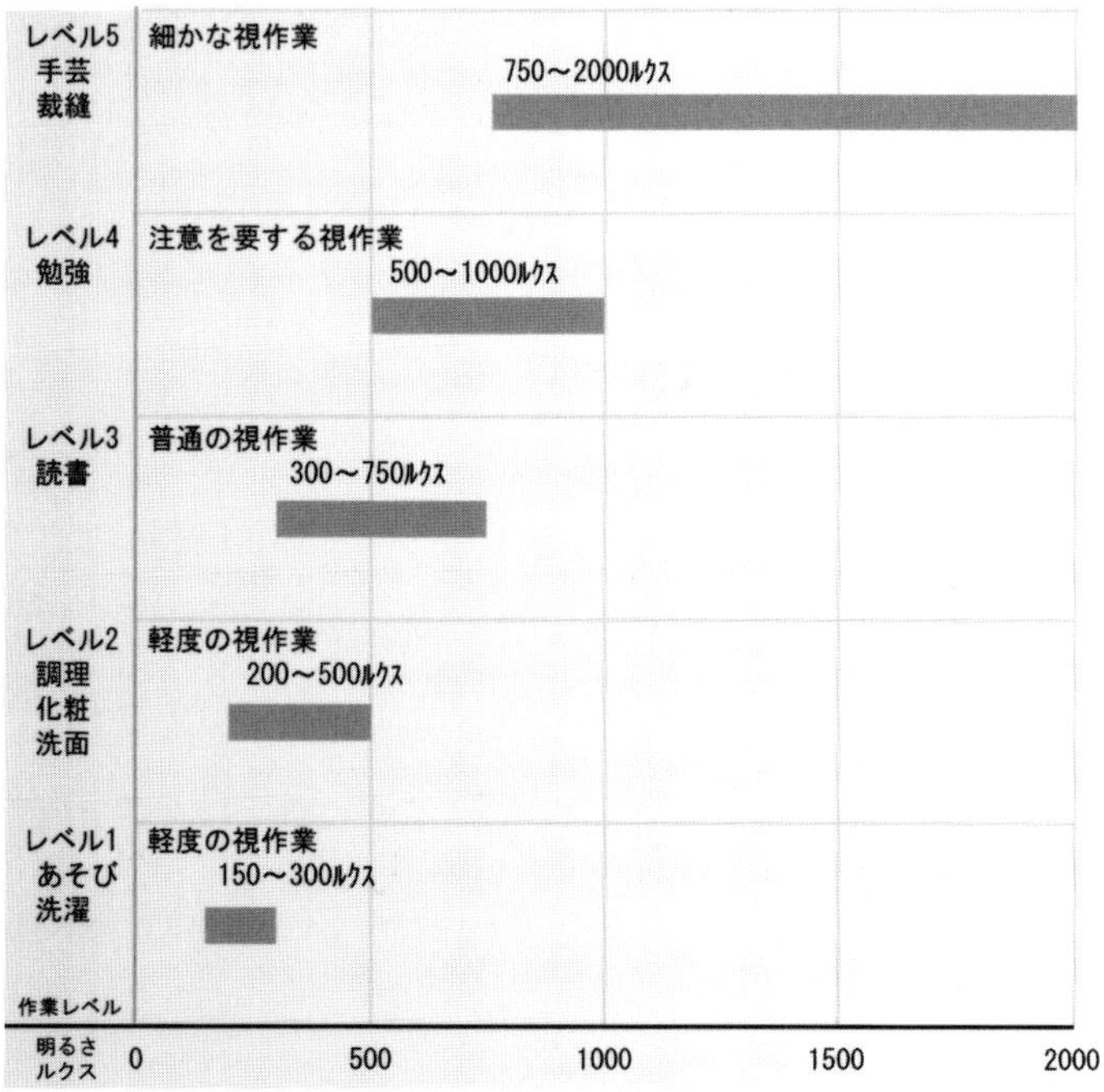

「使う光」作業別照度（JIS参考）
作業内容によって作業面に必要な明るさを覚えておこう。通常の場合は、各範囲の少ないほうで十分と思われるが、状況によって増やすことを考えよう。また、2000ルクス以上照度を上げても、あまり視作業効率の向上は見られないことも覚えておこう。

キッチン。加藤邸*

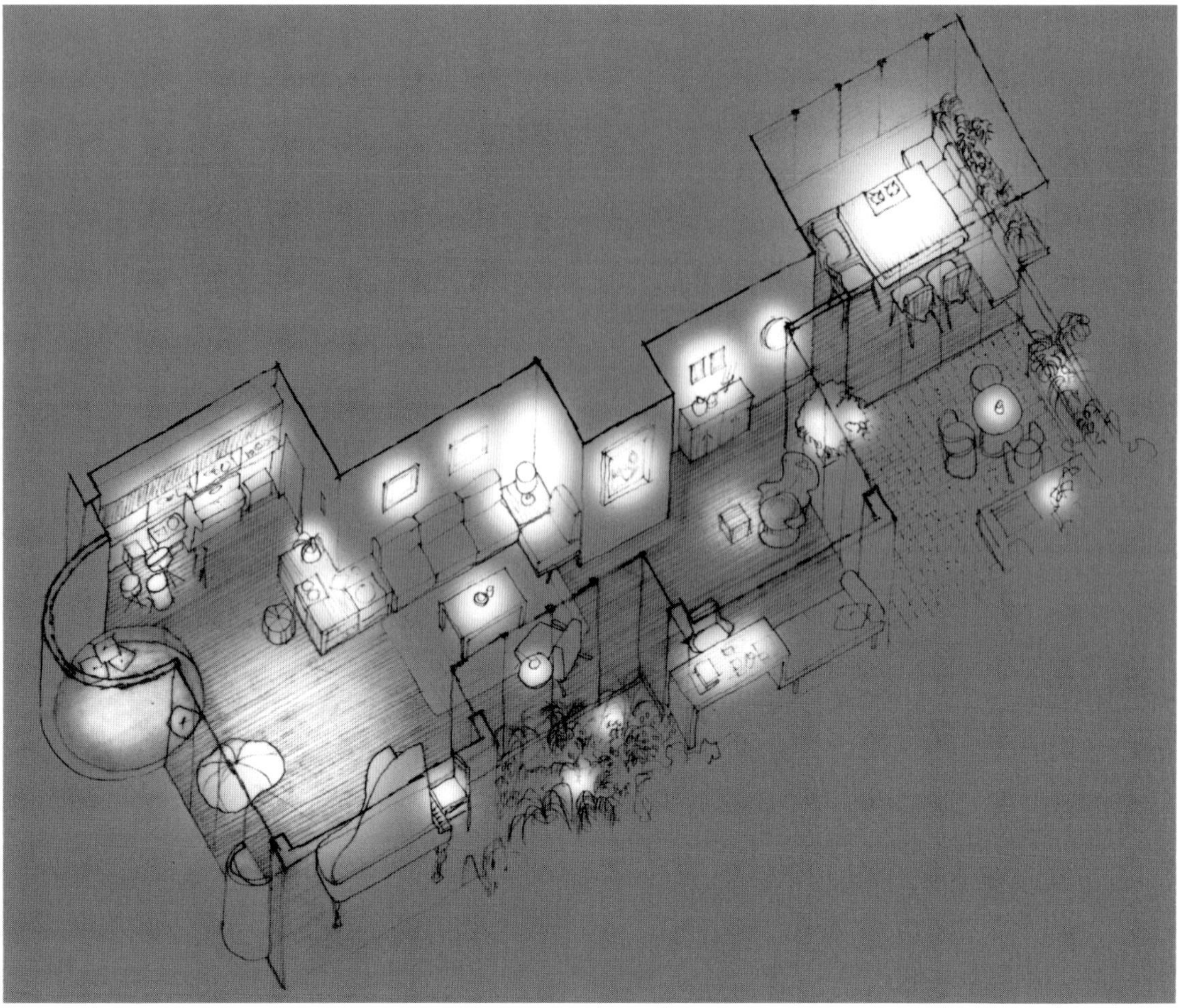

光のえくぼ配置例。藤岡邸計画案*
どこに光を配置するかという感覚で照明計画をしよう。

空間に光のえくぼ

トイレにダウンライトはよくある光景で、便器が皓々と照らされている。夜中にトイレに起きたときには、その白さが目に痛いくらいである。あるとき、壁面の小さな絵に小型のスポットライトの光が当たっているだけのトイレに出くわした。小さな空間だから予想以上に明るく、さらに絵を照らした光がえくぼのようにやさしく微笑んでいるようで、居る場所を忘れてしまうようだった。他の空間にもこんな光の演出が点在していたら楽しくなるのではないか。廊下や階段、人を迎え入れる玄関や居間など、生活の中心となる場所はもちろんである。「そんなに使ったら電気代が……」と思われるかもしれないが、今は、白熱電球系のランプでも二〇〜五〇ワット程度の小型スポットやダウンライトがあり、近い距離で照明するなら十分明るい。スタンドを部屋のコーナーに置くような方法も効果がある。

居間でも、天井中央に六〇ワット五灯組の照明器具を一つ付けるより、好きな場所に光のえくぼを五か所作った方が楽しい空間ができるは

トイレ。龍神邸*

大高邸*

夜のスケッチ。有賀邸*

ずである。

光のえくぼを空間に配置していくと、「見せる光」ができる。初めから明るさを決めるのでなく、光のえくぼを配置しながら、全体の明るさを創り出すという感覚が重要なのだ。照明計画は、器具選定ではなく、光のレイアウトだということを忘れないでほしい。

◉「お帰りなさい」の光

門や玄関の扉など、帰宅したとき、まず目に入るわが家の印には、必ず光がほしいものである。「お帰りなさい」と言っているような光が、外から見えたらほっとするだろう。玄関先のあかりは安全面だけでなくメンタルな部分に訴えかける光でもあることを忘れず、おろそかにしないでほしい。

コモンツリーのライトアップ。青葉台ぼんえるふ。
ライトアップは、照らし上げるの「アップ」でなく
「メイクアップ」の「アップ」である。

◉コモンの光

最近、街路照明は、街灯のデザインや光害に配慮するようになってきたが、まだ「道路のための照明」から発展していないような気がする。夜、住宅地からは街並みの景色は消え、街路灯の連続空間になってしまう。

住宅は個人の財産であるが、街路もそこに住まう人々の共通の財産であるという意識を、住まう側も設計者も持てば、もっと良いものができるだろう。

個々の住宅の玄関先に統一された門柱灯のあかりがあれば、街路の照明を兼用でき街灯もいらなくなるし、整理された美しい夜の街並みを創るだろう。住区のシンボルとなるような樹木が夜、光を纏っているというのも、まとまりのある感じがしていいものである。新たに作られる住宅地では、この共有する光「コモンの光」は欠かせない計画項目だと思う。

新井邸*

「集うあかり」と「個のあかり」

社会にオフィスや学校のような活動の場所と、家庭という安らぎの場所があるように、安らぎの家庭の中にもみんなが集う公室の光環境と、家庭の中で最も安らぎのグレードの高い個室の光環境が用意されていたい。

◉集うあかりには仕掛けが必要

キャンプに行くとかまどの前で子供が火をじっと見ていることがよくある。ランタンで照らされた食卓には、虫も集まるが人も集まってくる。自然の暗さの中で明るい火は、人を集める効果がある。昔から住宅には、集う場所があった。暖炉は、明るさと暖かさ、そして象徴的な形が、集う中心となっていた。日本の囲炉裏も火を囲んで人が集まる、団らん、食事、調理の場であった。

個人生活の集合のようになった現代の居住空間には、こんな場所が少なくなってきた。しかし、個々が忙しい生活だからこそ、住宅には、家族がすれ違い程度でも顔を合わせられる、集う仕掛けが必要ではないか。

写真のトップライトを兼ねたレンジフードには、照明が隠されている。昼も夜も、光がそこ

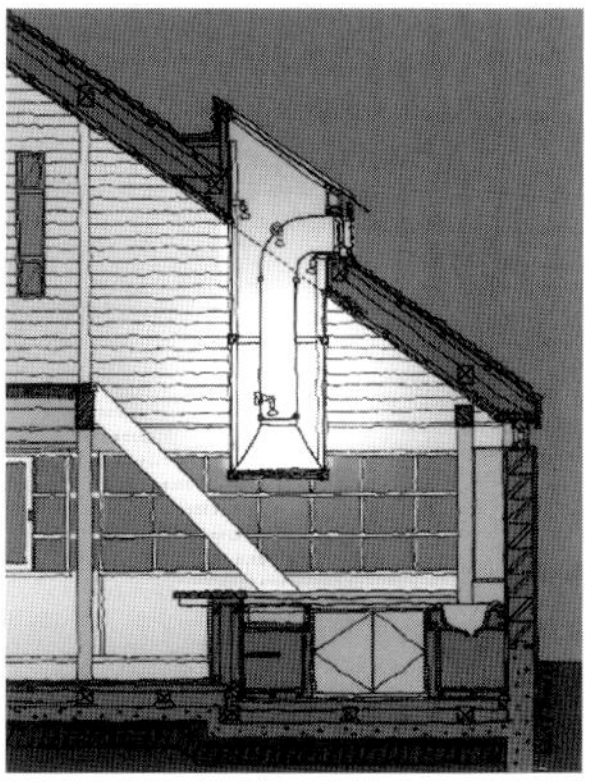

佐藤ボックス　台所断面図*

トップライト、照明、一体型レンジフード。「集う」を強調するモニュメント的存在でもある。佐藤ボックス

にあってダイニングのあかりとして機能するとともに、光と形による空間のアクセントとして、そこを目指して人が集まる。光とそれ以外の建築的仕掛けや空間のしつらえが、相乗効果として集う場所を作り出すということを忘れないでほしい。

◉個のあかりは、暗く柔らかく

日本では、寝るためだけの寝室でも天井にリビングと同じような蛍光灯の照明器具がついていて明るい。よく考えてみると、おかしくないだろうか。

人が、美しく気持ち良く感じる光景は、明るい草原を暗い林の樹間から眺めた光景だということを聞いたことがある。明るいところを見ているのに自分は暗いところにいるわけだ。人は、自分の居場所のひとつとして暗いところを必ず必要としているのかもしれない。

就寝するときはもちろん、だれかと喧嘩したときや怒られたとき、なんとなく暗いところに身を置かないだろうか。多くの場合、自分の個室や寝室に閉じこもるものだ。こういう特別のときでなくても、家族から離れ一人考えごとをしたりするときは、リビングよりも暗い方が落ち着く。だから、個の空間は家庭の中で最も暗くできる空間であった方がよい。寝室だけの部屋なら鳥や動物の巣のように暗めでやわらかい感覚がよい。

余計なことを言うようだが、暗く赤味を帯びた拡散した光は、人の肌の小じわやシミも目立たなく美しく見せることをご存知か。だから、夫婦の寝室は年月を重ねるごとに暗くしてゆくのが夫婦円満の秘訣かもしれない。

さりげないが効果的な仕掛け。渡辺邸*

岩前邸*

和田邸*

光あれども姿は見えず

最近、照明器具メーカーも「間接照明用器具」と銘打って、建築でつくった天井の段差やくぼみに納めると、簡単に良質の間接照明のできる器具をラインナップしている。姿を見せない照明器具である。

たしかに昼間あかりのついていない照明器具は、邪魔な存在である。極論を言えば照明器具などなくとも、どこからともなく光がやってきて明るさがあることが理想である。

しかし、それは無理としても照明器具を隠したり、目立たなくすることは、間接照明用器具によってそれほど難しくなくなった。照明器具を納める場所の寸法や得られる光の効果も製品のアプリケーションとして提供されているから、失敗も少ないはずである。照明器具のまったく見えない家も建築の工夫ひとつで可能というわけだ。

◉器具デザインは建築デザイン

照明器具をデザインした建築家は少なくない。ライトは言うまでもなく、日本でも吉田五十八、村野藤吾、吉村順三など、多くの建築家が照明器具をデザインしている。照明器具として空間にその姿が現れるようなものは、建築デザインの一部として建築家が家に合わせてデザインするのが本来の姿だと思う。素材、仕上げ、形、すべてをその家の一部として考えられた器具は、必要とされない昼間にはその存在を主張するこ

床の間。幡谷邸*

玄関間接照明。大高邸*

キッチン間接照明。新井邸*

とがないからである。

既製品を選ぶときも同じ感覚が必要である。器具単体のデザインではなく、空間、光の効果、器具デザインを総合的に考え、その器具が空間に付いたところを想像しながら選ぼう。

●照明器具には、意図がある

一見豪華主義のかたまりに見えるシャンデリアは、光源が蠟燭やランプしかない時代、その弱々しい光を無数のクリスタルビーズで幾重にも屈折させ、色彩を含んだ輝きのかたまりに変え、舞踏会やオペラハウスを夜も華やかに演出するという目的を持っていた。行灯は、炎の輝きと周囲の闇のコントラストを和らげ、より空間をやわらかく明るく見せる目的があった。現代でも、光を透過するセードの食卓用ペンダントは、テーブル面を照らすと同時に、壁や天井にも光を与え、明るさ感をつくる。透過しないセードのものは、テーブル上のための光が、他へあまり影響しないように考えられている。スポットライトは、様々な光の広がりの種類があり、照らす対象の大きさや広さによって機種を選択できる。ダウンライトは、空間に器具が突出することなく、直接的なしっかりした明るさが確保できる。

既製の器具を選ぶとしても、その照明器具の持つ光の意図を十分把握して選ぶことが、適切な器具選択につながるのである。

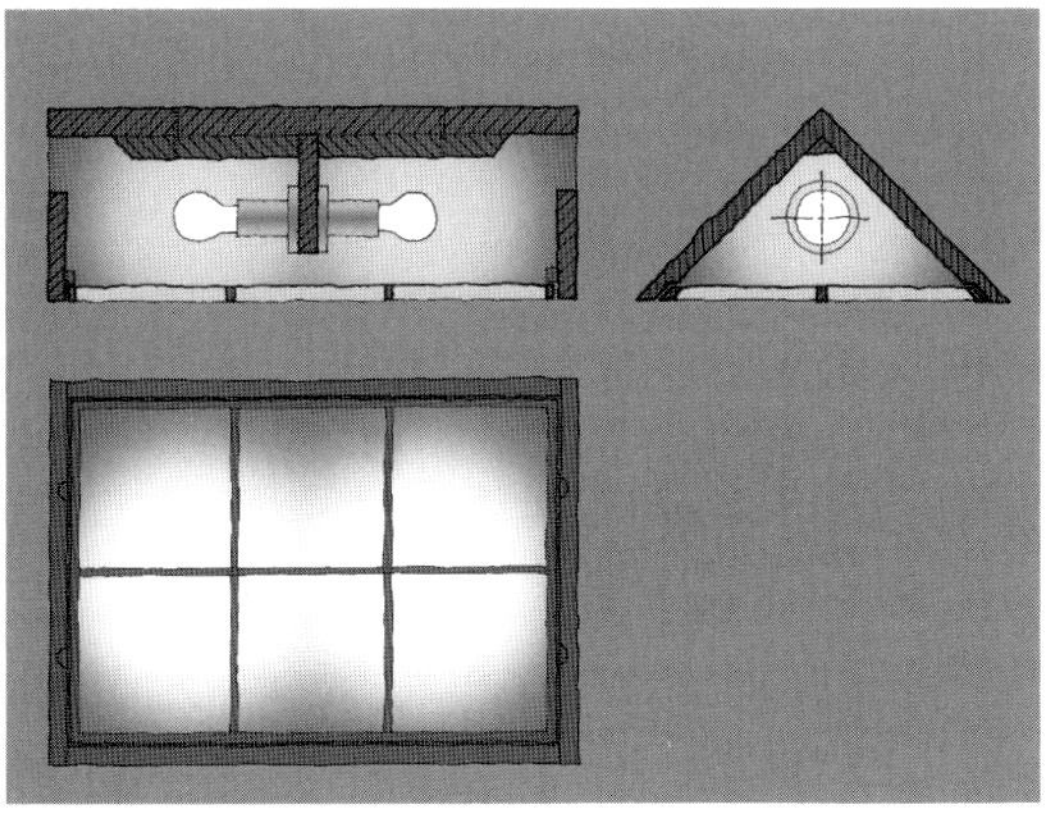

*

ペンダント。内山邸*

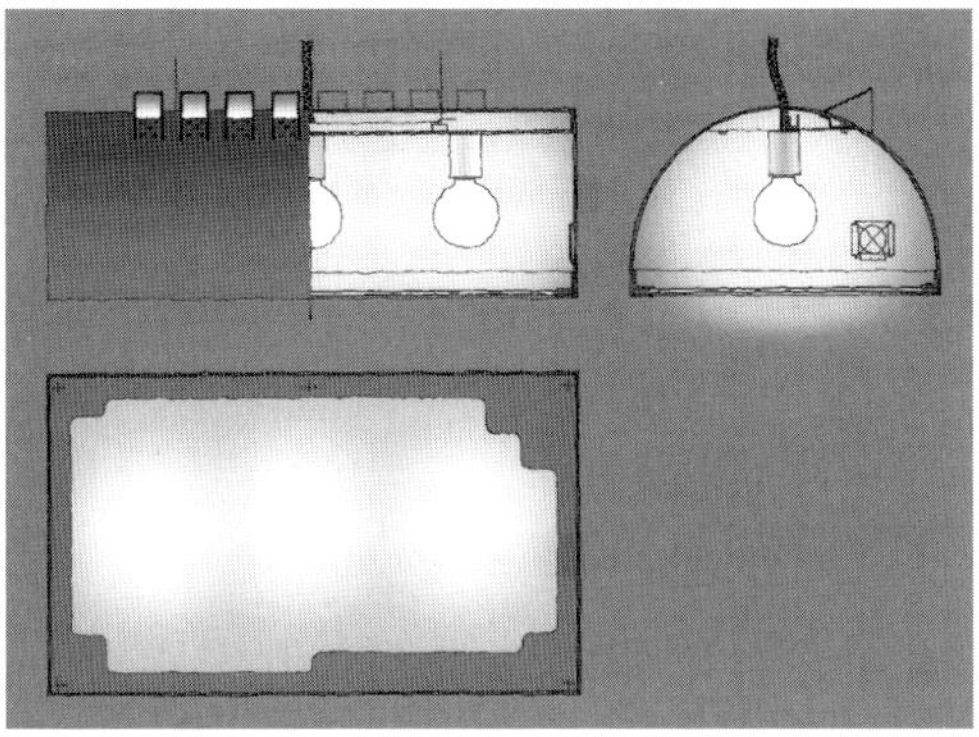

*

ペンダント。シリンダーボックス*

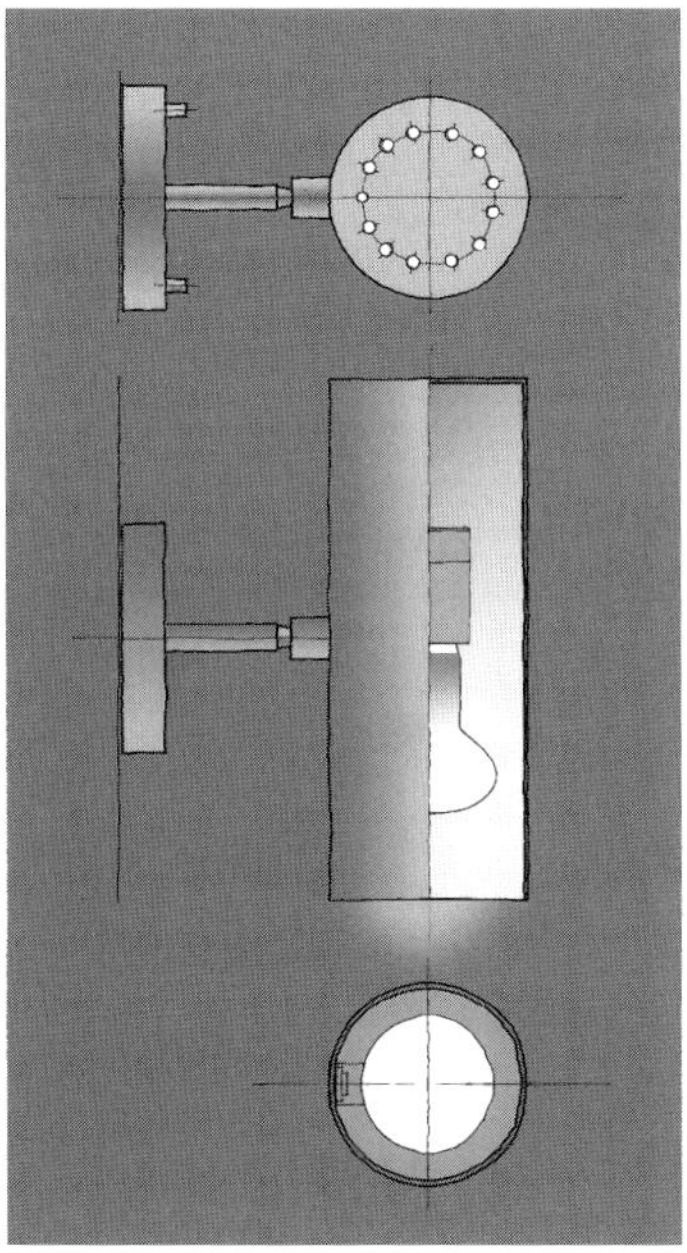

*

宮脇スポット。龍神邸*

場のあかり

「場」とは、物事が行われている時々の状況や雰囲気を指し、芝居の場面、映画のシーンに当たる。

食事のときはちょうど良いと思ったペンダントの光が、くつろぎの時間になると少し明るすぎると思ったことはないだろうか。また、ホームパーティーをやるようなときには、光を変えたいと思うことはないだろうか。これが、場のあかりへの欲求である。

照明器具を換えるのは大変だが、明るさやバランスを変化させると空間は驚くほど変わるものである。食事、団らん、来客など、様々な場面の光のバランスを記憶できる家庭用調光器がこれを可能にしてくれる。

日本の住宅はダイニング兼リビングという空間が多い。同じ場所で食事をし、新聞を読み、お茶を飲み、会話をし、場合によると勉強までしてしまう。こんな多目的に利用するのだから、空間の雰囲気や光のコンディションを変える必要性は高いはずである。ところが、「場のあかり」への要求がなく、ほとんど同じ光で過ごしている。テレビの音なら大きければ小さくするのに、不思議である。同じ空間を快適に多目的利用するためにも、「場」に合ったあかりをもう一度見直してみよう。光を場の雰囲気に合わせることが、光の楽しみ方の新しい流行になるといい。

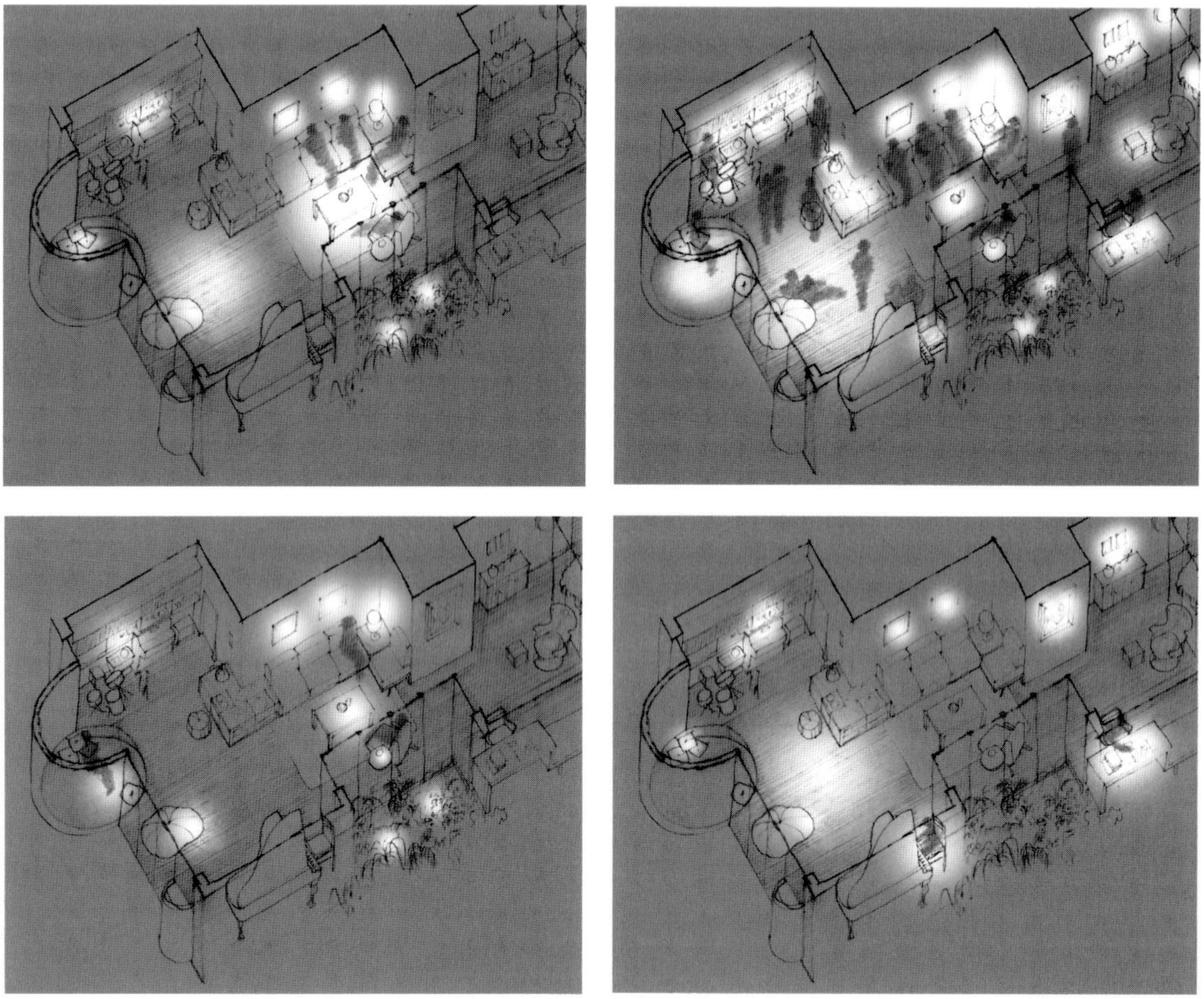

場のあかりスケッチ。藤岡邸によるスタディ*。
四つの場のあかりを想定した光のコンセプトスケッチ。
それぞれは、どんなシーンかストーリーを作ってみよう。
団らん、ホームパーティー、くつろぎ、タスク

◉見えないものを見る努力

器具やスイッチ類を実際の寸法形で図面に記入してみると、いろいろなことに気付く。

一般に照明器具は電気図面に記入される。電灯線図と呼ばれる天井伏図に配線を記入したものだ。照明器具は記号で記入するので、実際の空間に取り付けたイメージはチェックできない。まして、天井伏図だから家具やインテリアとの関係もわからない。照明はインテリアの一部であるから、平面図や展開図に照明器具を描き込んでみよう。それによって空間に対する器具の大きさなどがチェックできる。この図面から光の広がりや空間への影響をイメージすることができるようになれば、一人前である。

半人前の人には、最近は便利な住宅照明シュミレーションソフトもあるからこれを勉強するのも手であるが、照明の光を体験しイメージできるようにすることが、シュミレーションの前段階として必要であることも理解しておこう。

照明店舗での光体験は、様々な器具の光が重なり合って目的の器具の効果がわかりづらい。メーカーは必ず実験ルームを持っているので、お願いすればそこで光の効果を見せてもらうこともできる。そのとき、インテリア素材のサンプルを持っていくのも良い方法だ。

◉スイッチのストーリーを作る

スイッチ類は、電気屋さんの仕事と思っていないだろうか。その位置は重要である。夜、外出から帰ったとき、どこからどのようにあかりをつけて目的の場所に到達するか。また、就寝時、どのような順序であかりを消して寝床に入るか。平面図と展開図を眺めながらじっくりとストーリーを作ってみると、スイッチの位置が見えてくるだろう。

様々な生活場面に合ったストーリーが出来上がれば、照明計画はほぼ完了である。あとは、現場で施工をこまめにチェックすることをお忘れなく。

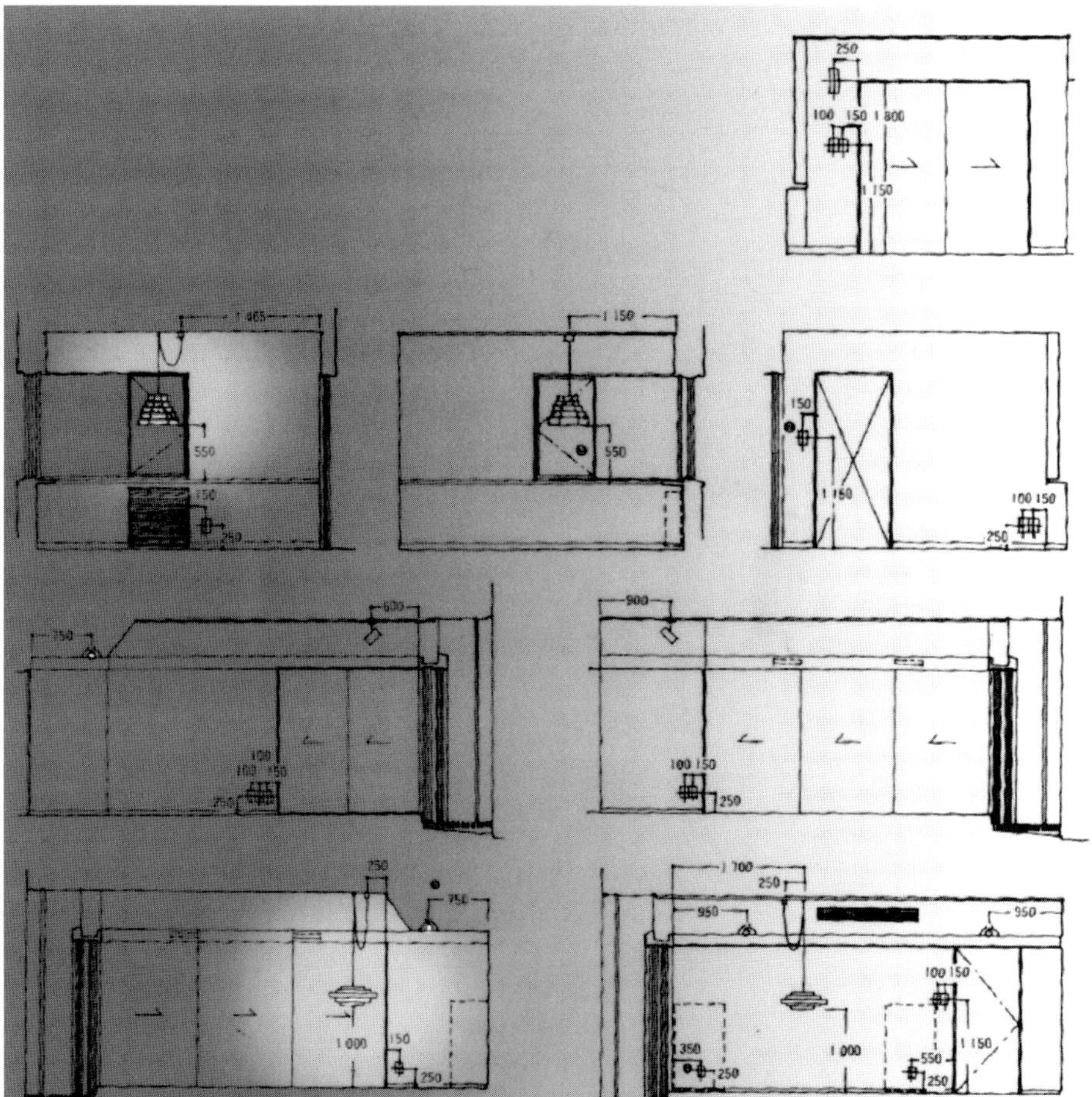

照明器具、スイッチ、コンセントを図面に表記。木村ボックス*
ここから、光の状態を創造したり、スイッチのストーリーを考える。

第八章

街並みと家周り

◉家の周りが街並みをつくる

土地や建物は一般に個人の所有物である場合が多いが、それが創り出す景観はその地域の共有財産である。

東京の田園調布という街が、古くから高級住宅街として知られているのも、緑豊かで、品の良い住宅がそろっているからであり、当然、不動産価値も格段に高い。

不動産の価値評価はいろいろな基準によって算定されるが、近年ではその地域の環境の良さの占める度合が高くなっている。したがって、地域全体の環境レベルを高めることが、結果的に自分の家の評価を高めることに繋がるのである。

◉群の視点を持つこと

街並みとは当然、多くの建物の群によって構成されるものである。したがって、個人々々が勝手な形の家を建てていたのでは調和のとれた街並みにはほど遠いものになってしまう。「調和」とは「統一」や「画一」とは違う。言い換えれば、「バランス」とか「馴染み」という言葉になるだろう。

そうかといって、あまりにも質の悪い周りの建物に合わせることはない。質の高い街並みの形成には長い時がかかるものである。次に近所の人が家を建て替えようとするときに、「あんな家がいいな」と思われるような家を考えようということである。

◉借景となる家を創る

借景とは、自分の家の中から外をどう見るかということに主眼があって、逆に自分の家が外からどう見えているかという視点が欠落しがちである。

周りから見られて、きちんとそれに耐えるだけの形をつくることは、それを設計する人間あるいはそこに住む人の最小限の責任である。

何も高額なものではなくても、上品で質の高い家を見ると、その家に住む人の

タウンスケープを売り物にした住宅地。コモンシティ星田B1

品格を伺い知ることができる。つまり、家は、その住人の品格を写し出す鏡である。

◉「馴染み」を考える

「馴染む」という言葉の意味は実に奥深い。「人に馴染む」「場所に馴染む」「みなさんお馴染みの……」等々。人に馴染んだ洋服や靴はきゅうくつでないし、馴染みの店で食事をしたり、一杯飲むときはくつろげる。その地域の景観に馴染んだ建物は、そこに住む（あるいは利用する）人はもちろん、近隣の人々にも安らぎを提供することができる。「馴染み」ということは、「さりげなさ」とも言えるだろう。建物をその周辺環境に馴染ませるためには次の五つの要素に分解して考えてみるとよい。

①色（カラー）……外壁や屋根の色は？
②形（フォルム）……周辺と調和する形は？
③素材（マテリアル）……その地域で多く見られる材料は？
④規模（スケール）……階数や壁面の大きさは？
⑤原単位（モデュール）……間口や軒高は？

◉外構は中間領域

建築用語の「外構」とは、建物の外側で敷地の境界までの領域を意味するが、それは「内なる外」であり「外なる内」、すなわち内と外の中間領域である。また、自然と人工の混ざり合う空間でもある。

今の日本人には、自分の土地の中をどうしようと自分の勝手という意識が強いが、特にこの中間領域は、個人の財産であるとともに、地域の共有財産でもあるという意識をもっと強めなければならない。英語では「コモンセンス」であり、日本語では「常識」と訳されるが、「公共意識」と言ってもいいだろう。

魅力的な街並みの形成にとって、建物のデザインもさることながら、外構計画の良し悪しが占める比重はかなり大きい。昨今では「ガーデニング」という言葉が市民権を得たように急成長しはじめたが、このことも美しい街並みづくりに一役買っていると言える。これから家を設計するには、外構計画の重要性を意識しなければならない。

境界線は外側から考える

敷地の境界には、道路と宅地の間にある、通称「官民境界」と、隣接する宅地を仕切る「民民境界」がある。

実際には、その線で仕切られた内側がその人の土地ということになるが、その仕切り線の外側は公共の空間であり、または隣の人の領域でもある。つまり、その境界沿いに壁を建てた場合、その外側の面は確実に外部に対して何らかの影響を与えるということを、忘れないように。

アメリカやカナダの戸建て住宅地では、敷地境界にフェンスや垣根などを設けない、いわゆる「オープン外構」がよく見られるが、日本では所有意識が強いことと、中を見られたくないせいか、ぐるりと囲ってしまうケースが多い。

もっとも、不審者の侵入を防ぐという防犯機能もある程度は必要であるが、ソフトに美しく、道を通る人々の心が休まるような敷地境界を演出することによって、街並みの質を高める効果が大きいものになる。

あすみが丘プレステージ21

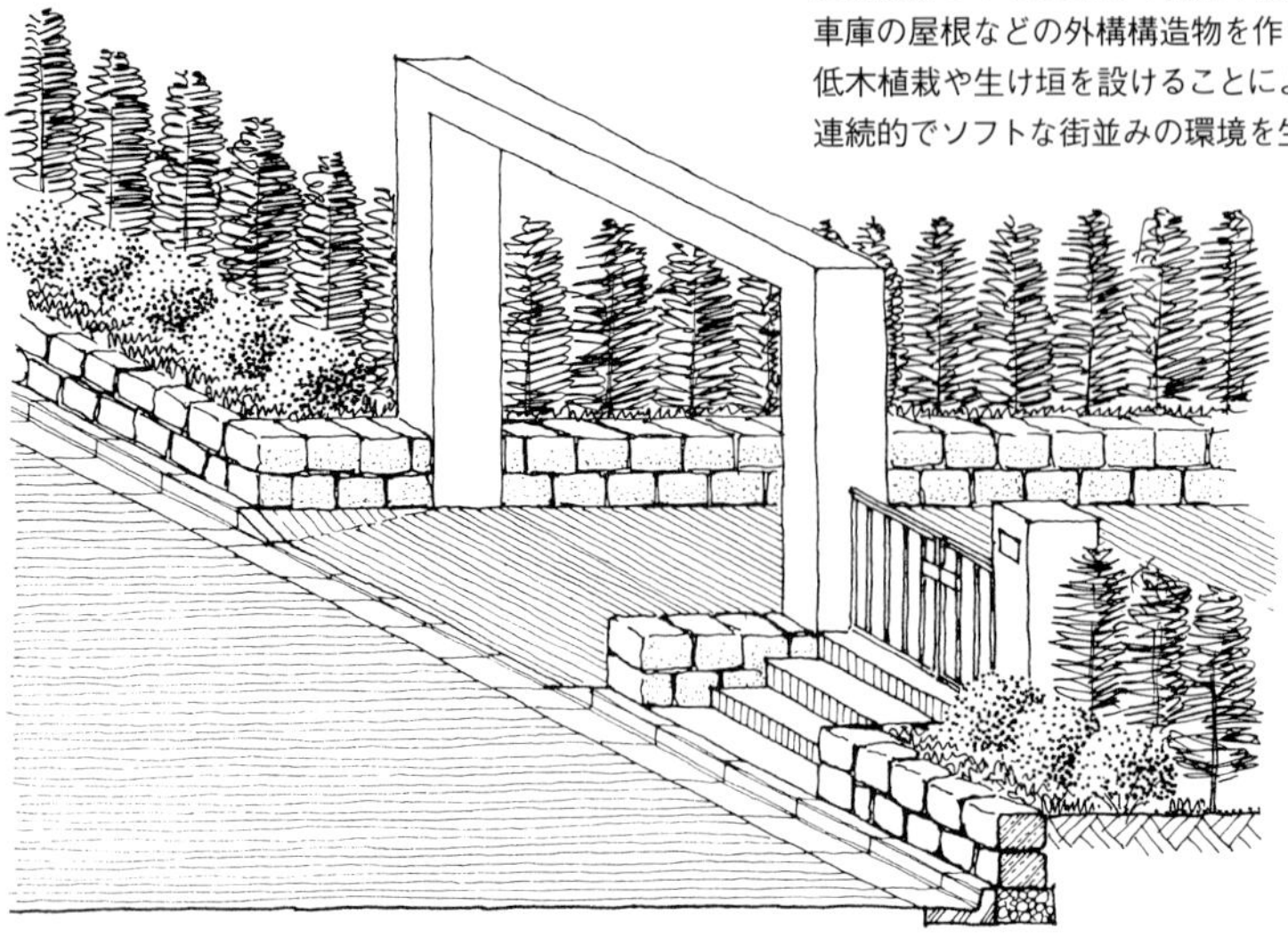

道路境界から1m以内に門塀、門扉、車庫の屋根などの外構構造物を作らないようにし、低木植栽や生け垣を設けることによって連続的でソフトな街並みの環境を生み出す。

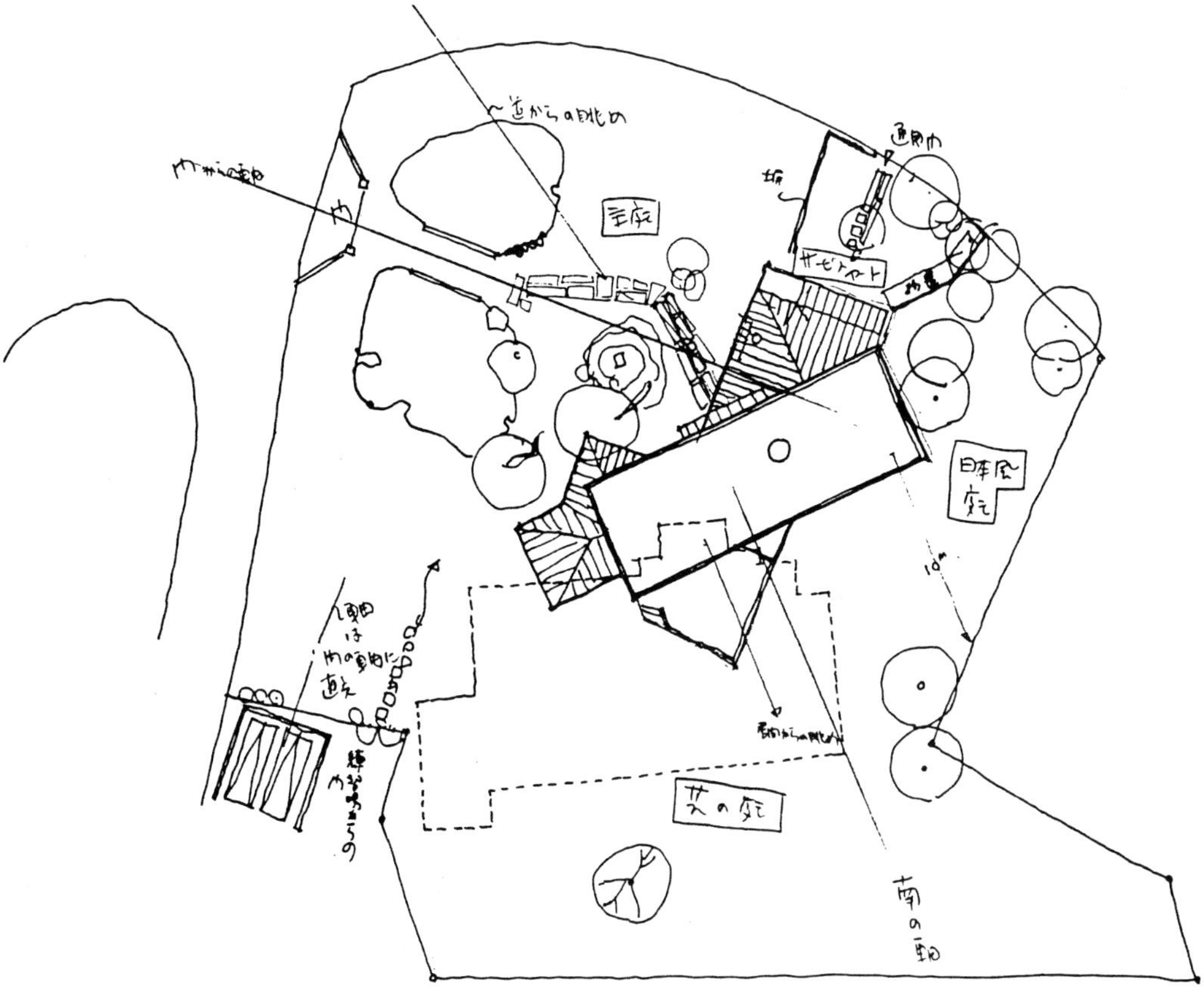

有賀邸配置スケッチ＊　1/500

家の周りを考える

建物の設計をするに当たっては、敷地やその周辺の条件を常に頭に入れて考えなければならない。

ある程度、建物のプランがまとまった段階で、その周辺の計画を検討してみる。

道路沿いや隣の敷地との境界を何で仕切るか。門やアプローチをどうするか。カーポートをどこにして、玄関との関係をどうするか。シンボルツリーやその他の植栽をどんなイメージにするか——などに関していろいろと考えながら手を動かす。

植物に関する知識がないからとあきらめないで、自分が考えるイメージをラフなスケッチや言葉で図面に描き込んでみる。色鉛筆を使って表現すると、よりわかりやすくなってくる。

日当たりや周辺の景観に対する検討も忘れてはならない。平面だけでなく、立体的なイメージを常に頭に描くことを忘れないように。

門回りで住む人がわかる

門は神社で言えば鳥居であり、寺院では結界に当たる。家の門は、家人や歓迎される来客を温かく迎え入れるとともに、歓迎されざる者を拒絶するという、相反する役割を持っている。

日本には昔から「門構え」という言葉があって、その家の格式を門の姿から伺い知ることができたが、現代では格式というより、家の品格を高めるようなデザインが求められる。

門扉をつける場合には、家の中から施錠、開錠ができるオートロック方式が望ましい。

家の入り口周辺には、来客や通行人に対する住居表示や表札、インターフォン、郵便受けなどいろいろな装置がある。そういう装置類をできるだけまとめてすっきりさせるとよい。電気やガス、水道のメーター類も玄関や門の付近にあれば、検針の係員が宅地内まで入ってこなくても済む。なおメーター類の組込みには、電力会社、ガス会社や、管轄の水道局等との調整が必要となる。

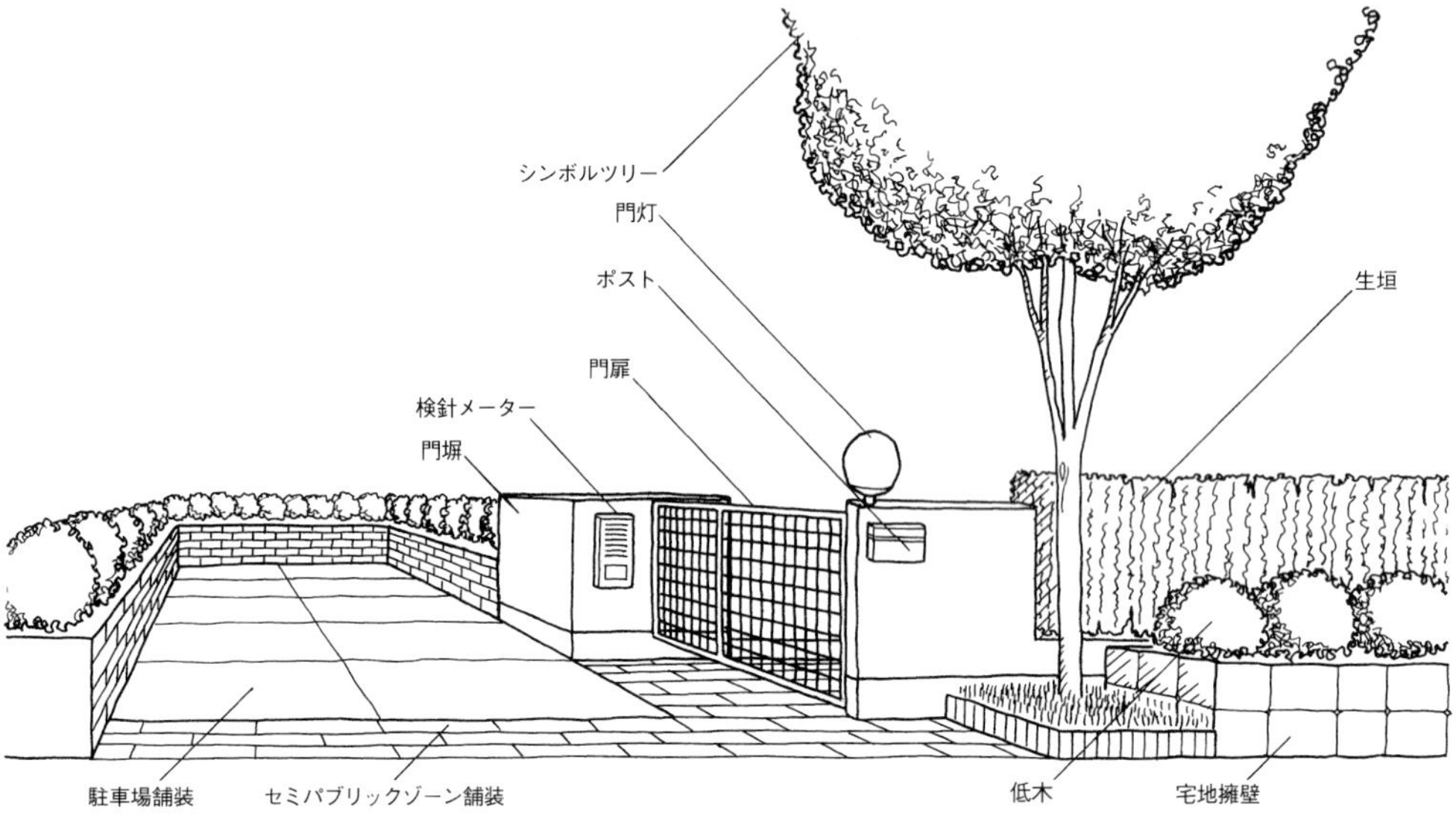

門塀回りパース（作図／二瓶正史）

門回り。
グリーンテラス城山

カーポートも庭の一部

自家用車の普及率が一〇〇%近くなって、宅地の玄関先は必ず殺風景な駐車場というパターンとなってしまった。

普通乗用車一台分の駐車スペースは、標準で二・五×五メートル、つまり十二・五平方メートル必要であり、車が出掛けているときも、それなりに見栄えのする空間となるように工夫する必要がある。

集合住宅地で、あらかじめ計画的にカーポートの位置を決められる場合には、隣同士のカーポートを寄せ合って二戸一カーポートとすることを奨めているが、既成宅地の一戸建ての場合でも、玄関や勝手口のアプローチスペースと連携させて、鋪装材や植栽などの工夫をすることで、かなり豊かな空間にすることができ、車がいないときには、小さな子どもの遊び場としても活用できる。

また、屋根を設ける場合には、家のデザインと調和させるとともに、街並みに配慮して、道路境界線から一メートル程度はセットバックさせ、自転車置き場も上手に配置する。

龍神邸外観スケッチ*

龍神邸外観

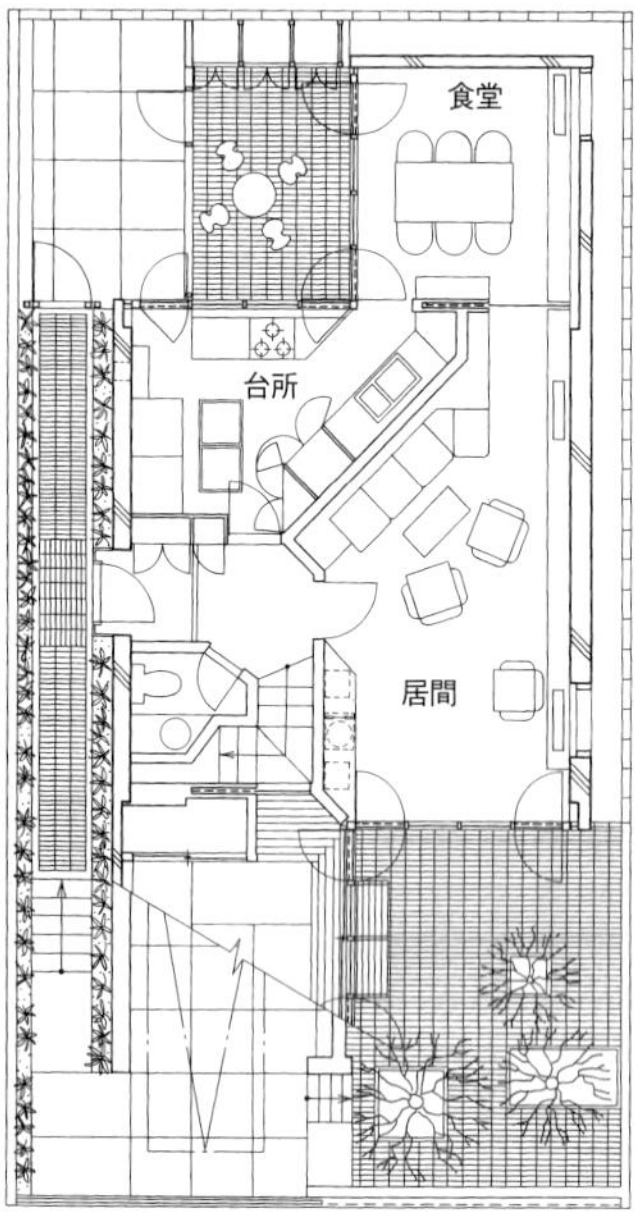

高畠ボックス平面図*　1/200

煉瓦タイル張りの
アプローチ。
仕上げは、パティオの部分と
仕様を合わせている。
このアプローチは、
玄関へのアプローチと同時に、
サービスヤードへのアプローチを
兼ねている。

高畠ボックスのアプローチ

アプローチは参道

アプローチは、敷地の外から家の中へ人を導く大切な空間である。神社の参道はまさにそれであり、格式の高い料亭なども、アプローチ空間を大切にしている。

街の一般住宅では、道路からすぐに玄関の中が見えてしまう例が少なくない。敷地が狭い関係から、そうなってしまうのもわかるが、ちょっとした工夫で、オッと思わせるアプローチの作り方ができる。「曲げる」「ずらす」などのテクニックを上手に使うと良くなる。

カーポートや勝手口との動線もうまく関連づけて、車を止めてから一旦道路に出て、また門から入り直すというような不便を解消しなければならない。特に雨の日に、重い買い物袋を抱えて、勝手口まで行くというような場面を想定して考える必要がある。

アプローチの幅は広すぎず（傘をさして通れる程度）、露地のような感覚で設計するとよい。また、そこに用いる舗装材や脇に植える植物などでも、品の良い空間とすることができる。

河崎ボックスのアプローチ*

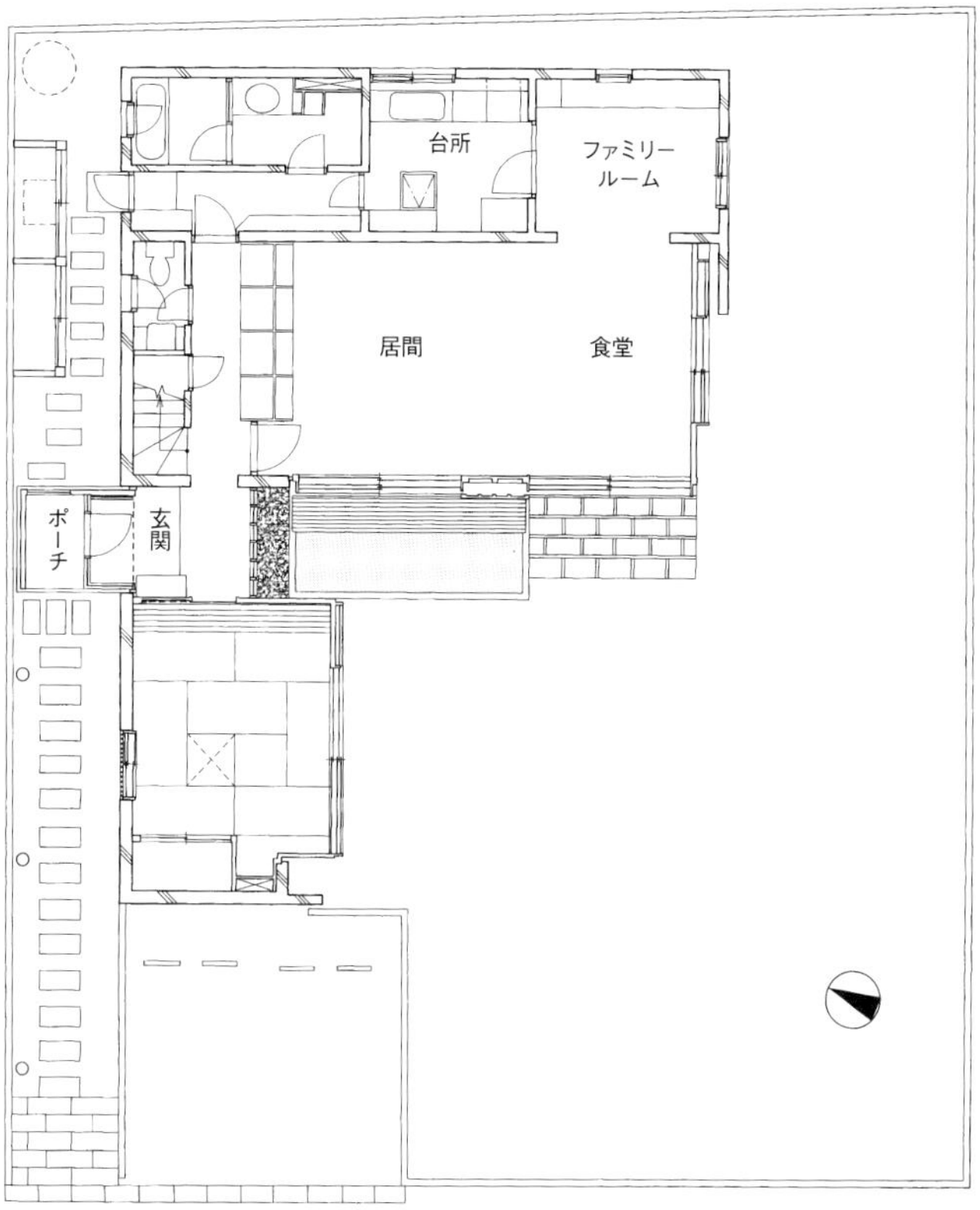

河崎ボックス平面図*　1/200

このアプローチは、
御影石の飛び石、
砂利敷き、笹と下草の植込みという構成。
御影石は当時廃止になった
都電の敷石の放出品である。

庭は屋外の居間

一般の都市住宅では、庭と呼べる空間を確保することは、かなり困難になっているが、それでも工夫次第で、ちょっとしたオープンスペースを生み出すことができる。

庭には、アプローチの庭、眺める庭、使う庭、サービスヤードの四種類がある。

一般的に日本人は、アプローチの庭と眺める庭に関心が強く、使う庭やサービスヤードの重要性を忘れがちである。

家が狭ければなおさら、オープンスペースを屋外の部屋として有効に活用する工夫が大切である。

芝生と植木、そして枯山水といった古い庭のイメージを捨てて、建築に合った生活的な庭を創り、そこで快適な屋外の生活が楽しめるようにしたい。

そのためには、インテリアデザインと同様にその場の使い方を検討し、囲い方や床の仕上材から、照明や家具などの装置類、さらに植物の配置などを十分に吟味しなければならない。

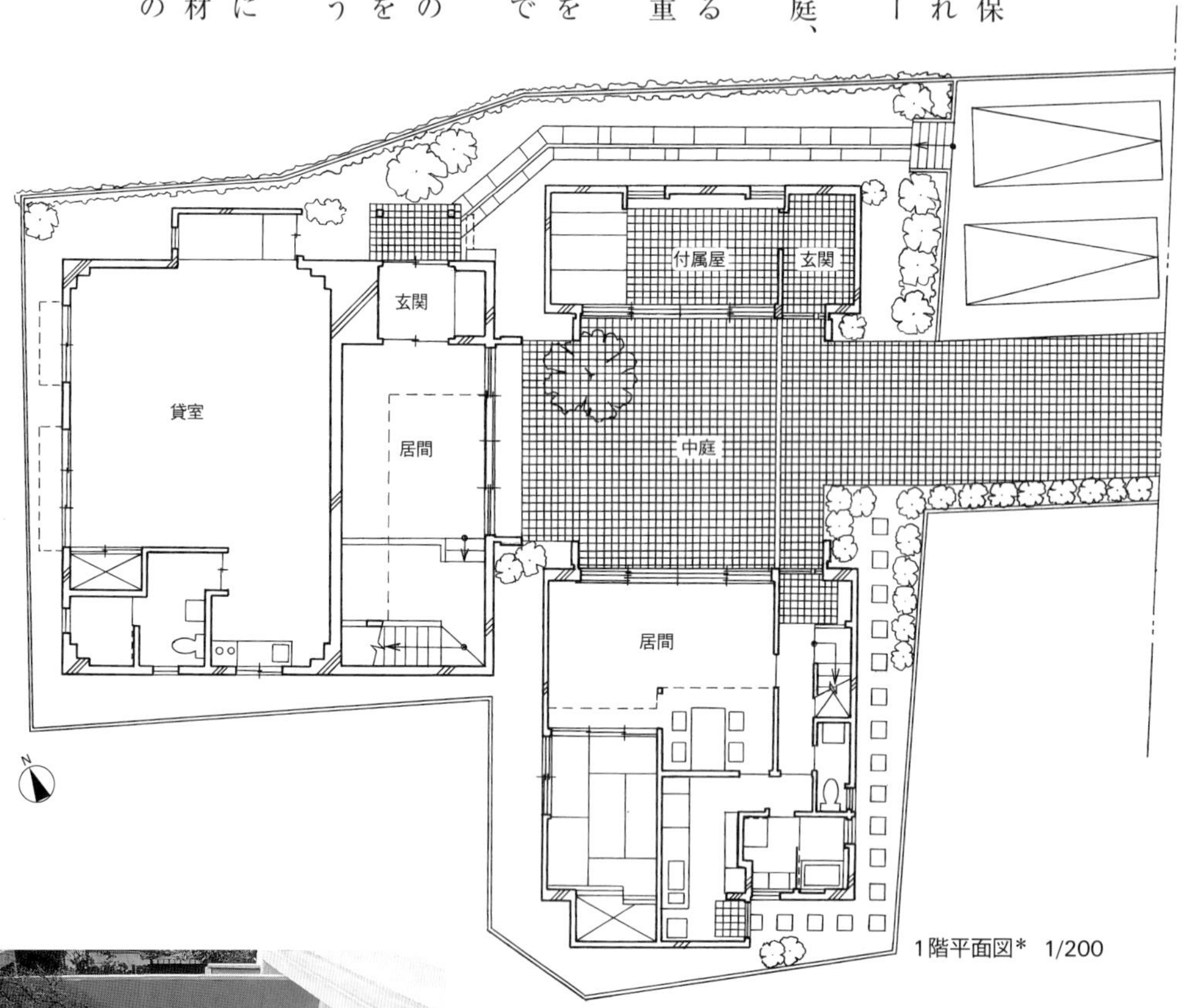

1階平面図＊ 1/200

松川ボックス＊

三方を建物に囲まれた庭。
三つの棟の間を行き来するために使ったり、
リビングの延長として使ったりと、
パティオ的性格を持っている。
床仕上げは、枕木のブロックを張り詰めている。

ベランダも庭になる

ベランダや屋上に庭を計画する際には、荷重、防水、排水、灌水について十分に考慮しなければならない。

荷重は植栽のための土と植物自体の重さであり、これに雨水が染み込んだ場合を計算に入れること。

比較的大きな樹木を植える場合には、その植え鉢も大きく安定性の良い形とし、強風で倒れたり飛ばされたりしないようにしっかりと固定しなければならない。

土やウッドデッキあるいは植物の鉢などを置く際に防水層を破損しないように気をつけることと、万が一漏水が発生した場合に補修できるように、その上のモノをできるだけ簡単に取り除けるようにしておくことが望ましい。

屋上には、通常ルーフドレーンという雨水排水の装置が設けられている。植栽の土がこの中に流れ込んだり目詰まりを起こしたりしないように、透水性ブロックなどで囲んで保護する必要がある。

植物の灌水や清掃のために、水道設備を設けることは、言うまでもない。

BOX-A QUARTER CIRCLE＊

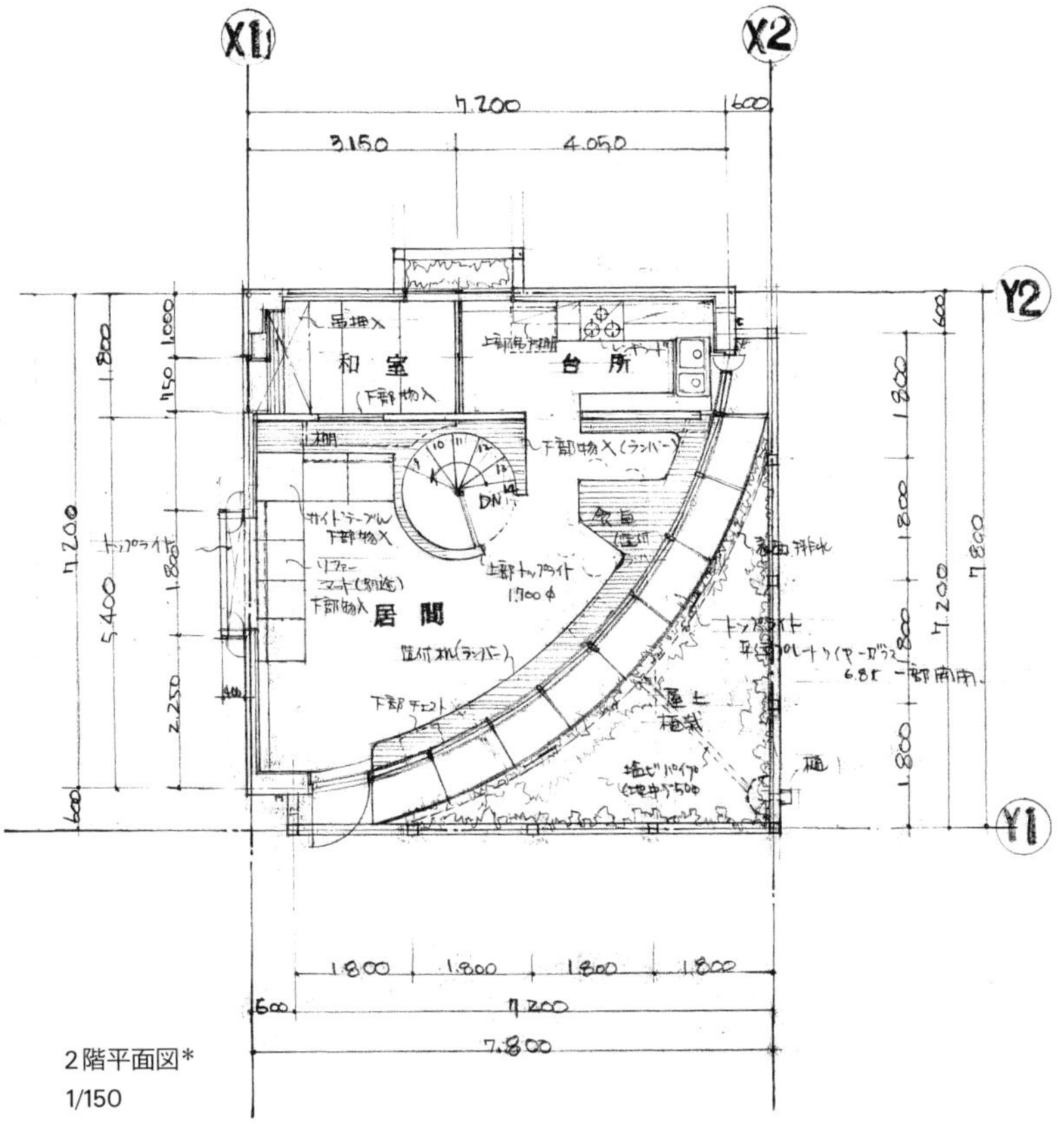

2階平面図＊
1/150

パーティーを開こう！

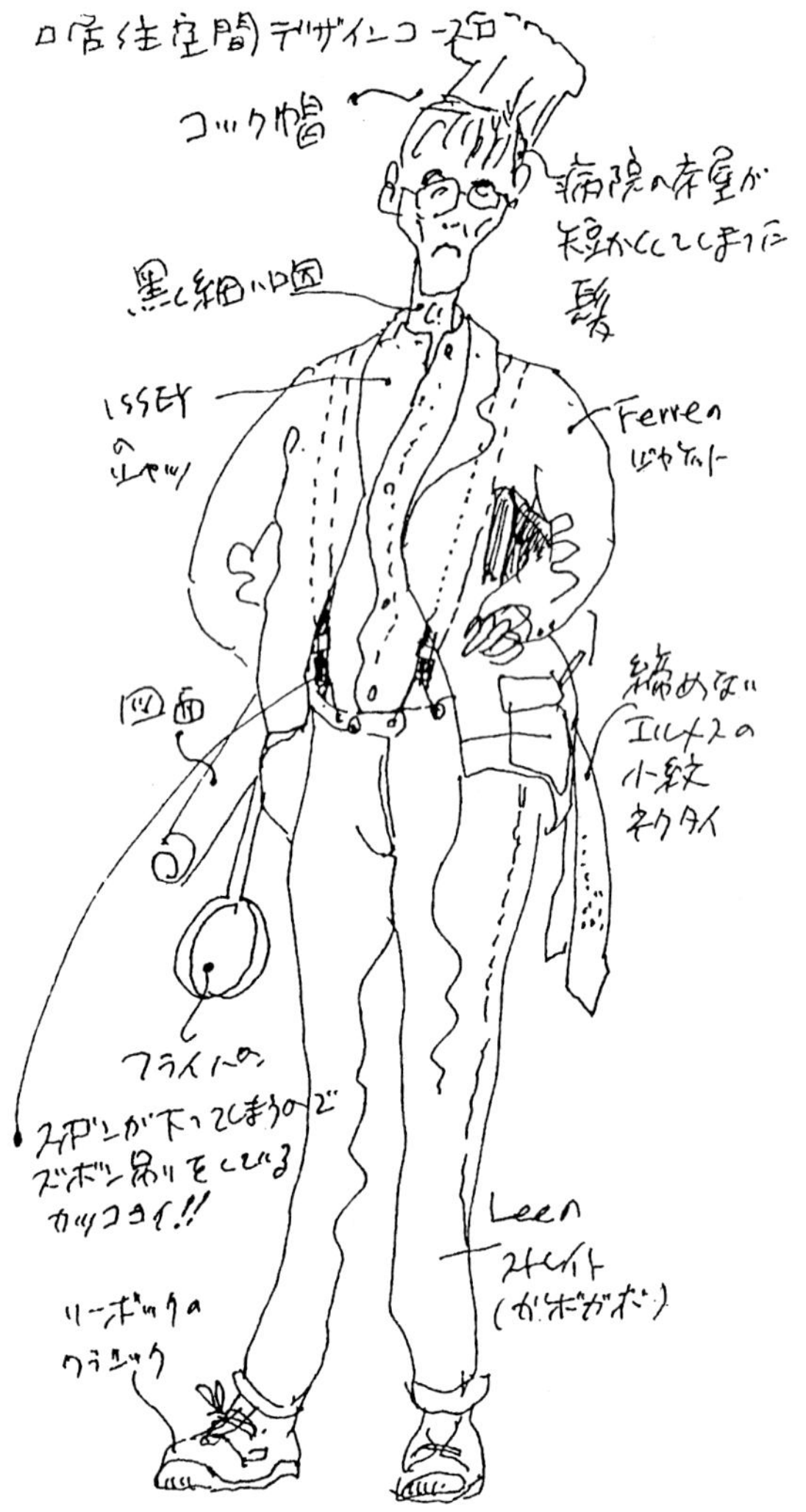

宮脇塾長が病床から
スケッチ*でパーティーに参加

人生は会社と家の行き来だけではおもしろくない。では日々の生活を楽しむためには、どうすればよいのだろうか。もちろん決まったカタチはなく、人様々であろう。

それでは、宮脇塾長にとってのその生活とは、どのようなものであったのだろうか。

そのひとつとしてまず欠かせないのは、料理をすることであった。自分でレシピを考えたり、レストランで気に入った料理を覚えてきたりしては、家で作って食べ、その味を堪能したものであった。しかしそのうち宮脇は、ある程度料理のレパートリーがまとまると人を呼んで披露し、食べてもらいたいと思うようになっていったのである。そして、家でパーティーを度々開催するようになっていった。

宮脇が料理を得意としているのは有名な話であるが、パーティーでのおもてなしは手作り料理のごちそうだけではなかった。もうひとつ、インテリアやテーブルセッティングなどといったしつらえも、人をもてなすための重要な空間のごちそうだと考えていたのである。

では実際、どうやって空間をしつらえればよいのだろうか。難しく考える必要はなく、日常の「ケ」の空間から非日常の「ハレ」の空間に変えるために、いつもの空間にちょっと手を加えればよいのである。私が試した空間のごちそう、例えばこんなのはどうだろうか？

●照明の工夫をしてみる

小さな照明器具を準備して、あかりを壁や絵

COLUMN

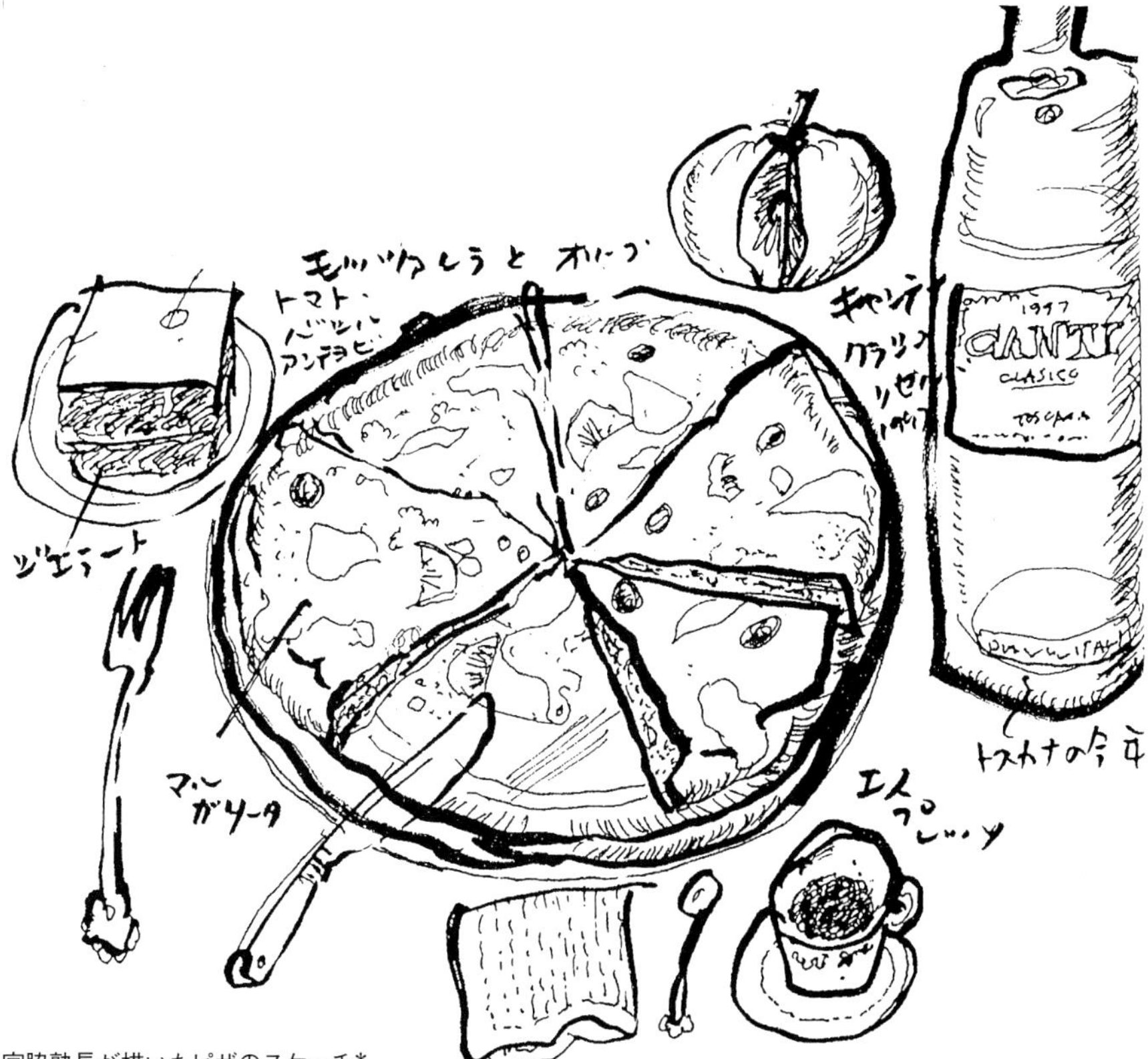

宮脇塾長が描いたピザのスケッチ*

に当てて間接照明にしてみたらどうだろうか。もっと簡単に、テーブルに蠟燭《ろうそく》をあしらってみるだけでも雰囲気はがらりと変わるであろう。

◉花を飾ってみる

たまには花屋さんに出向いて買ってきたり、庭に咲いたきれいな花を飾ってみたりしてもよいだろう。それだけでもいつも見ている部屋とは一変し、ハレの空間が出来上がる。

◉絵を飾ってみる

ちょっと気に入った絵を飾ってみたらどうだろうか。思いきって描いてみるのもよいのでは？ もちろん、ウマイ、ヘタなど関係ない！（飾ってみると、案外それなりに見えたりするものなのだ。）

結局、パーティーといっても難しく考える必要はなく、準備するものは心地よい空間とたくさんの温かい心、そして少々の料理とお酒だけでよいのである。ゲストのために準備し、もてなし、そして自分も楽しく過ごせたらそれでよいのではないか、と思う。そして人をもてなし喜んでもらう素晴らしさを知ってこそ、ボキャブラリーも増え、よい空間、設計ができるようになるもの。これが、私が宮脇塾長に学んだ建築教育なのである。こんな風に、生活、生き方を楽しもうという考え方が、精神的な豊かさにつながってくるのだろう。

だからこそ、まずはパーティーを開いてみるのもいいのではないだろうか？

良い本を読もう

『「甘え」の構造』 土居健郎／弘文堂／一九七一年
『アメリカ大都市の死と生』 J.ジェコブス、J.ジェーン　黒川紀章訳／SD選書／一九七七年
『アメリカンホームの文化史』 奥出直人／住まいの図書館出版局／一九八八年
『「いえ」と「まち」』 鈴木成文ほか／SD選書／一九八四年
『「いき」の構造』 九鬼周造／岩波文庫／一九七九年
『生きられた家』 多木浩二／青土社／一九八四年
『椅子のデザイン小史』 大廣保行編／SD選書／一九八六年
『陰翳礼讃』 谷崎潤一郎／中公文庫／一九七五年
『江戸の町〈上・下〉』 内藤昌著／草思社／一九八二年
『絵巻物に見る日本庶民生活誌』 宮本常一／中公新書／一九八一年
『かくれた次元』 エドワード・ホール　日高敏隆・佐藤信行訳／みすず書房／一九七〇年
『家庭のない家族の時代』 小此木啓吾／ちくま文庫／一九九二年
『カテドラル』 デビッド・マコーレイ　飯田喜四郎訳／岩波書店／一九七九年
『木』 幸田文／新潮文庫／一九九五年
『木の文化』 小原二郎／SD選書／一九七六年
『樹の文化誌』 足田輝一／朝日選書／一九八五年

『驚異の工匠たち』 バーナード・ルドフスキー　渡辺武信訳／鹿島出版会／一九八一年
『暮らしの美意識』 祖父江孝男・杉田繁治編著／ドメス出版／一九八四年
『考現学　今和次郎集1巻』 今和次郎／ドメス出版／一九七一年
『こんな家に住みたいナ』 延藤安弘／晶文社／一九八三年
『住居空間の人類学』 石毛直道／SD選書／一九七六年
『住居論』 今和次郎／ドメス出版／一九七一年
『集落への旅』 原広司／岩波新書／一九八七年
『照葉樹林文化』 上山春平編／中公新書／一九六九年
『昭和住宅物語』 藤森照信／新建築社／一九九〇年
『新建築学大系7　住居論』 鈴木成文ほか／彰国社／一九八七年
『住まい方の思想』 渡辺武信／中公新書／一九八三年
『すまい考今学』 西山夘三／彰国社／一九八九年
『世界の椅子絵典』 光藤俊夫／彰国社／一九八七年
『世界のすまい6000年　1〜3』 N.ショウナワー　三村浩史監訳／彰国社／一九八五年
『雑木林の博物誌』 足田輝一／新潮選書／一九七七年
『漱石まちをゆく』 若山滋／彰国社／二〇〇二年

『台所空間学』山口昌伴／エクスナレッジ／一九八七年
『父の椅子　男の椅子』宮脇彩／ＰＨＰ研究所／二〇〇一年
『都市』デビッド・マコーレイ　西川幸治訳／岩波書店／一九八〇年
『都市のイメージ』ケヴィン・リンチ　丹下健三・富田玲子訳／岩波書店／一九六八年
『都市のデザイン』エドマンド・N・ベイコン　渡辺定夫訳／鹿島出版会／一九六八年
『南仏プロヴァンスの12か月』ピーター・メイル　池　央耿訳／河出文庫／一九九六年
『日用品のデザイン思想』柏木博／晶文社／一九八四年
『日本建築のかたち』西和夫・穂積和夫／彰国社／一九八三年
『日本の景観』樋口忠彦／ちくま学芸文庫／一九九三年
『日本のすまいⅠ・Ⅱ・Ⅲ』西山夘三／勁草書房／一九八〇年
『母の台所　娘のキッチン』藤原房子／新潮文庫／一九八四年
『バウハウスからマイホームまで』トム・ウルフ　諸岡敏行訳／晶文社セレクション／一九八三年
『風土』和辻哲郎／岩波文庫／一九七九年
『法隆寺』西岡常一・宮上茂隆著／草思社／一九八〇年
『街並みの美学』芦原義信／岩波書店／一九七九年
『森の形　森の仕事』稲本正文／世界文化社／一九九四年
『ヨーロッパ建築案内』東京大学工学部建築学科香山研究室編／工業調査会／一九七八年

宮脇塾講師が関係した著書

『男の生活の愉しみ』宮脇檀／ＰＨＰ研究所／一九九八年
『現代建築用語録』宮脇檀・コンペイトウ／彰国社／一九七一年
『コモンで街をつくる』宮脇檀建築研究室＋アーバンセクション／丸善プラネット／一九九九年
『最後の昼餐』宮脇檀／新潮社／一九九七年
『住まいとほどよくつきあう』宮脇檀／新潮文庫／一九九四年
『住まいのプロ七人と語る』宮脇檀監修／住宅新報社／一九九三年
『続・現代建築用語録』宮脇檀・井出建・松山巌／彰国社／一九七八年
『それでも建てたい家』宮脇檀／新潮文庫／一九九五年
『旅は俗悪がいい』宮脇檀／中公文庫／一九八八年
『父たちよ家へ帰れ』宮脇檀／新潮文庫／一九九八年
『都市の快適住居学「借住まい」の楽しみ』宮脇檀／ＰＨＰ文庫／一九九六年
『日曜日の住居学』宮脇檀／丸善／一九八三年、講談社＋α文庫／一九九五年
『日本現代建築家シリーズ①　宮脇檀』新建築社／一九八〇年
『日本の住宅設計』宮脇檀編著／彰国社／一九七六年
『宮脇檀の「いい家」の本』宮脇檀／ＰＨＰ研究所／一九九八年
『宮脇壇の住宅』宮脇檀建築研究室／丸善／一九九六年
『宮脇檀の住宅　1964-2000』ギャラリー・間叢書／二〇〇〇年
『宮脇檀の住宅設計テキスト』宮脇檀建築研究室／丸善／一九九三年
『宮脇檀の住宅設計ノウハウ』宮脇檀建築研究室／丸善／一九八七年
『吉村順三のディテール』吉村順三・宮脇檀／彰国社／一九七九年
『NOSTALGIA BHUTAN』宮脇檀・猪野忍編／エクスナレッジ／一九九九年
『WANDERING KATHMANDU』宮脇檀・中山繁信編／エクスナレッジ／一九九九年
『翳りゆく近代建築』黒沢隆／彰国社／一九七九年
『現代に生きる「境内空間」の再発見』中山繁信／彰国社／二〇〇〇年
『建築家の休日』黒沢隆／丸善／一九八七年
『建築の絵本　すまいの火と水』光藤俊夫・中山繁信／彰国社／一九八四年
『建築の絵本　夏目漱石博物館』石崎等・中山繁信／彰国社／一九八五年
『建築の絵本　日本人のすまい』稲葉和也・中山繁信／彰国社／一九八三年
『建築の知の構造』アレキサンダー・ツオニス　工藤国雄・川口宗敏・木下庸子訳／彰国社／一九八〇年
『個室群住居』黒沢隆／住まいの図書館出版局／一九九八年
『孤の集住体』渡辺真理・木下庸子／住まいの図書館出版局／一九九八年
『混構造住宅の詳細』建築思潮研究所編／建築資料研究社／一九八〇年
『実測術』陣内秀信・中山繁信／学芸出版社／二〇〇一年
『集合住宅原論の試み』黒沢隆／鹿島出版会／一九九八年
『住宅巡礼』中村好文／新潮社／二〇〇〇年
『住宅の計画学』岡田光正・藤本尚久・曽根陽子／鹿島出版会／一九九三年
『続建築家の休日』黒沢隆／丸善／一九九〇年
『続・住宅巡礼』中村好文／新潮社／二〇〇二年
『それでも建てたい！　10坪の土地に広い家』杉浦伝宗／講談社／二〇〇二年
『どうなるどうする東京』日本建築学会編／彰国社／一九九一年
『はじめてのランドスケープデザイン』八木健一／学芸出版社／二〇〇二年
『普請の顛末』柏木博・中村好文／岩波書店／二〇〇一年
『普段着の住宅術』中村好文／王国社／二〇〇二年
『吉村順三　住宅作法』吉村順三・中村好文／世界文化社／一九九一年
『ル・コルビュジエ　ラ・トゥーレット修道院』中村好文監修　青山マミ訳／ＴＯＴＯ出版／一九九七年
『ル・コルビュジエ　カップ・マルタンの休暇』中村好文監修　石川さなえ・青山マミ訳／ＴＯＴＯ出版／一九九七年

あとがき

中山繁信

「はじめに」にも紹介されているように、宮脇さんは日大の生産工学部の建築学科の一部に「居住空間デザインコース」という女子だけのクラスができることになり、その塾長となった。そこには、今までにない女子学生三十人という特殊なクラスの教育環境があり、ある意味では、多様で限りない自由な教育が可能であった。その条件を生かすため、宮脇さんは彼独自の教育論から、カリキュラムはもちろんのこと、学閥にとらわれない教師陣の選定、教室の内装、設備なども充実したものに整えた。

この本は書名のとおり、そのクラスの学生たちに毎度配布された宮脇さんの手作りの教材である「塾長通信」と「DATA」など、彼自身の手作りのプリントである。本業の設計の仕事と重なり、ときには徹夜でワープロを打ち、手描きのイラストによる説明図を入れた資料を作ってきた。さらに、朝、だれよりも早く来て、自分自身でコピーをしていた姿が忘れられない。

建築に対して右も左もわからない若い女子学生に、何をどのように教えればよいか、果たして女子学生だけに適した教育法があるのかなど、宮脇さんもユニークな教育の仕方をいろいろ模索したに違いない。当然、既成の教科書を与え、それを読み砕くだけの授業など毛頭考えてもいなかったし、それでは、彼にとって塾長になる意味もなかったと思う。

学生たちに建築を理解させ、わかりやすく教えるには、どうしても、資料となる「教科書」を自分自身の手で作り、洒脱な語りで説明しなくては気がすまなかったのだろう。私は、学生に対する教師の愛情、それがこの資料から見えてくる。

彼が残したこうした資料を一枚一枚学生たちはファイルし、それが、この塾の教科書となった。そうしたファイルを前にしたとき、宮脇さんと同様の資料などわれわれには作る力などない。

私たちは、この貴重な資料を一冊の本にまとめようという提案により、当初から在籍していた教師たちが中心となり、各章を分担した。杉浦伝宗、諸角敬の両氏はすでに辞めてはいたものの、宮脇さんと実際に授業を受け持った経験から、あえて参加していただいた。少しでも、宮脇さんの教育の方針を反映できればという意図からである。

しかし、筋立てを忠実にまとめようとすると、われわれの力不足もあって、宮脇さんの意志が読み取れず、いろいろな難問が持ち上がり、各自苦労した。リライトしなければならない部分も多く出てきた。しかし、できる限り、「塾長」の考えを精いっぱい汲み取り、各自まとめたつもりである。この本が少しでも、建築や住宅の設計を志す人たちに役立てば幸いである。

この本がまとめられたのは、貴重な資料を快く借用させてくださった宮脇彩さん、宮脇さんの資料を管理している増秀夫氏、資料を保管している山崎・榎本建築研究室などの方々のご協力の賜物である。また、吉村設計事務所をはじめ、各関係者の方々から貴重な資料を提供していただいた。改めて心よりお礼を申し上げたい。

また、この企画を推進していただいた彰国社の後藤武社長と、仕事の関係上足並みの揃わないわれわれをコントロールし、根気良くサポートしていただいた編集担当の土松三名夫氏のお二人にも、ここにお礼を申し上げる次第である。

二〇〇三年一月吉日

写真撮影者

田鍋善弘　10頁
和木通（彰国社）　19頁右中央、38頁上、41頁、136頁
彰国社写真部　18頁左下、38頁下
村井修　44頁、45頁、92頁、118頁、124頁右
中山繁信　52頁
相原功　53頁上、123頁中央、132頁
曽根陽子　53頁下
二瓶正史　134頁
川元斉　135頁

図版出典

『モダンリビング』一九六五年51号　18頁下中央
"Key Buildings of the Twentieth Century Volume 1: Houses 1900-1944" David Dunster, The Architectural Press, 1985　20頁上、中央
"Key Buildings of the Twentieth Century Volume 2: Houses 1945-1989" David Dunster, Butterworth Architecture, 1990　21頁右上、右中央、右下、左中央、左下
『よむ住宅プランニング』宮元健次／学芸出版社　21頁左上
『構造用教材　一九九五年　第二版』日本建築学会　31頁
『宮脇檀の住宅設計ノウハウ』宮脇檀建築研究室／丸善　124頁左、127頁左上、左中央、左下、129頁
『まちなみ大学講義録2　第8回　戸建て住宅地の環境設計』二瓶正史／（財）住宅生産振興財団／一九九八年　134頁上、下

資料提供

石井修＋美建・設計事務所　47頁上
小柳津醇一　48頁上
吉村設計事務所　62頁、67頁、69頁

協力

山崎・榎本建築研究室

宮脇塾講師室

編著者略歴

岩井達弥（いわい たつや）

一九五五年 東京都生まれ
一九八〇年 日本大学理工学部建築学科卒業
TLヤマギワ研究所入社
一九九一年 同副所長
一九九六年 岩井達弥光景デザイン設立
現在 照明デザイナー 岩井達弥光景デザイン代表
関東学院大学人間共生学部共生デザイン学科非常勤講師
主な受賞 二〇一五年照明学会照明デザイン賞最優秀賞
二〇一六年国際照明デザイナーズ協会照明デザインアワードメリット賞
主な著書 『空間デザインのための照明手法』（共著）オーム社／二〇〇八年
『まちを再生する99のアイデア』（共著）彰国社／二〇一二年
主な作品（照明デザイン） 神奈川県立近代美術館葉山、国立新美術館、アーツ前橋、京都国立博物館平成知新館、会津・鶴ヶ城ライトアップほか

木下庸子（きのした ようこ）

一九五六年 東京都生まれ
一九七七年 スタンフォード大学工学部建築学科卒業
一九八〇年 ハーバード大学デザイン学部大学院修了
一九八一年 内井昭蔵事務所勤務（〜八四年）
一九八七年 設計組織ADHを渡辺真理と設立
二〇〇五年 UR都市機構都市デザインチーム（〜〇七年）
現在 設計組織ADH代表 工学院大学建築学部教授
主な受賞 一九八九年第5回吉岡賞 二〇〇〇年JIA日本建築家協会新人賞
二〇〇一年日本建築学会作品選奨 二〇〇二年千葉市優秀建築賞
二〇一二年日本建築学会賞（作品） 二〇一五年日本建築学会著作賞
主な著書 『孤の集住体』（渡辺真理と共著）住まいの図書館出版局／一九九八年
『集合住宅をユニットから考える』（渡辺真理と共著）新建築社／二〇〇六年
『神々と出会う中世の都カトマンドゥ』（宮脇檀ほかと共著）エクスナレッジ／二〇一二年（『wandering KATHMANDU』より再販）
『いえ 団地 まち 公団住宅設計計画史』住まいの図書館出版局／二〇一四年
主な建築作品 NT、TO、SN、タウンセンターH、日本基督教団ユーカリが丘教会+光の子児童センター、真壁伝承館ほか

杉浦伝宗（すぎうら でんそう）

一九五二年 愛知県生まれ
一九七四年 東京理科大学理工学部建築学科卒業
一九八三年 大高建築設計事務所入社
一九九二年 アーツ&クラフツ建築研究所設立
二〇〇二年 日本大学生産工学部建築工学科居住空間コース非常勤講師
二〇〇五年 東京理科大学理工学部非常勤講師
二〇一六年 工学院大学建築学部非常勤講師
千葉大学非常勤講師
現在 アーツ&クラフツ建築研究所代表 千葉大学非常勤講師
主な受賞 一九八七年第2回吉岡賞 二〇一三年第12回日本建築家協会25年賞
主な著書 『それでも建てたい！ 10坪の土地に広い家』講談社／二〇〇二年
『ミニ書斎をつくろう』メディアファクトリー／二〇一三年
主な建築作品 岡上の家、NAP・HOUSE、ちっちゃな家シリーズほか

曽根陽子（そね ようこ）

一九四一年 福島県生まれ
一九六四年 大阪大学大学院修士課程修了
一九七一年 広瀬鎌二建築研究所勤務
埼玉県住宅供給公社等を経て
一九九一年 日本大学生産工学部勤務
二〇一一年 日本大学生産工学部建築工学科教授 退任
主な著書 『住宅の計画学』鹿島出版会、一九九三年

中村好文（なかむら よしふみ）

一九四八年　千葉県生まれ
一九七二年　武蔵野美術大学建築学科卒業
　宍道設計事務所、東京都立品川職業訓練校木工科、吉村順三設計事務所を経て、
一九八一年　レミングハウス設立
現在　レミングハウス代表　多摩美術大学環境デザイン学科客員教授
主な受賞　一九八七年第1回吉岡賞　一九九三年第十八回吉田五十八賞・特別賞
主な著書　『住宅巡礼』新潮社／二〇〇〇年『住宅読本』／新潮社／二〇〇四年『意中の建築』上下巻／新潮社／二〇〇五年『中村好文 普通の住宅、普通の別荘』／TOTO出版／二〇一一年『住宅巡礼・ふたたび』／筑摩書房／二〇一一年
主な建築作品　三谷さんの家、上総の家Ⅰ・Ⅱ、風子ハウス、伊丹十三記念館ほか
主な家具作品　八ヶ岳高原音楽堂（設計／吉村順三）、出石町役場（設計／宮脇檀）、安曇野ちひろ美術館（設計／内藤廣）ほか

中山繁信（なかやま しげのぶ）

一九四二年　栃木県生まれ
一九七一年　法政大学大学院工学研究科建設工学専攻修士課程修了
　宮脇檀建築研究室勤務　工学院大学伊藤ていじ研究室助手を経て
一九七七年　中山繁信設計室設立　現在TESS計画研究所と改称
現在　TESS計画研究所主宰
主な著書　『建築の絵本 日本人のすまい』（稲葉和也と共著）彰国社／一九八三年『建築の絵本 すまいと火と水』（光藤俊夫と共著）彰国社／一九八四年『建築の絵本 夏目漱石博物館』（石崎等と共著）彰国社／一九八五年『wandering KATHMANDU』（宮脇檀ほかと共著）エクスナレッジ／一九九九年『現代に生きる「境内空間」の再発見』彰国社／二〇〇〇年『実測術』（陣内秀信と共著）学芸出版社／二〇〇一年『手で練る建築デザイン』彰国社／二〇〇六年『スケッチ感覚でパースの描ける本』彰国社／二〇一二年『美しい風景の中の住まい学』オーム社／二〇一三年『イタリアを描く』彰国社／二〇一五年
主な建築作品　須和田の家、四谷見附派出所、川治温泉駅舎、砦井白屋、花見川の家ほか

諸角 敬（もろずみ けい）

一九五四年　神奈川県生まれ
一九七七年　早稲田大学理工学部建築学科卒業
現在　Studio A 主宰
主な受賞　一九八九年東京住宅建築賞　二〇〇六年、二〇一〇年神奈川建築コンクール優秀賞
主な著書　『wandering KATHMANDU』（宮脇檀ほかと共著）エクスナレッジ／一九九九年『「住宅」設計監理を極める100のステップ』（共著）エクスナレッジ／二〇一一年
主な建築作品　鈴木邸、相模原の家、長者ヶ崎の住宅、水盤のあるクリニック、しらかんすビル、グリーンネットの集合住宅ほか

八木健一（やぎ けんいち）

一九四七年　福井県生まれ
一九六九年　東京藝術大学美術学部建築科卒業
　土木系設計事務所、都市デザイン系コンサルタント事務所勤務を経て、
現在　八木造景研究室主宰　NPO法人景観デザイン支援機構監事
　一級建築士　登録ランドスケープアーキテクト
　日本大学生産工学部ほかで非常勤講師
　千葉市都市景観総合審議会委員　戸田市景観アドバイザー
主な著書　『はじめてのランドスケープデザイン』学芸出版社、二〇〇二年
　宮脇檀建築研究室との協働による主な住宅地設計　明野ボンエルフ、コモンシティ星田、前沢パークタウン、コモンヒルズ案針台、川里村環境共生住宅地ほか

墨田梨恵（すみた りえ）

一九七八年　山梨県生まれ
二〇〇一年　日本大学生産工学部建築工学科居住空間デザインコース七期卒
　ミサワホームイング勤務　福祉住環境コーディネーター

眼を養い 手を練れ　宮脇檀住宅設計塾

2003年 3 月10日　第1版 発　行
2021年 4 月10日　第1版 第16刷

著作権者との協定により検印省略

編著者　宮　脇　塾　講　師　室
発行者　下　出　雅　徳
発行所　株 式 会 社　**彰　国　社**

自然科学書協会会員
工 学 書 協 会 会 員

162-0067　東京都新宿区富久町8-21
電話　03-3359-3231（大代表）
振替口座　00160-2-173401

Printed in Japan

製版・印刷：真興社　製本：中尾製本

ISBN 4-395-00643-4　C3052　https://www.shokokusha.co.jp